族國之間
——中國西南民族的身分策略

石之瑜◎著

叢書序

　　文化向來是政治學研究中爲人忽略的課題，因爲文化涉及主觀的價值與情感，它賦予人類爲了因應特定時空所仰賴的主體意識，從而得以進行各種發展並創意調整，故與當代政治學追求跨越時空的行爲法則，甚至企圖預測歷史進程的必然途徑，可說是南轅北轍的思惟模式。正因爲如此，西方主流政治學的研究議程中，存在著對文化開展起封閉凝固作用的知識論，當這個議程經由近二十年來留學西方的學者帶回國內之後，也已經對在地政治知識的開展產生封鎖的效果。

　　在這樣的知識社會學背景之下，「知識政治與文化」研究系列推出了，乃是揚智文化盡其心力，回歸在地的勇敢表現，不僅率出版界的先聲，向西方科學主義主宰的文化霸權宣告脫離，更有開拓本土的知識視野，爲在地文化的不受主導做出見證。這個系列的誕生，呼喚著知識界，共同來發揮創意的精神，解放流動的能量，爲邁進新世紀的政治學，注入人性與藝術的氣質。

　　「知識政治與文化」系列徵求具有批判精神的稿件，凡是

能對主流政治學知識進行批判與反省的嘗試，尤其是，如果作品能在歷史與文化脈絡當中，發掘出受到忽視的弱勢，或在主流論述霸權中，解析出潛藏的生機，都是系列作者群的盟友，敬請不吝加入這個系列。不論是知識界勇於反思的先進同仁，或亟思超越法則規範的初生之犢，都歡迎前來討論出版計畫；學位論文寫作者如懷有相關研究旨趣，尤其歡迎在大綱階段便即早來函賜教。

我們期盼伴隨著系列一起成長，任由自己從巍峨皇殿的想像中覺醒，掀開精匠術語的包裝，認真傾聽，細心體會，享受驚奇，讓文化研究的氣息蔚然成風。

叢書主編

石之瑜

趙序

　　「身分認定」是現代社群中每個成員的既有權利，有了你我之辨，社區意識油然而生，群體的力量經過對比區辨之後，才能更有所發揮。然而，身分和指紋不同，並沒有客觀一致的認定標準。政治力的介入，使得此一原本單純的鑑別工作更為複雜。石之瑜教授這本《族國之間——中國西南民族的身分策略》的大作，相信必能為讀者帶來許多的思考和想像的空間。一如他所撰寫的許多其他專著一般，石教授再度印證了他對學術的深刻思考和批判的氣質，展現了獨特的唐吉訶德式挑戰既有建構典範、理論和政治現實的勇氣和智慧。

　　一個人的身分是否可藉由文化、血緣或其他因素的主觀想像或認定完成？石教授的答案，是「身分論具有源源不絕的能動性」，不是政府的力量所能改變，當然也不是民間被動地接受，而是「各地名稱自有詮釋與實踐的能力」。這一段話，充分說明了作者追求自我獨立與尊嚴的人生目標。

　　身分的認定與形塑，既然是一種動態的演繹過程，而不是靜態的承襲，那麼，可以對此過程造成衝擊的外來力量，不可

避免地成為受關注（甚至譴責）的對象，這或許是在閱讀本書時，感受到作者強烈的焦慮與無力感的原因。換言之，為了及早實現現代化的目標，加上舊有全權主義政治統治方式的操弄，中國大陸的國家力量，對少數民族社群的滲透必定既深且遠，資訊革命的結果，使得身居偏遠的少數民族，恐怕也難倖免，造成原身分認定的變化，於是，我們看到作者對少數民族接受國家滲透所帶來的經濟利得，但卻可能對其民族機動性造成傷害的憂慮。因此，少數民族優惠政策、民族教育，甚至是觀光表演，作者見到了國家力量對弱勢少數民族的操弄，關切之情溢於言表，又由於國家政策所體現的，乃是居主導地位的漢族意志，進一步激發了作者對中國大陸少數民族政策「國家化」的憂慮。

恰恰出自此一憂慮，突出了本書的特殊性：以國家為核心的目的論和以少數民族為中心的目的論同樣不可理喻，雖然前者與後者的目的面向並不一定重疊，重要的，是民族社群的自我詮釋與實踐的能力。

作者是國內中青年學者中的翹楚，治學態度嚴謹，更好思辨反證，挑戰既有學術典範與權威。作者雖然表明無意建構一套代表某少數民族的共同觀點，謙稱寫作的「反方法論」，但實際上本書已自田野調查中，對當前西方流行的主流社會科學論述如新制度主義、建構主義、後現代主義，乃至於薩伊德的後殖民主義，都予強烈的反擊，此與作者一向秉持的學術反思

的功夫一致，不論同不同意他的觀點，讀者對他獨立論述的企
圖和能力，都要給予掌聲。

　　最後，本人不時拜讀作者在不同的場合中，表達了他對台
灣族群發展的關切。並不意外地，本書也直、間接地反映了作
者對台灣「認同」的看法。在討論羅城仫佬族的民族認同時，
作者觀察到族群認同並未因爲外來文化的入侵，或是國家力量
的滲透而有所改變，羅城的民族身分不僅沒有成爲疏離國家或
外於國家的心理基礎，反而讓既有產權制度獲得認眞討論，關
鍵在於「行爲者的主體意識是否提供一種安定感」。台灣執政
當局所發展出來的新族群政策，不論是否貼近現實，都已經造
成社會的巨大割裂，行爲者的主體意識中缺乏安全感，顯然是
問題之根本所在。作者自田野考察的經驗中，發現民族的身分
認定，在於血緣，進而否定主張以文化作爲台灣民族的聚合基
礎，此於意圖宣告獨立於中國文化之外的新族群論述，不啻是
另一次的正面迎擊。

　　作者治學認眞，著作豐富，近年來將研究寫作重點，轉移
至中國大陸的少數民族，論點或有仁智之見，但卓然有成自成
一家之言的風範，則是有目共睹。蒙邀爲其有關中國大陸民族
與國家之間的第四冊書作序，謹抒拙見，以共勉之。

　　　　　　　　　　　　　　　趙建民　謹識

林序：族國之間：進出石之瑜身分的策略

　　認識之瑜已經三十年了，居然有這個機會爲他的新書寫
序，寫起來眞是百感交集。百感交集的不是悲劇性的陳述，而
是一個既驚喜又尷尬，但卻又十分有趣的混和式經驗。所以我
這篇序就要寫得另類一些，就像他二十年來的學術研究那麼顚
覆性、那麼另類性、又那麼令人好奇。這二十年的學術創作，
之瑜累積了數十本中文著作，好幾本英文著作，還有數不清的
中英文論文，這些非常獨特的自我表達的方式，對一個認識他
三十年的同學與同道來說，實在有非常多的話要在這裡說個清
楚、講個明白。

初見之瑜

　　初見之瑜，那時我們都只有十六歲，唸的是一個台北的一
間菁英中學，以「建國」爲名（如今思之，似乎有些敏感：建
什麼國？建哪一個國？）。在當時這個校名對我們來講，是那
麼理所當然，那麼不假思索，所以當校歌說「東海東、玉山下」
的時候，我們都沉醉在那先人所建構的「紅樓精神」裡。那是

一個以理工見長的學校，我們一小撮人，在高二的時候，勉強湊成一班，變成所謂的社會組，在那裡，我們初次相見。

從高一開始，我們就很清楚知道，建中學生的結構分成三類，第一類是台北地區私立中學與明星國中畢業的同學，他們是以一群群的方式進入這個學校，所以選各種幹部或從事各種拉風的活動，他們都是最積極的，而且最醒目的一群。另外三分之一，則是中南部等外縣市前來就讀的同學，他們不是住在外面租來的房子或者親友家裡，就是要從桃園或基隆等地每天通車，這些人也有一些特徵，除了經濟狀況不錯之外，他們的語言與台北孩子略有不同（後來才知道，他們其實也是來自中南部各主要私立初中，除語言外，跟前面三分之一差別性不大）。最後三分之一，則是台北縣市各普通國中畢業的學生，每個學校都以個位數的方式，進入這所中學，這最後的三分之一，真的是一盤散沙，誰也不認識誰。

三十年前，跟之瑜的初見面與初體驗，就是在這樣的客觀結構中相互認識、相互建構。不用說，之瑜隸屬第一個三分之一的陣營，同一初中畢業的同學，迄今都跟他一樣在同一個陣營，譬如跑去中研院當主任的玉山。我則隸屬在第三個三分之一的普通國中的脈絡之下，彼此的認識跟彼此的對話，是在這樣的客觀的脈絡之下，在陌生中逐步摸索。這是不可磨滅的一種相遇的經驗，彷彿它一直是靜止不動的，那種客觀的人口結構，會使得同學們之間既相同又相異，轟轟烈烈的「文化震撼」

（cultural shock）居然就在小小的班級出現了，這是我後來學了
人類學、學了社會學後才弄懂的客觀事實。今天的台灣社會裡
所謂的族群問題，從當時的參考架構來看，福佬、客家、外省
與原住民這樣的分類範疇，比起前面三分天下的分類，並不是
那麼清楚地被突顯出來。

　　兩年的同學經驗，因為我高二時忙著校刊的社團活動以及
恐怖的高三聯考作戰計畫，我們的實際互動是相當有限的，只
知道他跟玉山、學聖三個人，都是以第一志願進入他們所熱愛
的政治系，而一心想要作一個「杜斯妥也夫斯基」或「托爾斯
泰」的我，進入了社會系。我們的關係又延續了一年，因為政
治系跟社會系的軍訓課是一起同班上課的，在那大解放的大一
生活裡，無聊的軍訓課卻是我們這些同班同學可以再度見面的
客觀機會。大二之後，因為不同的發展方向，見面機會就更少
了，沒想到，再見面已經是二十年後。

二見之瑜

　　二見之瑜的時候，他與玉山都已經留美，早早回到台大，
在政治系獨當一面。而我剛剛從德國經過十年的抗戰，回到台
大，一切還在開始。一個第一志願進入政治系的學者，回到自
己的母校，似乎是理所當然的，所以他種種研究的順利開展，
也似乎是理所當然的。這中間又因為我們社會學系已經搬回總
區，所以對他的理解，總是聽到的多，實際接觸的少。只聽說

他中文書一本又一本地出版，英文書兩三年也要來一本，這麼
旺盛的創作力量，這麼努力，甚至是幾乎沒有節度地瘋狂似地
寫作能力，對於沒辦法多線作戰，也習慣慢工出細活的自己來
說，之瑜彷彿是一個對照的樣本。

只聽說他橫跨非常多的領域，從政治學跳到女性主義，以
女性主義政治學挑戰中國大陸對台灣的關係，原來兩岸關係這
也是父權權威的具體呈現；又聽說他從政治學跳到後現代，對
種種實證主義政治學與行為科學的政治學，提出強烈的批判。
所有這一切，都是讓人驚奇，但也都是如霧裡看花，不知道他
在做什麼。對於他的研究跟他的寫作方式，還有他利用時間、
分配時間的能力，我感到十分的好奇，但卻不見得有機會詳細
瞭解，一切的一切都只停留在旁觀者的立場之上。

三見之瑜

三見之瑜，則跟台灣的政黨輪替脫離不了關係。公元兩千
年政黨輪替，對於我自己，對於之瑜，對於很多人來說，都是
一個震撼人心、翻天覆地的巨大事件。以探討社會流動的能力
著稱於世的社會學，不斷地告訴我們，改朝換代常常是幾十萬
人上上下下的具體社會事實，改朝換代也會牽動非常多的社會
中人的國族認同、群體認同與自我認同，沒想到這真的發生在
自己的周遭環境裡。當年與之瑜相遇在「建國」的招牌之下，
大家心目中的國，就是不驗自明的中華民國，但是在政黨輪替

之後，這個國突然成為一個疑問，很可能變成只是一個招牌，而沒有任何實質的內容。在這種情形下，我自己在報章雜誌寫了一年多的政論文字，累積的數目可能不下百篇，也許是被這一百篇的數量所驚動，之瑜開始邀請我去參與他主辦的一個「政治與後現代文化」的讀書會與研討會。這個研討會與讀書會是非常有趣的，尤其我一向最感到興趣的知識社會學，在這裡居然跟之瑜產生了高度的重疊，他像一個學術頑童，到處去挑戰政治學、社會科學與文化研究中不同的知識典範，知識論的興趣，居然使我們兩個互通有無，政治貫通社會，社會科學的知識論貫通到知識社會學，彷彿打通了任、督二脈，我們彼此的學科居然高度會通、高度重疊起來。於是，這種時代局勢所促成的三度見面，充滿了驚奇。

　　原來，我所認識的之瑜，不論是初見或二見，對他的認識都極度有限，因為他還是不斷拋出新的課題、新的研究與新的作品，讓我感到十分尷尬。大學階段，從大一開始就愛唸文化人類學，還修了李亦園的「原始宗教」；碩士階段，擁有社會學與民族學雙主修身分；博士階段，專攻韋伯跨文化的比較社會學的我，回台後提倡法律人類學的研究，但是迄今為止，我作的都是漢人社會的研究，頂多是一個本土的人類學家兼本土的社會學家，以漢人的身分研究漢人的社會，談了半天文化相對論，卻沒有實際應用在對少數民族或其他文化的研究之上。之瑜讓我覺得尷尬，因為他居然跨到人類學與民族學的領域來

了，他這方面的著作，包括我們今天要介紹的這本書，已經是第四本了，過去他已經發表了兩本中文書跟一本英文書，都是討論中國大陸少數民族與國家之間的關係。原來，他已經在國際間成為小有名氣的中國大陸少數民族的專家，他的頑童式的寫作方式，在政治人類學界，引起了大褒大貶的迴響。

而我居然是在台灣政黨輪替之後，在所有中國人、台灣人、漢人、福佬人、客家人和外省人與原住民等的角色身分被具體重新建構的過程中，我才突然發現他變成一個政治人類學家了，而曾經立志作法律人類學家的我，相關的著作卻仍然十分有限。更大的驚奇是在於，我一直以為之瑜跟我是「同類」的，同樣是漢族，因為他的普通話講得那麼字正腔圓，他的國語是那樣標準，他不是一個祖籍湖南的人嗎？結果幾次互動之下，才知道他是來自湘西，要不是土家族便是苗族。這種震撼令人想起海峽兩岸的近代史是多麼弔詭的一個歷史經驗，你到底是哪一族的人？你到底是哪種人？很可能隨著時空環境的變遷，而不斷地產生變化，所以每個人不斷地被要求以今日之我非昨日之我，今日你是什麼人，明日說不定就變成另外一種人。在這種文化震撼之下，來自社會學家與人類學家基本的敏感度與基本的職業病，我們就會認為，原來之瑜之所以成為政治人類學家，原來他之所以去研究中國大陸的少數民族問題，那是因為他的的確確不是漢族，如果有一天，他突然研究起台灣的原住民（其實這本書附錄裡就有一篇），這應該也不是讓

人感到太意外的事情。

　　在這個全球化時代裡，人的身分與認同高度流動性的時代，之瑜是誰？我是誰？不斷地在自我定義的同時、不斷地被超乎我們而存在的巨大政治、經濟、社會與文化力量，強壓在我們身上作定義，每一個有良心的學者，他必然完全沒有辦法迴避，他所從事的學術研究活動，跟他自己本身或者他所認同的群體本身，或者他所主觀、客觀被歸類的群體本身，所被給定的身分地位息息相關。儘管這是一個全球化的時代、儘管這是後現代的時代、儘管這是一個女性主義的時代、儘管這是一個後結構主義的時代，文化的力量、政治的力量、經濟的力量、社會分類的力量，這些劃圈圈的力量始終如影隨形、籠罩在之瑜身上，也籠罩在我身上，也籠罩在所有華人的身上，甚至籠罩在所有地球人身上，大家都是無所遁逃於天地之間，一舉手、一投足都包含著自我認同、族群認同、國族認同以及整體人類認同的面向。所以面對海峽兩岸高漲的民族主義聲浪，不管是台灣民族主義或是中國民族主義，裡面所顯現出來的大漢沙文主義的特徵，少數民族出身的之瑜，顯然相當有資格從本質論的立場、從建構論的立場告訴我們，不但是台灣民族主義、中國民族主義都是沙文主義，都是要被少數民族所相對化、都是要被少數民族所徹底解構的。

　　但是之瑜解構的能力還不僅止於此，他還要去解構建構論、還要去解構本質論，換句話說，在學術頑童的學術運作或

學術遊戲裡，少數民族本身的本質論、建構論、原生論、文化論等等，也都是可以加以挑戰或解構的，甚至人類學家所最著稱於世的實證主義的田野調查，質化、量化的客觀研究法，也都是可以加以挑戰的。也難怪在這種情形之下，傳統政治人類學對中國大陸少數民族的研究成果，會被之瑜一本又一本的書來加以重新評價、重新提出新的視角、新的觀點與新的研究方法。於是他的湘西少數民族的身分，就變成一個人類學研究的資產，因為他既挑戰了政治人類學的研究對象——中國大陸的少數民族，也挑戰了政治人類學本身。你可以不同意他的看法，但是你不可以忽視他切入這個領域之後，很多東西被用另外一個眼睛重新加以觀照，用另外一種研究方法重新加以考察，用另外一種開光的方式，重新加以點亮。

在這樣的前提之下，我這篇序也許才會有些比較重要的實質意義，否則寫序者、作者、讀者與研究對象等等，我們之間的對話就顯得太空洞、太無聊、也太傳統、太照章行事了。作者是活的、寫序者也是活的、讀者是活的、研究的對象也是活的，只有他們之間的積極互動，之瑜這種學術頑童才能完成跨越不同知識範疇的神聖使命，才能使得原來不會撞在一起的一些人，在他的學術遊戲裡各自找到自己的身分與角色。就在這樣的架構基礎之下，彷彿前面寫的，都是閒談未入正題，但是這些閒談，卻跟我們下面所要談的整本書的概要關係密切，我們可以跟著之瑜的腳步與視野，看看中國大陸少數民族的現

況，具有怎麼樣的社會科學的學術意義。

族國之間：學術頑童石之瑜的進出策略

根據之瑜自己的說法，他已經在過去寫過三本有關中國大陸少數民族問題的作品，兩本中文，一本英文。可見有著少數民族身分的他，在研究中國大陸政治經濟等方面的問題之外，順理成章地跨入這一個有過人類學訓練的我感到非常有興趣的領域。他這方面的研究，受到不同讀者的不同反應與評價，在大陸、台灣與國際間，都有很有趣的回應。對於我來說，一方面是他的老同學，二方面又是個社會學家兼人類學家，三方面對於實證論的研究方法，同樣採取批判的態度，常常用知識社會學的研究角度來挑戰這樣過度實證主義與科學主義的研究方法。我認為，如果要問本書的貢獻何在？我認為很可能會展現在方法論與實質社會學分析這兩面向之上。

首先，在方法論上，他認為他自己的方法論其實是一種「反方法論」，既反對國家目的論式的流行論述，也反對實證主義的人類學或民族學的研究方法，他重視的是可能性而非實證性，並且他強調並不是一個企圖為少數民族發出聲音的作品，所以頑童式的之瑜在這裡又再進行一個科學研究的遊戲，而這個遊戲帶來驚奇，帶來讚嘆，帶來批判，也帶來新的想像，研究角度的能動性與研究者的能動性，為少數民族可能的能動性提供了新的知識論的基礎。

　　其次，在實質社會學分析之上，整本書的內容包括十二章。在第一章裡，整理了大陸官方與學界對民族自治概念的觀點，認為這是以國家為前提的民族關係的論述，他稱之為「國家目的論」。在第二章裡，他就討論廣西龍勝各族自治縣的自治經驗，因為沒有對民族母體加以定義，所以各族自治是道理不通的，最後只剩下以政策來促進經濟發展的優惠，到最後實際上這是一個漢族自治，使得龍勝的幹部與老師擁有深深的無力感。在第三章裡，他研究金秀瑤族自治縣，他認為民族不是國家定義的指標，民族不是一個被動的身分，在很多文化活動裡，少數民族對於民族身分的詮釋與發展具有一定的能動性。在第四章裡，他強調身分制度的變遷對於行為的影響可能不是直接的，而是改變人的主體意識，而在引導人們進入不同的產權制度情境，所以他修正了新經濟主義制度的觀點，他強調羅城的民族身分並未疏離國家政策，反而積極認同既有的產權制度，行為者的主體意識的安定感在這裡扮演重要的角色。在第五章裡，他更進一步討論到民族認同的有趣課題，他強調多重的建構主義過程，其所產生的多重共存的現象，比後現代主義與建構主義更能解釋人們的行為，因此他既挑戰本質論與同化論，他也談挑戰後現代論與建構論，所以研究人的民族認同，必須要注意到多重的能動性之上的問題。

　　第六章則挑戰Said的觀點，他認為離群的身分不一定都是充滿創意的，也不一定具有抵抗外來霸權的能動性，具有混血

身分的人其能動性不能被看成太理所當然，因為能動性也有流失的可能。他舉宜州的水族是離群研究者所忽視的，這個例子呈現了民族身分的界定，反而傷害了他們的能動性，接受優惠不見得可以使自己賺到，這裡面還存在著民族身分空洞化的危機。在第七章裡，他討論少數民族教育的問題，他希望提出人力資本分析與國家社會分析不同的觀察角度，他強調民族教育的結果，說不定會進一步傷害少數民族的自尊，達不到同化或漢化的目標，他希望提供一個批判的省思，讓人們重新檢討民族教育的本身也是造成民族問題與教育問題。這一點讓我們想起在台灣的教改問題、鄉土教育問題以及族群與母語教育問題，它們本身其實就會造成教育問題與族群問題。第八章則討論四川涼山彝族自治州在現代化教育中所遭遇的調適問題，之瑜希望突破英語文獻與官方文獻的觀點，他提出了一個新的變數就是「生活態度」，透過這新的變數可以在文化條件、經濟條件與教育政策這三者間，找出新的觀點，他所提出的批判似乎別有新意，例如，用罰款或政治壓力所建構出來的入學率，不但對兒童未必有所幫助，而且會加深家長與學校教育的隔閡。

　　第九章很有趣地以血緣的角度來討論中華民族的論述，以相對於以文化為核心的中華民族論述。所以他認為血緣民族是一個基礎的論述，而文化風俗的共享，現在其實是用來維繫血緣民族為主的身分。所以血緣論會躲在文化論後，起著鞏固民

族身分的作用。他以貴州的布依族做為例子，認為布依族是中華民族血液中的一分子，這種血緣的想像跟文化上的分享是息息相關的。

第十章則討論當代非常流行的觀光活動，對於民族的想像所發揮的功能。這是一個所謂休閒社會學與休閒人類學會涉及的領域，但是政治的影響力其實是無所不在的，觀光活動會建構各種有關民族的想像，在觀光活動潛藏著各種政治上有關民族的論述，所以國家可以動員人民，把觀光活動當作一個潛在的政治社會化的過程。之瑜舉桂林民俗館的表演內容與設計，在設備更先進、更國際化的情形下所傳遞的民族論述，讓觀眾消費的依然是所謂的血緣化的少數民族觀，還有原始風味的男歡女愛，觀眾被迫用著漢族所自我設定的外在觀點來觀賞。之瑜的批判力進一步指出，既然漢族本身是不可定義的，所以必須要用國家的力量來保證漢族的超然地位。在這種論述策略之下，觀光活動必然要鞏固以漢族為核心的中華民族的主流論述，如果不是這個樣子，就不會為當局所鼓勵與支持。

第十一章談的是與東北的朝鮮族類似的西南的京族，京族與越南主流文化高度互通，正像朝鮮族橫跨東北國界一樣，京族在西南也扮演類似的角色，還有所謂大板瑤，國家公民身分與民族的身分未必是完全重疊的，跨界民族他們提供了一個跨越國家身分的另一種可能性。

第十二章則將視野轉回台灣，之瑜面對台灣人的認同問

題，在「海內華人的祖先敘事：台灣與台僑」的標題之下，他直接挑明「四大族群說」的不倫不類。相對於原住民，漢人的三個族群是閩南人、客家人與外省人，外省人後來又更名爲新住民。他非常敏銳地指出，新住民這個詞凸顯出「原住民族」概念的不可或缺，因爲沒有原住民族在先的話，新住民就不能稱之爲新住民。原住民族作爲憲法上的一個族群，恰恰在於「原」這個字所隱含的祖先意識，凡是在漢人祖先來到台灣之前的人，都是原住民族。對於漢人而言，他們自己祖先抵台的時間點，已經能夠充分確認自己的身分。而最晚來的外省人，就也可以用祖先來台的時間，特別區隔成一個族群。祖先來台時間的早晚，一旦成爲最重要的祖先意識依據，則原本外省人在大陸上的族群差異，不論是屬於滿蒙回藏苗瑤等等哪一支，都變成一個族群（因此，之瑜就被「漢化」成這個族群了）。在這樣的武斷劃分之下，不但廣東客家人與台灣客家人分屬兩族，而且也讓福建閩南與台灣閩南分屬兩族。爲了克服這種矛盾，人們發明了新住民這個身分概念，點出了爲什麼外省人屬於同一族，即他們祖先抵台的時間相接近。而新住民卻對於區隔兩岸之間的祖先意識，起了論述上的關鍵作用。努力了半天，爲的就是與大陸的中國人作嚴格的區分：台灣人是華人，但不是海外華人，又不是中國人，只能是「海內華人」。天啊，在之瑜剝洋蔥式的分析之下，我們終於知道：原來我們的身分認同應該是既非海外華人，又非中國人的「海內華人」！

最後在附錄裡，收入對一位外國學者Brown的書評，討論台灣平埔族的身分策略，到底平埔族是一個文化身分？還是一個血緣身分？如果把平埔族當成文化身分，那麼台灣作為一個多民族國家，不必然要跟中國在一起，那如果平埔族是一個血緣身分，則台灣人不能理所當然宣告自己是中國之外的另外一個多元文化體。在這裡他討論的還是文化與血緣孰輕孰重的問題，而且強調兩者並不可能是截然二分的論述，Brown以文化身分來定義平埔族，為台獨建國建立理論依據，事實上忽視了文化身分與血緣身分並不是截然二分的，而且血緣論目前仍占主流，Brown的立場未必能說服所有相關的人。

以更多的能動性克服離群身分的流失

綜合來說，這是一本相當有趣的書，我們可以從前面提到的方法論上的挑戰與實質社會學分析的挑戰這兩方面，來為這本書定位。作為一位以學術為志業、以學術為興趣以及以學術為遊戲的作者，之瑜徹底展現了三十年來我所看見的學術頑童的特性，他一步一步從不同的腳步、不同的觀點與不同的學術領域立場，對現有的中國境內少數民族的論述，提出他極其獨特的觀點，給予很多現存專門研究族群與身分問題的人刺激與挑戰。換句話說，這本書展現了一個離群身分、學術分工邊際人與族群分類邊際人的能動性，既動搖了少數民族的身分，也動搖了少數民族研究者的身分。一方面他挑戰了中國少數民族

身分的固定定義，少數民族身分的意義是不確定的，同時這也證明了與少數民族相對的漢族的定義也是不確定的，於是以中國公民身分制度僵化地來制約漢族與少數民族，無疑地會忽略掉背後所具有的少數民族與民族身分的流動性與不確定性。

對他來說，既非文化論也非血緣論，既非本質論也非建構論，既非漢族中心主義也非少數民族中心主義，既非國家中心主義也非民族多元主義，可以完全說明解釋中國境內的少數民族的現況。因此民族身分的研究，其研究對象的內涵與意義是流動性的，這也會挑戰到少數民族研究者，其自己的身分也可能是流動性的。也就是在此意義上，我們要說這本書的貢獻一方面是在少數民族的實質社會學分析之上，一方面也是在少數民族研究的方法論與知識論基礎的反思之上。換句話說，藉著研究少數民族本身的能動性與流動性，可以反省到研究者本身的研究方法，也是具有能動性與流動性的；最後進一步歸到知識論的基礎之上，我們也可以說有關少數民族的知識，也是具有能動性與流動性的。

作了這樣子的反省與挑戰之後，我們當然也可以把矛頭指向作者自己，作為一位角色身分有點類似薩依德那種離群社群身分的人，之瑜在台灣被定義成一種身分，在大陸也被定義為另一種身分，被台灣漢族的福佬人定義成一種身分，被大陸的漢族也定義成另一種身分，他觀察到薩依德他們的客觀限制，能動性未必帶來創造性，能動性也有流失的時候。以子之矛、

攻子之盾，之瑜反省了薩依德的客觀限制，他有沒有反省自己的客觀限制呢？

也許保持能動性、保持不斷給人驚奇的頑童個性，是他克服薩依德這種沉沉重重學術大師的嚴肅性格，所採取的絕妙策略。如果之瑜下一本書帶來更多的驚奇與更多的能動性，以更多的能動性來克服能動性的可能流失，那麼薩依德的悲劇就很可能不會出現。在這樣的前提之下，我們期待他下一次給我們更多的驚喜。所以我如果有機會再寫下一本書的序時，我要再下一個標題，而這個標題是充滿期待性的：

四見之瑜

族國之間：進出台灣族群身分的策略？！
是為序！

台灣大學社會學系教授
林　端

湯序

　　少數族裔的治理因涉及政治、經濟、社會、文化、血緣、地域、感情、宗教等糾結纏繞之諸多面向，而往往成為各國棘手的問題。為尋求駕簡馭繁之政策綱領，「自治」、「自決」等概念因把紛雜的治理任務化約成簡單明瞭的政治符號，遂成為第二次世界大戰後各國處理族裔衝突的普遍原則。然而，「民族自治」概念的實際內涵以及如何落實——包括自治體與國家體制間的關係與自治事項之範圍等——實際上都還有進一步釐清的需要。尤其在近年全球化與民主化浪潮的衝擊下，更讓少數族裔自治的概念，發展出新的意義，並讓主權國家與少數族裔間關係的傳統假設，重新獲得審視的機會。

　　首先，區域化與全球化的趨勢，讓市場的力量得以衝破國家主權疆界的藩籬，直接影響少數族裔的生存與福祉，使以往國家幫助少數族裔發展的功能性論述（如結合各民族以追求較適合之規模經濟、提升彼此社會救助的能力等），受到廣泛的反省。其次，民主化運動中的個人主義思潮，在各國提倡對於基本人權的尊重與致力於多元文化的維護，其強調應讓受決策

影響最深的個人享有最大政策發言權的民主原則（或「權力從屬原則」，the Principle of Subsidiarity），逐漸成為普世認同的價值，因而使強調族裔間團結以及少數族裔應對國族效忠的前設性論述，被釋放出更大的討論空間。

　　作者近年發表了一系列的中英文專書，探討中國大陸國家與少數民族間的關係，無疑為這些討論提供了非常豐富的素材。而作者在本書中所展現了獨具批判性的筆鋒，對於民族自治概念有深刻的反省，佐以翔實的案例敘述，不但能啓發學界在國家與少數族裔關係方面的新思維，亦能拓展讀者之視野，無疑是一部值得細細品嚐的佳作。

中正大學政治學系教授、民意與市場調查中心主任
湯京平

張序

　　誰是中華人民共和國境內的少數民族？或者，誰在定義誰是中華人民共和國境內的少數民族？

　　例如，「滿（族）」的概念最早出現在1636年，而「維吾爾族」（Uighur）一詞是蘇聯當局1927年主辦之塔什干會議的產物。這些現象做何解釋？

　　先討論「民族」。在漢語史中，「民」、「族」的概念淵遠流長，但「民族」一詞卻是外來語：源自歐文的nation，1880年代由日人翻譯成「民族」，至1890年代傳入漢語。在這個翻譯與傳播的過程中，原本在歐文文脈中不具有血統意涵的nation，通過和譯漢字「民族」一詞，被賦予了血統意涵，民族變成了具有血緣關係之人群的合稱（日本於二次戰後將nation重新翻譯爲「國民」）。

　　這場「翻譯的政治」反映著當時的政治需要，尤其是政治原理之轉換的需要。源自歐美的民族國家（nation state）政治原理，在十九世紀撞擊著清帝國。此一撞擊促使晚清一些敏感的知識人與政治人謀求建立帶有模仿意義的新政治原理，其中

以革命派與保皇黨最爲突出。

革命派的興中會主張「驅逐韃虜，恢復中華」，發展出「漢族」的概念，企圖建立漢族版民族國家。與此相對，保皇黨理論旗手梁啓超在1898年因戊戌政變而流亡日本後，除了鼓吹統一以「中國」作爲國名稱呼外，另模仿當時日人高山樗牛與井上哲次郎等人新創與鼓吹的「日本民族」論，在1898年率先創作「中華民族」一詞與相關論述，企圖據此在保存清帝國領土的前提下，讓帝國治下諸民盡皆成爲「同一個民族」。

很明顯地，這是兩種不同政治計畫的競爭與衝突：前者以人（「漢族」）及其政治解放爲前提，追求擺脫「漢族」作爲滿清帝國臣民的被支配與臣屬地位，建立屬於「漢族」自己的民族國家，因而在實踐上必然意涵著清帝國領土的分割與帝國體制的解體。相對地，後者以保存與維護清帝國領土爲前提，追求清帝國領土盡皆從帝國的臣民身分轉化爲同一的「中華民族」身分。而在這兩派之間，清帝國當局於宣統元年（1909年3月28日）頒布施行首部國籍法，採行血統主義——不問是否在「中國」出生，只要雙親是「中國人」（當時的意涵爲清帝國統治領土內的臣民），即自動被定義爲「中國人」，據此將中華民族論操作爲血統主義式的「中國人」。

1911年辛亥革命，革命派在形式上推翻清帝國，但在政治原理上放棄先前漢族版民族國家的主張，轉而援用保皇派旨在維護清帝國領土的中華民族論，並在國籍法上援用清帝國晚期

的血統主義（1929年2月5日公布與施行的中華民國國籍法）。1949年共產黨革命與中華人民共和國成立後，中華民族論的這一套政治原理‧政治計畫與血統主義型的國籍法，仍被沿用下來。當代中華人民共和國有關中國人的定義，以及作爲中華人民共和國民族理論基礎的「中華民族多元一體構造論」（費孝通），就是此一延長線下的產物。

在這個清帝國、中華民國、中華人民共和國的歷史經緯中，不變的共通項是帝國領土的保存驅力與由此而來的中華民族論、中國人論，而變奏曲即是「少數民族」的概念、論述與制度。

在起源上，「少數民族」論最早在1920年代被引進，當時主要是受到蘇聯經驗，尤其是史達林主義民族理論與制度安排的影響。1949年之後，「少數民族」正式被政治制度化，1953年中華人民共和國官方承認（「民族識別」）下有五十一個少數民族，1964年增爲五十三個少數民族，1978年再增爲五十五個少數民族，另外在1990年人口普查後標定有七十四萬九千餘人屬於「未經識別的民族」。

不過，中華人民共和國的少數民族，與蘇聯式的少數民族，存在著極大的差異。第一，至少在法理形式上，蘇聯承認少數民族的分離、獨立權，而中華人民共和國則予以否決。第二，少數民族及其居住地，在蘇聯邦境內可爲加盟共和國（如蘇聯邦境內的哈薩克社會主義共和國等），而在中華人民共和

國,最高僅有自治區的地位(如維吾爾自治區)。第三,蘇聯的諸少數民族與支配民族(俄羅斯族)在概念與制度上屬於並行分隔的不同民族,兩者由更上位且完全不具血緣意涵的「蘇維埃人」所統合;而在中華人民共和國,少數民族與支配的漢族並行且分隔,兩者在界定上同屬更上位的中華民族,但中華民族又被視為具有血統內涵的擬似血緣團體。

這層脈絡有助於我們釐清「誰定義誰」是中華人民共和國境內少數民族的問題:施展定義動作的主詞是統治當局(黨國當局),受詞是中華人民共和國領土境內被黨國當局支配的被統治諸民,而在主詞與受詞之間發揮聯繫作用的動詞「民族識別」,依照時代的政治需要與社會經濟情勢的變遷而變遷——因而少數民族的「數量」歷年有所差異且少數民族身分識別與身分登記之轉換的標準時寬時鬆。重點是,無論如何變遷,這整組方程式的不變功能是:「保存黨國當局對廣袤領土及居住其上之眾民的統治」。

因此,在中華人民共和國境內,民族區域自治制度,必然如本書作者所說的,帶有深刻的「國家目的論」(第一章),且少數民族的存在,以及「民族自治的制度受到重視,固然不必非為彰顯民族地區不受主流民族壓迫的人權觀不可,但在促成國家團結統一所實踐的民族自治體制之下,起碼有效的效忠動員是要讓具有民族身分的成員,能主動積極認同中華民族」(第二章)。

　　然而，中華人民共和國黨國以專制統治遂行其支配與定義的事實，以及國家機關論述工具「中華民族」論披裹著血緣團體的外衣──一如本書作者所說的「中華民族作爲血緣民族」（第九章），必然產生「強制認同」的問題，使黨國當局的少數民族自治政策在實踐上遭遇許多困難，並因此使那些被定義爲少數民族的人們在實踐上經歷著「民族身分」流動化，並因此在民族身分上具有本書作者所說的（外觀上的）「能動性」（第三、四、五章），或是少數民族的民族意識「日漸消失」（第六章）等現象。

　　這些現象，反映出一個政治人類學上的定律：「人類群體的區分與社會區劃定義線，既然涉及主詞與受詞，就必然是一種雙向的社會互動，而不可能僅是單向的獨斷定義與區劃」。

　　因此，研究者或許可以從政治史的脈絡來釐清「誰定義誰」的問題（承認問題），但要理解這種定義是否有效，就必須探究承認問題的另一面──認同問題，因而必須深究「誰是誰」，尤其是「誰自認爲自己是誰」的問題。爲此，研究者不僅必須釐清近代中國政治史的脈絡，還必須採取治學上的現場主義，進入中華人民共和國治下的少數民族住地，與在地的少數民族互動，從這些人們那些外觀上與政治無涉，亦即所謂非政治的生活之中，探索最深刻的政治意涵，一如本書作者所稱的「正是在非政治化的語言之中，政治上的訊息是最深層而有力的」（第十章）。

這種方法論的立場，構成本書的強項。放眼台灣研究中國民族問題的學者，本書作者這種方法論上的現場主義，極為罕見。

然而，這不等於本書作者已經為我們回答了「誰是誰」的根本問題。由於本書是作者系列相關論文的彙集而非體系性的論述，加上作者將主要重心放在論證少數民族「民族身分流動性」的命題之上，致使作者未能為我們釐清問題的原點及其動態力學：「中華人民共和國境內的少數民族，究竟是什麼樣的人類集團？他們在漫長「中國史」上究竟如何形成與演變？他們的形成、演變與獲得黨國當局在制度安排上的承認，是否遭遇結構性的上限（如被強制性地包含在帶有血緣主義的中華民族之中）？」要言之，不釐清這些根源性問題及解明身分能動性背後的動態力學，研究者就很難深切理解民族身分流動性的根本動力及其變遷原理。

正是在這些課題的解明上，投注著我們期望著作者下一部有關中國少數民族之著作。

中山大學中山所助理教授

張錫模

自序

　　本書承繼過去三本已發表的相關著作（《中國的民族問題》、《當代政治學的新課題—— 文化、性別、民族》與 *Negotiating Ethnicity in China: Citizenship as a Response to the State*），討論中國大陸民族與國家之間的關係，這次將重點相對地放在區域自治制度對身分能動性的制約。由於民族問題事涉敏感，因此過去的研究以及本書的內容，在海內外受到相當不同的評價。在大陸，包括國家民委的年輕幹部與民族學者在內，許許多多同仁表達對書中分析角度的極度好奇，甚至讚賞，但也遭到有權者批評為否定祖國民族政策、對江主席三個代表理論有微詞、否定祖國經濟政策與專門攻擊祖國大陸之類的無妄之災。在台灣，國家科學會從最早全力支持有關研究，到完全否定（包括：研究方法錯誤、研究成果不能累積、沒有提出人類學的行為法則、發表作品都不在國際一流刊物、書寫手法類似遊記與超出政治學領域等），再到近年恢復部分支持。在海外，政治人類學家意見也不一致，有人認為是採取了突破性的研究方法，堪稱有關課題中的最佳作品，也有人指出

解構不徹底，除惡未盡。

　　勢必讓科學主義者失望甚至排斥的是，本書的寫作完全不是在建立人類學的理論法則，或呈現特定民族的所謂真實現狀，因此不屬於流行科學的範疇，而是在針對大陸官方以國家團結為目的之自治論述，重新提出其他未被自治制度鎖住的身分意義。這些意義不必存在於訪談對象的意識中，而是存在他們言行中，凡是可以被解讀出新意義的機緣，都是本書要摘取的靈感。換言之，本書自始放棄站在民族地區的立場，替當地人發言，或是說明他們的行為準則，或是提出他們的身分立場。相反的，是在為讀者與作者開創實踐自己身分的策略空間，藉由開發、誤解、虛擬當地人的眼光，以開拓讀者的身分策略空間。故官方身分接待人員的陪同，不影響研究，因為每一個具有民族身分的受訪者，包括官方接待人員，都是可能性的啟示來源。

　　本書寫作主要是在探索既定官方制度思維之外，其他認識民族自治制度的「可能性」何在，並無意於實證地建立一套代表某民族的共同觀點，也無意宣稱科學客觀地進行理論建構。這些可能性的發掘，來自田野考察中的體會，主要是作者為建構這些可能性而書寫，不代表田野中人的意見，也不是為了民族而書寫，而是為了突破官方對自治制度的單一理解而書寫。重點在可能性，而非代表性。作者在他處稱此方法論為「反方法論」。這是為什麼第一章先根據國家民委面向國際具體闡述

民族自治的理念，加以歸納，作爲之後各章回應的對象。而本書的書名，也是針對國家目的論式的流行論述而設計。

　　每一次考察均非在當地常駐的人類學或民族學研究，故對發現人類學的行爲法則，並無深入貢獻，也不能反應「眞實」。如果讀者期待本書能說明民族自治制度實際上如何被實踐，的確超過本書的能力與興趣。本書寫作意圖乃是從不同的接觸經驗中，來發掘對自治一詞可能的其他詮釋，這個詮釋是爲作者自己而寫，並希望讀者重視可能性，而非實證性，從而使閱讀（讀者的閱讀，與作者的再閱讀）成爲一種可能性的啓發過程。以致於有的地方只去過一次（如涼山），有的去過六次（如湘西）。故全書有意識地不曾在任何一處宣稱，這是代表少數民族在發言。

　　感謝歐洲安全暨合作組織、美國哥倫比亞大學、瑞典伍埔塞拉大學與中國國家民委四度邀請參與國際民族區域自治研討會，廣西社會科學院、中國社會科學院、貴州社會科學院、四川省社會科學院、西南民族學院、吉首民族大學、各地各級（湘西自治州、湘西永順縣、廣西宜州市、廣西欽州統戰部、廣西龍勝自治縣）台灣辦公室、邵陽市民委與統戰部、城步自治縣民委、金秀自治縣與惠水自治縣的民族宗教局安排考察接待事宜，更感謝花無數時間與訪客懇談的村鎮幹部、學校教師與民族大學、海外華人學會、中國社會科學院民族學所及各地之民族學者。主要的研究資助單位包括：澳洲國立大學、廣西

省社會科學院、國家科學會、教育部國家講座、喜馬拉雅基金會與中流基金會。部分章節先前曾藉《共黨問題研究》、《中共研究》與《遠景季刊》披露，獲得讀者迴響。歷年研究助理整理訪談手稿，任勞無悔，居功厥偉。

這些年對民族問題看法的源起，主要是從回答現代化過程中，中國會不會被和平演變的辯論中發展出來的。西方學者要和平演變中國不是祕密，我們具有中國身分的人，卻也學樣費心思量到底和平演變是不是宿命。每次回到自己家鄉湘西自治州，都會感覺到在國家力求現代化與全球化的奮鬥中，土家族與苗族已經變成為「政策族」，當地幹部則甘之如飴。除了碰到吉首民族大學的同仁十分憂慮外，多數受訪者一時並無太大感覺。各國研究民族政策的人類學家，對於國家機關在決策過程中掌握不了當地狀況，多所評論。好在今天政治氣氛寬鬆開來，國家幹部自覺與不自覺的傲慢，並不是政治上不可談的禁忌，地方人士也確實有所反應，慣於身在象牙塔與宮廷帷幕之內生活的人，當然應該更為敏感，認真學習。

石之瑜

目錄

概要

　　依照官方所定義的民族分類，中國西南邊疆的少數民族小而多，隔在大山之中，與漢族社區夾雜。西南少數民族與北方民族相比較，他們的人文環境之中有非常特殊的一點，就是作為主流族群的漢族認為自己是土著民族。在面對北方民族時，漢族往往認可少數民族有悠久的歷史，但在面對西南民族時，漢民族卻可能感到少數民族才是移來的社群。事實上，在考察過程中，許多當地少數民族社群對於自己先人的遷徙路徑，多半能娓娓道來。這種離群的身分意識，讓西南少數民族中少見北方民族對身分的安定感，也沒有北京民族的霸氣。過去對中國少數民族的研究，由於受到某種潛在反華情緒的影響，甚至少數人抱著中國解體的期盼，以致於過多集中在少數民族對國家抗拒的問題裡，因而模糊了國家與民族兩種集體身分之間紛雜流動的關係，從而對於少數民族身分的理解，產生偏差。本書以西南少數民族為內容的學習考察，不同於過往之處在於，

既不是站在中國之外對中國指指點點，也不是站在國家的位置，對少數民族指指點點。本書力圖進行的，是藉由西南民族溫和、散居、邊區、山區與漢化的離散性質，模擬各個西南少數民族社群的身分，面對國家，開展出從少數民族位置出發的、對國家的知識回應。簡言之，西南少數民族是本書的作者、知者與能動者，國家則是對象。

第一章介紹的大陸官方與學界對民族自治概念的若干文獻，在文獻中，論述者更傾向於以法律邏輯的角度，來說明自治制度的用意，這一方面使自治制度成為對國家主權一種鞏固與強化的機制，另一方面也將對少數民族的尊重變成一種國家幹部的法律義務。因此自治體制主要是在規範國家幹部思維方式，並重申國家發展作為國內所有民族共同目標的價值觀。可以說，民族區域自治制度的施行，在大陸上是一種進一步完善國家體制的手段，亦即國家體制是民族關係的前提，民族關係成為一項課題，是因為影響到了國家體制的運行，而民族區域自治制度的宗旨，就在於讓有可能形成負面影響的民族關係，轉變成為正面的。簡言之，在大陸的文獻中透露出了濃厚的以國家為核心的目的論，這個目的論決定了有關民族自治論述的方向與範圍。

第二章以廣西龍勝各族自治縣的自治經驗，來探索民族區域自治的意義。在沒有明確界定民族母體的自治地區，其自治顯非某個特定民族的自治，而只是代表中央政府針對區域中的

民族複雜狀態，作出因地制宜的政策或制度安排。各族自治猶如漢族自治一樣的道理不通，然而政府民族政策的唯一重點，就是給這個自治地區政策優惠，促進經濟發展而已，但如此一來，自治制度就更與民族身分脫離關係。其結果，龍勝號稱自治的三個少數民族——苗、瑤與侗，再加上兩個主要民族壯與漢之後，等於只剩下一個政策族，是爲3＋1＋1＝1的漢族自治。「各族」人民在自治的口號之下，既不能眞正自治，又不能捨棄民族身分，則積極主動參與國家公共事務，或規劃個人生涯的能動性將大受斲傷，這可能是龍勝幹部與老師凡事總是感到「沒有辦法」的深層制度因素。

國家對民族的意義與民族對國家的意義兩個課題，都值得政治人類學家認眞研究。在第三章金秀瑤族自治縣的例子裡，以國家名義制定政策，分配資源的國家幹部，將民族簡化成一些普遍化的指標，根據這些指標去動員具有民族身分的人來完成特定的任務。在歷史上，這些任務帶來了災難，造成國家幹部重新訂定方向與指標，也就是對瑤族身分的人重新評價，開啓了新的動員機制。但具有瑤族身分的人沒有機會在國家體制中，形成某種民族角度來與國家幹部進行互動。然而，金秀的經驗又顯示，民族不必是一種全然被動的身分，因爲各種國家所認知不到的文化活動，無所不在地、持續不斷地在對民族身分所具備的意義，進行再詮釋與再發展。總而言之，國家壟斷性的政策指標確實嚴重影響了金秀瑤族的意義系統，但卻不能

決定或封鎖國家範疇以外的瑤族身分出現什麼方向的調整與回應。

　　一項身分制度所可能產生的行爲效應，並非如新經濟制度主義所說是由制度本身所能決定。根據第四章的調查，身分制度的變遷對行爲的影響不必是直接的，可以是因爲改變了人的主體意識，而引導人進入不同的產權制度情境，則同一個身分制度對於不同主體意識的人而言，所帶來的效果就不一樣。羅城仫佬族的民族意識在與受訪者的談話中，表露無遺。即使自治地區對於上級政府的開發政策毫無抗拒與反省，但在既定的民族政策之下，人們所表現出的競爭心與進取心，卻又可能與民族身分有關。對於自己民族身分的正面認可，以及自己作爲仫佬族唯一的民族自治區域，當地幹部因而沒有任何受外來文化入侵，或有喪失民族身分的危機感。羅城的民族身分不僅並未成爲疏離國家或外於國家的心理基礎，還獲得既有的產權制度認眞地對待，從而出現積極募款、扶貧、入學、升學的作爲。說明產權新制度主義關心的產權行爲，不能只從產權制度的狀態直接獲得說明，而要注意到行爲者的主體意識是否能提供一種安定感。

　　民族認同並不能簡單稱之爲後現代或虛構的，這樣不足以解釋行爲；也不能說它是建構主義式的一個不斷變動的客觀存在，因爲這樣會忽視在每一個時間點上存在著不一致的認同。在民族認同的問題上，多重的建構主義過程並存的現象，比後

現代主義與建構主義更能全面地解釋行為。在第五章中，代表個人或村隊層次的觀光表演隊，出現了血緣本質論與反身東方主義兩個建構過程的並行；在鄉鎮這一層次，血緣本質論及語言本質論都成為力爭上游的專業身分內涵，同為學校幹部、老師所處的兩個建構過程；在少數民族這一層次，大學知識分子同時介入了搶救、追溯、挖掘民族傳統的尋根工作和對重構民族文化的超前探索；在國家這一層次，政府則也受到血緣本質論和同化論兩個不一致的建構過程所驅動。這四個層次分別展現出超過一種的民族論述，說明了建構主義的過度簡化與後現代主義的無濟於事。本質論在一定程度存在於不同層次中，顯示認同論述中存在一些傾向超越了後現代主義的不可捉摸。而不同層次上有不同的多重建構過程，推翻建構主義所以為的，人們是處在同一個建構過程中的進行互動與調整。

　　第六章質疑，Edward Said所讚許的離群身分，未必都是充滿創意，也不一定具備抗拒外來文化霸權的能動性。Said及其同僚的問題，是把混血身分者具有的能動性看得太過理所當然，忽略了能動性也有流失的可能性。作為離群，宜州的水族可以說是離群研究所忽視的一種離群型態，不構成傳統意義的離群。民族身分淪為一種政策優惠的對象之後，等於承認自己是相對落後，需要保護的。但因為這個身分沒有其他內涵，所以就不能對自己解釋，為什麼自己有理由接受保障，則就是為了接受優惠而接受民族身分。這時候，民族身分的界定反而傷

害了能動性。雖然宜州水族身分的空洞化是趨勢，但仍然存在反轉的機緣，而這個機緣其實使人們對國家的存在更容易接受，而不是因為發現民族身分的空洞化反而看穿國家也是建構的。

　　基於過去數年對少數民族教育的考察經驗，第七章試圖提出一種與人力資本分析或國家社會分析不同的觀察角度，探索其他的可能性：一、民族教育對少數民族的意義，超過了進步與文明之類的論述所能反映；二、以個人為分析或動員單位的民族教育，有時反而會減損了民族教育的信用；三、對這種情況的認識不足，將導致教育資源浪費與誤用；四、最重要的是，民族教育的結果可能是無意中進一步傷害少數民族的自尊，達不到同化或漢化的的目標。由於民族教育事涉敏感，且資料蒐集不易，因此本章目的只是在指出不同分析角度所提出的不同可能性，而不是要下定論。本章要討論的課題是，當少數民族地區的人民對民族教育的意義有不同理解時，他們參與國家教育體制的行為是否或如何不同？更要緊的，是在對於地方教育主管當局思考民族教育的既有傾向，提出一個批判性的省思，希望激起更多的討論，使人們對民族教育本身所造成的民族問題與教育問題，有更豐富而周全的認識。

　　第八章研究的是四川涼山彝族自治州美姑縣的教育情況，希望藉由實地的考察，來探索民族地區在現代化教育過程中的調適。美姑縣的教育無疑遭遇到嚴重的瓶頸，不論就學意願與

政府經費投入都嚴重不足，而且教育主管部門及當地教職員都束手無策。在彝族研究日益受到英語學界重視的時刻，如何能從當地彝族與漢族的立場，來理解問題是如何發生的，甚而提出符合當地環境的對策，與英語文獻及政府政策進行對話，是本章考察主要的動機，目的是從論述上找到一個機制，使得英語文獻與政府文件表達不同的角度，獲得一個發聲的機會。本章的調查提出了生活態度這個變數，這不是事先就已經預設的觀察點，而是在當地透過點點滴滴體會的初步分析，加入了這個變數之後，人們可以比較清楚地掌握文化條件、教育政策、經濟條件三者之間的關係，並且可以找到可以介入的點，以目前這樣的多方投資，而又欠缺再投資能力與方向的政策，很難將美姑的入學率做有意義的提高，用罰款與政治壓力所營建的入學率，不僅不能對兒童教育裨益，還可能加深家長與教育體制之間的隔閡。

　　第九章一反過去文獻中指稱中華民族為文化概念的論述主軸，轉而探索以血緣為核心的民族論述，並將辯稱以血緣為核心的民族論述，是更根本的中華民族論述，而關於文化風俗的共享過程，過去或有促成融合的作用，今世其功能則多在於維繫以血緣概念為主的民族身分。實踐上，文化充其量被認為是識別方式，而不是某民族之所以為某民族的原因。本章的討論先從這個關於血緣民族才是基礎論述的命題開啓，進而觀察在田野考察中所經歷的血緣論述，說明血緣論述如何隱藏在文化

論述之下，起著鞏固民族身分的作用。關於貴州省惠水縣的短暫考察是一次偶然安排的結果，但從陪同學者、官員與幹部的介紹中，流露出頗多關於文化與血緣交互出現的身分界定。假如布依族是融入到中華民族血液中的一分子，至少在文化上應當分享中華民族的一些特色，不然這個血緣的想像無以為繼，很快失去意義，或失去記憶。假如布依族本身是有意義的民族身分，則必然應當有其與其他民族尤其是漢族不同的自己的血緣源頭，故布依族民也會同時關心識別布依身分的文化特色何在。

咸信觀光活動無關乎政治，然而，正是在非政治化的語言之中，政治上的訊息是最深層而有力的。先有了政治上關於民族的種種論述，再在這些論述之下設計觀光活動，當消費者在欣賞這些觀光活動的時候，就逐步地對於隱藏的前提益加地習以為常起來，所以，觀光活動中對於民族的各種隱藏論述成為國家動員人民的一種潛在的教化工程。第十章討論的桂林民俗館的表演內容與設計，並沒有超越其他類似表演活動的基本範疇，只是這些活動的觀賞設施更舒適，更先進，更適合中、外觀光客共同欣賞。可是，隱藏的訊息卻沒有太大的變化，觀眾所消費的，依然是血緣化的少數民族觀，原始風味的男歡女愛，觀眾被迫以漢族所自我設定的外在眼光觀賞。既然漢族本身是不可定義的，則用一個國家來保證漢族的超然地位也成為一種論述上難以抗拒的策略。這個國家所型塑的中華民族，超

越了，也凝固了少數民族。達不到這個效果的民族風情觀光，
國家不會鼓勵。

　　中國邊境也有許多跨界民族之存在，近年日益受到重視的
另一個中國沿邊民族，是東北的朝鮮族，國家民族政策對於朝
族身分意識的維持，採取了積極扶持一種辯證思維。國家的正
面介入，使得朝族身分與中華民族身分（或中國國家公民身分）
之間，形成一種互補關係，而非競爭關係。第十一章的重點是
京族，京族與越南在生活水準上的差距，使得在身分上藉由國
家取得某種區隔，成為合情合理的身分策略。另一方面，京族
與越南主流文化的高度互通，成為京族在國家範疇之內維持某
種獨特性，也有了穩定堅實的基礎。類似的情形也在大板瑤的
例子看到，他們在公民的身分中處理了跨界民族面對兩國戰爭
時的尷尬。京族與大板瑤的經驗顯示，國家公民身分可以是一
項身分策略中的有關工具，不必然是限制少數民族從事跨界活
動的桎梏。

　　國家與祖先的結合，就成其為當代民族國家的濫觴；國家
與祖先的分離，則是海外僑民的遭遇，亦即不居於祖先之國之
人的遭遇。海外華人的祖國是不是一定要是中國呢？對台灣而
言，第十二章處理的這個問題，在李登輝時代就已經提上議
程。台灣作為一個華人國家，儘管不屬於政治中國或中華人民
共和國，不是一樣可以當海外華人的祖國嗎？台灣作為華人因
而與中國人作為華人，以及海外華人作為華人的意義不同。所

謂海外華人，只能是指其僑居地不是華人國家，而是由其他種族所主導的主權國家，但其祖先則是來華人國家的那些海外僑民依照過去台灣所流行的論述，台灣人是中國人的正統，是海外華人的祖國，這種定位，稱之為復興基地，則台灣人不宜以華人自居。但依照目前所流行的論述，台灣人是華人，但不是海外華人，又不是中國人，可以是若干海外華人的祖國，自己的祖先又另有所出之國，並非由中華人民共和國代表之中國。基於此，台北政壇對台灣人的身分定位，可稱海內華人。

在以上各社區的文本中，中國西南少數民族身分的意義果然不可限定，單純的經濟發展與現代化政策決定不了一個人的身分意識。既然少數民族如此，漢族當然也是如此。其涵義就是，走向全球化之後，中國人不會逕自變成外國人。為了說明一個人的身分論述具有源源不絕的能動性，本書從西南少數民族對現代化與國家動員的回應切入，從而說明，民族身分不是西方所想像的那樣一個靜態不動，內部一致的對象，政府對於民間的動員，在民間也不是被動地接受，而是西南各地各族自有詮釋與實踐的能力，所以根本不存在可以被西方和平演變的那個所謂封建或極權中國。西南少數民族受到中國公民身分制度的制約，無可置疑，但民族成員不必然受中國這個概念範疇所固定，故而是在實踐中國，民族自治制度不是團結一統的終點，而是人們持續流動調適時，所仰賴的一種策略性的身分基礎。

　　民族身分內涵與意義的不可限定性，動搖了少數民族研究者的身分，從而督促研究者認識到，當他們迴避自己的身分內涵，把研究對象鎖在現代化、全球化、國家主義的社會科學理論中，無異於是在實踐研究者的身分主張，他們因而必須把所有不能放入論述脈絡的部分切除，才能宣稱瞭解了研究對象的特殊性。當代社會科學不討論少數民族的歷史發生過程，以及少數民族如何被鎖在固定的身分當中（包括他們如何不可能被鎖住），因此重新檢討少數民族研究的知識基礎，是社會科學研究者認識自己的方法。

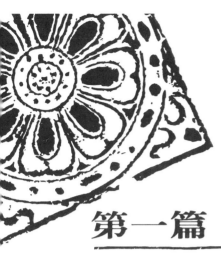

第一篇
民族區域自治制度

| 第一章 | 國家目的論：中央民族政策的思路 |

「民族自治」作為被研究的問題

少數民族與國內多數民族之間的政治關係，在二十世紀末以來已經成為世界政治之中的大事，也將成為二十一世紀政治學研究議程上具有主導性的課題。（Collins, 1991; Kymlicka; Zhou, 1997; Castles & Davidson, 2000; Borjas, 1990）在中國大陸，官方所承認的少數民族共計有五十五個，在制度上則是採取了區域自治的安排，這種處理民族關係的方式，在世界各地愈來愈受到重視，逐漸取代了民族自決的觀念，成為有關民族政治方面的主流論述。如果與民族自決相比，民族自治指的就是在不挑戰各國領土主權疆界的前提下，將公共事務的決定與管理權，交由一個主要是特定少數民族居住地區的人來行使。但如果只就民族自治這個觀念本身來分析，而不與民族自決的

觀念作比較的話，則民族自治到底是什麼意義，又不得不因人、因事、因時、因地而不同。

對於站在官方立場保護國家主權立場裡的人而言，民族自治可能首先是一套法律邏輯，用以確認自治的法源是來自中央的授權，所以不影響國家的主權。對於重視國家與國族建立的人而言，民族自治乃是一個將不同民族納入一個以主權疆界為範疇的國族的過程，使少數民族與多數民族之間的利益或權力衝突加以消弭，從而營造各民族對國家主權的共同效忠。然而一個從所謂的少數民族之內向外看的人，對於民族自治的期待，更會是從維護民族認同的意義中來分析自治的優缺點，極端者也會將自治當成邁向自決獨立的一個階段。比較少受注意但卻已出現在學術文獻中的一個立場則與上述都不同，那就是將自治看成是對異己容忍，從而開創各族間流動認同的一個制度條件。

在這個背景之下，首屆「民族區域自治國際學術研討會」於2001年6月22至25日在北京釣魚台賓館隆重召開，來自大約二十個不同國家與地區的學者專家，一共提出了二千一百十五篇論文，課題遍及亞洲、歐洲、非洲與拉丁美洲各國的民族區域自治制度與實踐，其中關於中國大陸的論文，有十八篇列入大會的論文手冊，正式宣讀並討論的有十五篇。根據大會的設計，各國學者的論文應當以關乎本國民族區域自治為內容，因此原本以中國民族自治為研究課題的海外學者，自然不適合在

大會宣讀論文，一共來自美、澳、港、台四位包括一位台籍在內的中國民族問題專家，均獲得安排擔任大會的主持與論文講評工作，除了這四名學者之外所有的主持與講評，皆由大陸的學者專家負責。

　　此會議的主辦單位是大陸的國家民族事務委員會，參與共同籌畫的主要還有香港科技大學的沙伯力教授與哥倫比亞大學的羅薩比教授，他們共同參與決定了海外學者專家的受邀名單。至於大陸學者參與名單的擬定，則由國家民委全權負責。海外所提交的論文與大陸本身所提交的論文相比，在討論的前提、角度、重心等各方面頗為不同，雖然各國學者基於自身的經驗與歷史案例的差異，寫出了各有特色的分析評論，但他們之間卻存在一個明確的共識，這個共識在不與大陸學者的論文進行比較之前可能並不明顯，但夾在大陸學者的論文中提出來，就非常清晰的呈現出，海外學者對於國家在民族自治制度的過程中應扮演什麼角色，有與中國學者迥然不同的體會。

　　大體而言，本章將介紹的大陸專家的論文，更傾向於以法律邏輯的角度，來說明自治制度的用意，這一方面使自治制度成為對國家主權一種鞏固與強化的機制，另一方面也將對少數民族的尊重變成一種國家幹部的法律義務。因此自治體制主要是在規範國家幹部思維方式，並重申國家發展作為國內所有民族共同目標的價值觀。可以說，民族區域自治制度的施行，在大陸上是一種進一步完善國家體制的手段，亦即國家體制是民

族關係的前提，民族關係成爲一項課題，是因爲影響到了國家
體制的運行，而民族區域自治制度的宗旨，在於讓有可能形成
負面影響的民族關係，轉變成爲正面的。簡言之，在大陸的文
獻中透露出了濃厚的以國家爲核心的目的論，這個目的論決定
了有關民族自治論述的方向與範圍。

　　相對而言，海外學界則更重視到個人，尤其好以個人人權
的角度來說明保護民族文化與政治參與的必要性。這個取向將
民族身分的認定主觀化，免除了國家介入來界定認可民族身分
的負擔，但並不能處理作爲集體認同的民族對民族成員壓迫的
問題。對個人人權的重視說明了海外學者反對民族自決的理由
與大陸專家不同，他們的反對是因爲發現到，在歷史實踐中，
民族自決所經常造成的流血屠殺有悖於人權的理念，而不是因
爲民族自決有礙國家主權。相反地，他們多數認識到，民族自
治制度乃是對於跨主權認同的一種認可，而且主權作爲規範民
族關係的機制已經極不敷用。在這些觀點中，一個值得發揮的
潛在論述則是，民族認同的內涵與民族身分的認定可能是流動
的不是固定的。

國家目的論下自治的涵義

　　以完善國家體制爲發展終極目標的立場，可以說是大陸相
關文獻中最清楚表達的訊息。少數民族成爲一個有意義的概

念，自始是與愛國主義相連貫的。這個名詞最早是在1905年的時候出現；1912年之後，驅逐韃虜的宣傳口號被五族共和所取代；到1924年，少數民族正式成爲中國國民黨文件中的用語；1926年，中共首度提及西北民族。可說是，一旦中國從封建王朝時期作爲天下共主，到了共和時期作爲一個主權國家之後，過去所關注的屬國是否來朝貢的問題，就變成爲國民能否團結對抗外侮的問題。在有關天下的各種論述中，所有人與王室之間都是君民臣子之禮的關係，只有成爲主權國家以後的中國，才又發生有領土疆域之內與之外的區隔，以及疆域之內的人有多與少的分野。所以，少數民族概念的出現，就是爲了鞏固團結的，讓少數民族成爲政策優惠的對象，與政治效忠運動所動員的對象，咸信國內民族團結是抵抗外侮的不二法門。

　　研討會上的第一篇文章開宗明義地宣告，少數民族與中華民族有不可分割的共同命運與共同任務：

> 鴉片戰爭以來中國的社會性質和國際環境，決定了各民族緊密的聯合是各民族實現當家作主的前提，是維護國家統一和確保民族發展進步的前提。近代的中國是屢受帝國主義國家侵略的半封建、半殖民地國家，帝國主義和中華民族的矛盾是近代中國社會的首要矛盾。對此，中國各民族只有走聯合與團結的道路，才能戰勝共同敵人，取得民族解放鬥爭的勝利（文精，2001：3）。

就在這個團結禦侮的基礎上，少數民族地區實施區域自治的原因，就在於要消除「各民族間歷史造成的事實上的不平等」，避免「民族矛盾和民族的衝突愈演愈烈」，以能實現「國家的統一、民族的團結」。否則的話，整個國防都會出問題，所以像邊疆地區如新疆或西藏的穩定，「涉及國家的穩定」、「國家的發展」與「國家的安全」（洛桑尊珠，2001：154）。這時，與會者特別感到區域自治的成就重大，在與世界其他地區比起來的話，尤其令人欣慰：

> 當今世界上許多國家和地區民族之間的糾紛時有發生，造成社會動盪，甚至戰火連綿、國家分裂、生靈塗炭，民族問題沒有得到很好的解決是一個重要原因，而我國則社會穩定，民族團結……我們回族自治縣一直十分注意民族團結和民族進步……1999年天津天穆村事件、2000年發生的山東信陽事件，雖波及到全國回族聚居區，但回族自治縣的回族幹部群眾沒有一人去聲援（楊連福，2001：136）。

所以，民族自治同時也要求民族幹部接受並「堅定馬克思主義民族觀，提高執政黨的民族政策的自覺性，為發揮他們自身的優勢和作用」創造有利的政治環境。（王建華，2001：129）這是為什麼中國不像蘇聯那樣採行聯邦制，而根據馬克思主義「經典著作而在國家結構方面堅持建立統一的、不可分

割的大國的原則」，（周傳斌，2001：51）區域自治在統一原
則上起了保證的作用，因為「民族自治地方要服從上級國家機
關領導」，上級的幫助也是區域自治制度成功的主要外部條
件。（吳仕民，2001：71）

　　區域自治做為國家體制趨向完善的一個路徑，在上述的思
路下益加明確，亦即自治是讓具有民族身分的人來完成國家交
付的任務，其與一般行政地區不同之處只有兩個，一個是完成
任務的具體方式是由當地自行決定，另一個是執行任務的人應
當具備民族身分，故曰：

> 國家統一是區域自治的前提和基礎。中國的民族自治地
> 方是統一於國家整體的重要組成部分，其自治機關依照
> 國家憲法和有關法律規定，代表國家意志管理本地方事
> 務。同時，民族自治機關除行使與其他非自治地方同級
> 政權機關一樣的權限外，還依法擁有根據本地方的實際
> 情況，行使管理本地方的經濟文化教育事業和本民族內
> 部事務的自治權（文精，2001：5）。

　　自治機關的定位是一個「國家領導機構聯繫廣大基層人民
群眾的紐帶和橋樑」，因此可以看成是在「統一國家內部最大
限度地實現了少數民族和人民當家作主」（周傳斌，2001：
55）。但最多，在根據了「當地的民族情況和本地方的實際情
況」下，仍必須貫徹執行（包括變通執行）國家的法律、政

策。這時的自治民族同時必須是自治機關，脫離了執行國家法律自治機關的定位，自治民族是不能單獨成立的概念，因此行使自治權的還不是自治民族，也一定要與「作爲一般地方國家機關」彼此「渾然一體」、「密不可分」，才其成爲自治民族。（金炳鎬，2001：35-36）由此可見，民族區域自治在大陸上帶有濃厚的目的論意識，是以完善國家體制爲其最終的動機，少數民族的角色並非從少數民族的位置來理解，而是從先驗不可討論的國家目的來理解。

以經濟效益爲指標的自治政策

國家體制的完善仰賴國內經濟發展的蓬勃，因此國家協助少數民族共同繁榮乃成爲一項政府的責任，民族區域自治法揭櫫了民族共同繁榮的目標，指的正是所有國內民族的經濟發展，少數民族地區的現代化是國家全體現代化的基礎，因此少數民族的溫飽問題與脫貧問題就成爲最先必須重視的政策課題。2001年全國人大對民族區域自治法通過了修改，（果洪升，2001：41）其中最多就是集中在經濟、財政與社會發展方面，而且將國家機關的「領導與幫助」，明訂爲上級國家機關的「職責」，經濟建設無疑是當前民族自治地區最重要的工作：

以經濟建設爲中心和改革開放，這爲民族區域自治制度
功能的發揮指明了方向，也提供了極其有利的社會條
件。各個功能之間彼此聯繫、互相制約，但經濟功能起
著決定性的作用，經濟功能會直接制約其他功能的發
揮。因此必須把民族區域自治制度經濟功能的發揮放在
重要的位置。這也是新形勢下完善民族區域自治制度的
方向。（吳仕民，2001：72）

然而，實際的困難仍然很大，鄧小平被引述說過，不把經
濟搞好，民族區域自治就是空的，就會「出亂子」，這個態度
據稱也是西部大開發的一個思想基礎：

長期以來，少數民族受歷史、環境等因素的制約，經濟
發展緩慢，地區差距拉大。似乎民族區域自治制度在經
濟領域發揮作用不甚顯著，民族地區絕大部分地方至今
仍處於貧困、落後的狀態。所以，加快民族地區經濟發
展步伐，縮小地區差距，實現各民族的共同富裕和共同
繁榮日益成爲民族地區的突出問題。解決這一問題，既
是少數民族和民族地區人民群眾的迫切要求，也是中國
民族區域自治制度的根本原則。（謝熱，2001：81）

所以，雖然民族區域自治法也揭示了促進民族文化這樣的
宗旨，但是民族文化的發展卻並不是自治幹部及其上級機關所

主觀上積極推動的任務。在經濟為主的思路之下，不僅上級機關在檢查工作成效時以經濟效益為主，就是當地幹部也全心致力於經濟效益的提昇，因此，只有能夠有利於經濟發展的文化事業才會受到重視，在這個背景下，民族文化就成為一種賺取效益的觀光資源了。

由於改革政策在民族地區的推動並不順利，就產生了對民族地區人民素質的懷疑、否定，故而治貧工作就染上了治「愚」的色彩，這裡就涉及了文化改造的問題，如同西方的潮流到中國時，必須改造中國文化，今天面對民族自治地區的國家幹部，也當然免除不了某種要把少數民族換腦筋的文化改造工程：

> 應該看到，民族地區的貧困，不僅僅是物質上的貧困，更包括智力、信息、文化、技術等多方面的缺乏。貧困鄉村從表面上看是長期缺吃、少穿沒錢花，實際上在經濟貧困的背後，隱藏著文化、知識、技術和智能的貧困。因此，在大力支持少數民族貧困地區改善環境、開發資源、發展經濟的同時，還要大量增加教育文化的投入，大量增加信息輸入、知識傳播、思想轉變、科技引導等方面的工作，大力提高人口素質，幫助貧困群眾學會動腦筋思想發展……實現真正意義上的脫貧致富。
>
> （張北平，2001：123）

急切求利的心態使民族文化中教育也必須有市場效益，雙語教育的地位有時獲得突出，其原因在能協助提昇入學率，更廣泛地為民族學童未來進入主流市場鋪路。不過，由於效果太間接，其政策重要性遠不及觀光資源。講到觀光，雲南是這一方面的範例：

> 要充分利用雲南特有的天然資源和民族文化資源，把雲南建設成為獨具特色的民族文化大省、綠色經濟強盛和通向東南亞的國際大通道。各級黨委、政府已將民族文化資源、自然資源的保護、開發、利用與促進當地經濟、社會發展相結合……在弘揚民族文化方面，昆明市在滇池海埂建造的雲南民族村，是一個典型的例子。它以展示各民族的建築、生活起居、服飾、風格、音舞等形式，直觀地為遊客提供民族文化的消費項目，形成獨特的旅遊景觀。這是在社會主義經濟條件下，以企業模式開發利用民間傳統文化的範例。另外，麗江納西復古樂隊進行的商業性演出，既宣傳了民族文化，也獲得可觀的經濟收入。（保定召，2001：113）

民族地區的自治不僅必須執行國家法律與政策，甚至自治成功的標準，都不是自治幹部能有意識反思抉擇的，他們在論述上以生產毛額、收入水平、糧食產量、公路面積、電力供應、成長速度、財政盈餘、資產投資等等指標，來判斷少數民

族自治的成效，這些標準對於少數民族作為少數民族有什麼意義在所不問，這個在所不問所隱藏的一個論述，就是少數民族的民族身分是一個血緣問題，而非文化問題。

民族身分的血緣化與凝固

少數民族身分的認定，咸信是依據了與血緣不完全相關的語言、風俗、宗教、發展水平等因素。可是這個身分一旦決定了之後，不會因為這些文化因素的持續變遷，而可以相應地轉變，於是民族身分就發生了血緣化，因此不論經濟條件如何演變，文化資源如何市場化，腦筋如何更換，對於國家而言，民族身分卻不會改變。民族區域自治法就一再採用「民族內部事務」的提法，使得民族之間的區隔成為一個不可跨越的界線。「民族內部」這個概念有什麼文化意義的問題，已經被經濟效益的論述所淡化，也使得有民族身分的人在參與區域自治時，必須從那些自己之所以被歸類為民族成員的原因中，完全疏離出來，成為純粹是一個追逐效益的人。這樣的論述已使得民族成員不能在一個有穩定自尊的心態下行動，從而有的人可能在追求經濟效益時不在意規範，也有的其他人可能完全缺乏追求效益的主觀能動性，假如因此而被視為愚昧或偏差，就更加深民族成員在自我認同上的失落。（石之瑜，2001：69-78）

以血緣化的民族身分為前提寫成的民族區自治法，當然不

會認為在文化上的趨同對民族發展有複雜的作用，所以如何使民族學童進入一般性的教育體制，成為民族優惠政策的重要內容，民族教育便不可能是關於民族歷史、文化、生活的教育，而是對民族學童進行一般性教育，只有一般性教育才有助於讓血緣上的民族成員進入市場經濟，這就成了培養少數民族人才的教育改革。換言之，民族區域自治法對民族文化的保存與發展並不能在政策上落實。而且，它容許文化風俗的改變，但不容許身分的改變。

　　只有民族身分先固定下來，民族團結與民族平等才可以是有意義的概念，否則國內將出現團結對象發生流動，甚至不知去向的不安。可是另一方面，假如容許民族身分發生變動，則多數民族成員為謀取政策優惠，將出現大量變化，成為少數民族，而且對於已經接受血緣化民族概念的民族成員，引起受到血液污染的恐懼，或民族文化流失的憤怒。此何以民族身分經由區域自治法成為血緣概念之後，已經使得民族之間的融合流動變為法律上的不可能。在民族文化的內涵經濟化之後，民族身分的保留更加地只是展現民族優惠政策之所在，以具有民族身分的人為對象的優惠，間接而有力地鞏固了民族身分的不可移動性。比如在教育方面，以建立民族學校，提供寄宿金，考試加分，放寬錄取標準為主的政策，（鐵木爾，2001：99）並不是以教育內容的民族化為導向的。

　　更重要的民族身分政策規定，民族區域自治幹部必須是以

民族成員爲主體，因此培養、栽培民族幹部是始終不變的民族
自治政策核心：

> 培養、選拔使用少數民族幹部，是做好民族工作，解決
> 民族問題的關鍵。政治路線確定之後，幹部就是決定的
> 因素。少數民族幹部同本民族群眾有著天然的聯繫，是
> 黨聯繫少數民族群眾的紐帶，是把黨的路線、方針、政
> 策貫徹到少數民族中去的橋樑，少數民族幹部的這種特
> 殊作用，是漢族幹部不可替代的……，保證黨和國家長
> 治久安、促進祖國……繁榮穩定的戰略高度，充分發揮
> 了民族幹部在自治區的作用。（王建華，2001：128-
> 129）

　　在研討會上對民族身分最熱烈的討論，是在海外學者之間
所進行，焦點在於拔擢民族身分的幹部是否合宜，海外學者採
用的術語是所謂的正面歧視（positive discrimination），他們探
討歐洲當前的民族區域自治制度中是否也有類似政策，又因爲
遍尋不得，而產生一個質疑，是否歐洲的自治政策在思想上尚
不如中國先進。❶來自歐洲的學者不認同這樣的看法，他們指
出，在歐洲，官方的協助集中在提供更多的訓練與教育機會，
使得每個人具有公平的競爭能力，但不曾往具體的人事上採用

---

❶沙伯力教授在會場的評論。

名額比例的優惠。❷他們普遍認為以培養個人能力為切入點的
社會政策，比用民族身分為基礎的人事優惠政策更合理。這裡
涉及的差異在於，歐洲學者是以個人為基礎分析單位，而大陸
學者則是從民族的族群權利著手。個人為基礎的話，其族群身
分變成是個人的選擇，而非官方的先定與血緣的傳承，如此而
產生人事政策的不同也得到解釋。

　　大陸專家學者也對民族幹部的比例訂定有所反省，透露所
謂民族幹部或因為優惠而深造的民族學生，往往都是漢化最深
的社群，或是在民族地區屬於上層階級，因此並不見得眞的有
助於民族融合。亦即具有民族身分的人當中多數保有更多民族
生活價值的人，反而並不是主要的受益者，因此民族幹部的培
養有時會往民族內部形成矛盾。若以新疆維吾爾族為例，每次
出現激烈的手段時，抗爭者針對的首要對象未必是漢族，而是
擔任國家幹部的維族。可見，民族身分的凝固反而可能成為民
族地區政治不安的因素。

大陸學術界對自治制度的若干反思

　　大陸學者本身更深刻的反思，放在民族與區域之間的關係
擺不定的尷尬中。（周勇，2001：114-118）首先，所謂民族區

---

❷丹斯茂克格魯伯在會場的評論。

族國之間
—— 中國西南民族的身分策略

域自治落實在名稱上時，區域的名稱總是在前面，如寧夏回民
自治區、城步苗民自治縣。在法律規定中，區域似乎是基礎，
因為自治包括了區域之內的不屬於自治民族的其他民族，法律
與政策普遍施行於區域之內，不問對象的民族身分。在這個名
實不符的民族區域自治概念之下，民族自治的意義頗堪玩味。
更重要的，是有的自治地區是多族共治的，如湘西土家族苗族
自治州，這時是民族的群體權利就不能賦予給一個民族，但由
兩個民族共享的民族群體權能不能算民族權利？極端的例子還
包括所謂的各族自治縣，如廣西龍勝各族自治縣，則這裡的民
族自治概念中的民族，不可能是民族。

這個問題在民族地區所占人口比例方面也反映出來，成為
反思的焦點，以民族為主體的區域自治理所當然是假定民族占
了大多數，所以可以既符合民族自治原則，又符合民主多數原
則。然而，事實上卻有少數民族沒有形成多數的民族自治區，
比如廣西壯族自治區，被界定具有壯族身分的只有40%餘，當
初曾考慮是否將現今廣西一分為二，後來決定維持廣西，這時
考量的顯然是以廣西省作為一個「地方」的利益，「而不是少
數民族群體意志的形成和管理自己內部事務並對外部社會的進
行防範」。在大的少數民族自治區域內，又有小範圍的另一個
少數民族的自治區域，但也有沒有成立自治區的少數民族，而
作為少數的漢族當然不會有小範圍的自治區，則民族權利指涉
的範圍益加模糊。

就以區域作爲分析對象來看，區域自治的財政基礎也頗經不起檢視。1994年實施中央與地方分稅制以來，民族自治地方的財政收入銳減，造成民族自治地方財政赤字巨幅上升，而中央政府的財政補助卻還下降，並對補助部分要求地方提出配套的相對基金，增加地方財政負擔甚鉅，使對自治地方的支出縮減達不到目的：

> 2001年修改的民族區域自治法把對民族自治地方的財政轉移支付執行目的規定爲「增加對民族自治地方資金的投入，用於加快民族自治地方經濟發展和社會進步，逐步縮小與發達地區的差距」。但從1994～1998年的財政轉移支付進行結果來看，這一目的基本上沒有得到實現，總額爲60億的財政轉移支付相對於民族自治地方逾500億的財政赤字而言不啻爲杯水車薪，民族自治地方在「吃飯財政」和大量拖欠工資、醫藥費的財政困境中已經基本上無力調動地方財政力量發展地方經濟，更談不上縮小工資發達地區的差距了。（陳建樾，2001：131）

根據學者的評估，未來民族區域財政不容許人們太樂觀，已經「不僅直接影響到公共部門對自治地方的日常事務管理，在事實上削弱了自治機關代表自治民族獨立管理本地方內部事務的自治權」，而且這一切「誘發一系列社會問題不穩定因素之一」。現在單一制的體制與聯邦制相比，財政聚集程度卻遠

不如後者，所提供的補助只是像下了一場「毛毛雨」。（陳建
樾，2001）

　　同樣強而有力的反思，來自於對全球化潮流的分析。全球
化的規範將在中國加入世界貿易組織之後引入，這時，許多既
有的對於自治地區的優惠政策都可能必須取消，包括對於其有
民族身分的人優先照顧的人事政策，在企業單位就難以持續下
去。全球化的影響之所以深遠，正是因為挑戰了民族區域自治
制度所預設的國家目的論：

> 由經濟發展為先導，並首先由經濟發展帶來的各種問題
> 已客觀上要求打破國家界線，謀求通過廣泛的國際聯
> 繫，建立相應的國際組織和規則來共同應對和處理，民
> 族國家的一部分職能和權力要交由國際組織和協約來行
> 使。我們不能同意別有用心的「主權有限論」，但政治全
> 球化現象的確隨著經濟全球化在發展，它直接影響到傳
> 統國家職能的行使，也直接影響到我們的民族區域自治
> ⋯⋯有關優惠政策的實施，都將大打折扣。（王希恩，
> 2001：148）

　　文化上的全球化帶來的挑戰更為明顯，表現民族文化的服
飾、娛樂、藝術都將「不斷失傳、流失、湮滅」，語文與文字
的教學「不同程度被忽略甚至放棄」。加上經濟上的弱勢，民
族主義將向自治地方擴散：

如果民族自治地方不能在全球化進程中取得與其他地區
同樣的發展進步，甚或被完全「邊緣化」，很難設想肆虐
於世界的民族主義不在我國的民族地區擴散和駐足……
這些敵對勢力活動市場的大小和存續時間的長短又不能
不與……主要民族聚居地區的民族自治地方的經濟發展
狀況直接相關。（王希恩，2001：149）

海外學者以人權爲核心的民族自治觀點

　　海外學者對民族區域自治的理解，多數是站在個人權利的
立場來分析的，多數人也都對民族自決抱持著疑慮，認爲會帶
來戰爭與流血，因此亟思能找到一個制度，對於自己認爲屬於
不同民族身分而聚居的少數人，能決定關於社群之內的公共事
務。民族自治如果成功，人們可以超越自治界線，擴增人與人
之間的溝通與流動，達到民族自決建立新國家所達不到的寬鬆
作用。（Danspeckgruber, 2001: 186）不過，自治不能僅止於是
一個既存主權國家範圍之內的機關，繼續接受國家無限制的主
權宣告，而是承認在既有主權疆界範圍之內，自治政府與國家
是相對平等的主權，（Broaderstad & Oskal, 201: 192）如此既
不會改變領土現狀，而主權者也承認了自治民族的自由與平
等。故自治制度不應當是來自主權者的一種權力的授予或委

託，而是一種權力的轉移。（Wolff, 2001: 241）在這一點上，就是與中國自治制度的國家目的論針鋒相對的。

當自治代表一種與主權者平等的自治主權時，邊界的意義不再是一種相互排斥、區隔、防備，而是一種不同認同者相互溝通會見的最佳所在。（Jauregui, 2001: 370）自治的目的是想要在主權疆界與民族或文化認同之間取得平衡，自治歸諸到根底是一個個人的自治，而個人自治又不得不是一種人格原則，（Heintze, 2001: 201）如此一來，任何一個自治體制都可能忤逆了自治範圍中選擇不同認同的人。所以，自治原則所揭櫫的分權，其層次是不能斷定的，這就構成了以個人的人權為核心的自治制度，如此才能免於某個基於人權的自治制度，變成一種對人權的迫害，這時若有某種跨國的規範來支持自治時，等於也在監督自治範圍內的人權問題。

從個人人權的角度討論民族自治時，民族身分就從血緣識別便成了一個個人的選擇問題，則在中國學者論述中那種凝固性也隨之消失。在具體的案例之中，的確民族身分充滿了流動性，最突出的例子是關於奈及利亞的研究，基於行政便利由上而下劃定的民族區域，和由下而上的自我認同之間不斷地相互妥協，（Osaghae, 2001: 274-279）這在大陸的區域自治來看，幾乎是不可思議的事。將民族自治的人權面向展延開來，其實就是對多重認同的認可，而不拘泥於傳統主權疆界，這是歐洲聯盟作為超國家組織的精神，容許各社群在文化、教育和認同

有關的層次上享有自主的權力，（Danspeckgruber, 2001: 188）沒有對多元認同的開放，國家的發展難以成功。即使英國這種單一制的國家，卻對英格蘭、威爾斯、愛爾蘭大量地分權，未來發展的可能性也是因地制宜，在蘇格蘭與威爾斯，大量分權在將來可能導致一個聯邦制，而在愛爾蘭，制度上甚且容許獨立的可能性。（Leoppold, 2001: 225-226）開放與流動構成了更寬的可能性空間，這是海外學者討論自治時的主要精神。

　　不過民族自治雖然可以認可更多元的文化認同，也不代表可以不分青紅皂白地在所有場合推動，必須充滿彈性：

> 決定成敗的關鍵，在於有關人士在設計一種制度性框架時所體現出的靈活性、決心和技巧。而這種框架則要適應於發生各種衝突時的不同層面和環境。此外，還必須有決策能力，以判斷是否可以通過自治提供這樣一種控制衝突的框架，或對是否需要考慮其他一些制度性計畫和措施以控制衝突做出判斷。（Wolff, 2001: 248）

　　在大陸學者看來是毫無其他可與匹比的民族區域自治制度，在海外學者的分析中，乃是要經過判斷才知道該不該採行的制度，另外一個例子是孟加拉與印度：

> 生活在奇塔貢山區的部落民也不是鐵板一塊，已經登記在案的13個部落中，並不存在任何單一的「部落性質」。

生活在印度東北部的部落民的族群要求也各不相同，從自治到分離，各執一說，十分複雜。除了在自治問題上那些互不相讓的陳腔濫調外，現在孟加拉國與部落民之間的衝突已形成多中心態勢……要實驗民族自決與國家安全之間令人滿意的平衡幾乎是不可能的。
(Rashiduzzaman, 2001: 248)

自治制度必須具備彈性，才有可能順應充滿各種變遷可能性的當地社會，這又與身分以及區域的固定，且中國大陸全國通用的單一的自治思路有所不同，義大利特蘭提諾──南蒂羅爾地區的例子是個絕好的註腳：

情況正在發生變化。許多人，特別是年輕人，要求實現更高程度的整合。爲適應兩個語言群體的訴求而確立的、現存的教育制度，已經無法滿足學生父母的願望，也無法滿足屬於這個或那個語言群體的需要。人們愈來愈頻繁地呼籲建立新的、能包容兩種語言的教學體制，以造就充分雙語化的、多文化的公民……要繼續保持一種靜止不變的，有關個人文化認同或文化身分的觀念，已變得愈來愈困難……這樣的社會將清除阻礙人們彼此接近的各種藩籬，而不是要繼續保留以效忠於某一語言群爲基礎的那種障礙。（Margherita Cogo, 2001: 273）

仍然隱含流動可能性的自治論述

　　雖然民族區域自治法有關論述，對中國大陸的參與者而言，似乎有凝固的作用，它不容許民族身分發生流動，而且充滿了以完善國家機制為目的的規範，但是並不是民族區域自治制度在實踐上就真的一定必須完全納入國家目的論不可，在生活中的人所接收的各種文化歷史訊息，往往使人們的行為選擇具有事先不可範定的性質，尤其對於具有少數民族身分的人來說，他們同時夾雜在好幾種不同的脈絡之間，包括國家、中華民族、少數民族、市場、地方等等有關的論述，共同在影響著他們對民族區域自治的理解。於是，因為因應區域自治而發生的參與行為，具有多種可能的意義。每一種意義都有機會被當事人在一念之間認識到，然後就開始制約爾後的行為。即使沒有在當下被認識到的意義，也有可能在將來被解讀出來，在將來突然開始對行為產生制約。

　　自治的概念隱藏了國家目的論以外的論述空間。首先，對民族身分的凝固，使得跨國界的那些民族認同有了一個不變的穩定基礎，造成跨國的同一民族成員之間有了串聯的動機。其次，自治既是相對於主流民族與其他少數民族地區而言，因此就保留了對一般性的國家法律與政策重新詮釋的空間。再其次，由於自治的概念假定了民族地區存在不同於一般社會的利

益主體，所以能夠維持一定程度的主觀能動性，以能在每次接
獲國家政策任務時，探討政策與民族之間的關係。最後，即使
今天關於民族發展的指標不是由民族自治地區所提出，但顯然
在論述上民族地區具備可以提出不同指標的空間。

　　研討會特別邀請了大廠回族自治縣的領導，撰文說明當地
自治的實踐如何促成了經濟繁榮，確保了政治穩定。在大廠經
驗中一項具有流動認同可能性的活動，在於與國際伊斯蘭教的
交流。這些頻繁交流固然並沒有影響國家目的的彰顯，然而畢
竟那是一種跨國的交流，讓在國內的固定身分取得了與跨國勢
力交往的機會。值得注意的是，大廠在利用跨國勢力時，是有
意識與主動的，不但具有經濟意義，也具有宗教意義：

> 利用民族優勢，開拓國際市場，1995年縣政府邀請17個
> 伊斯蘭國家駐華大使、商務參贊來大廠參觀考察，自治
> 縣純樸的回族風情給客人留下了深刻的影響。1990年以
> 來，每年都有2、3批穆斯林國家旅遊團到大廠瞻拜清真
> 寺，體察民情，與穆斯林共度主麻日、開齋節，加深了
> 彼此間的瞭解和友誼。同時，也加強了經濟往來，為大
> 廠回族自治縣經濟開拓國際市場建起橋樑與紐帶。目
> 前，這裡的清真牛羊肉已經遠銷美國、日本、阿拉伯和
> 香港等國家和地區，而且在國際上占有份額正在逐步擴
> 大。（楊連福，2001：138）

　　伊斯蘭教的跨國前提，是有伊斯蘭教徒在國內，基於國家外交需要，大陸政府不宜抗拒伊斯蘭國家來看國內的清真寺，則清真寺的跨國聯繫就在其間取得了正當性。回教地區既然有大量的清真寺，而且受到自治法的保障，因此等於容許回教徒與國際建立認同關係，這個超高可能性當然不屬於民族區域自治的論述範疇。

　　區域自治所隱藏的多種可能性在海外學者的論述之中比較明顯，區域自治研討會的召開，提供了國際學術界與大陸民族研究及民族事務專家進行溝通的機會。雖然在會場上各說各話，但在會議結尾時，代表大會發言的大陸代表，得出了一個暫時性的結論，即認民族區域自治是大家共同公認的一個好制度。這個說法，與西方學者所謂的認同流動性，以及他們認為自治制度的可行性要視情況而定，其實和大陸官方對民族身分的凝固，以及自治制度普國皆準的看法並不相同。但這個溝通卻有助於人們注意到，在大陸並不是所有民族之聚居都成為自治單位，同一個自治地區可以有多重民族認同共存。所以，這類研討會的繼續召開，會對大陸上流行的分析角度起鬆動的作用。

　　最後值得一提的可能性，是在挪威與丹麥等地的自治例子中，有一個雙重的公民投票機制，即在全國投票決定一項議題後，各自治地區還要進行第二次地方公投，因此就出現了全國與自治地區不一樣的結果。這個作法在大陸是不可思議的，因

為似乎代表了主權的割裂。自治地區否定全國公投的可能性可以有兩種理解：一是自治地區否決了主權；二是自治地區其實不再需要否定主權，也仍可以保留完全的自主。這兩種理解的優劣姑且不論，但它們之間的對話，使得原本封閉的論述體系打開，成為主權與自治之間關係的新基礎。只要分析者有意識地發掘潛在流動的可能性，大陸民族區域自治的意義就不再是由國家從上而下片面決定，而可以是由自治地區由下而上實踐出來的產物。如此，自治不但沒有強化主權，反而打開了主權。

只有一個政策族：龍勝
各族自治縣

「各族自治」概念的提出

　　民族自治是當代重要的政治制度，由於當代主權國家體制
造成多族一國或一族多國的情況，民族區域自治作為一個調和
主權疆域之內民族關係的制度，在理論上與實踐上都有其優越
性。[1]從理論上談，當一國之內有兩個以上民族時，統治權力
的分配與分享，很容易成為政治穩定的制約因素，容許國內聚
居的民族在自己所聚居的區域行使自治，有助於處理民族之間
的政治關係。從人權的角度看，區域自治是一種溫和的民族自
決，容許少數民族或弱勢民族治理自己的事務，從而免於受到
多數民族或優勢民族的壓迫。另一方面，由於自治不是獨立，

---

[1]參見「民族區域自治國際學術研討會」論文集（北京，2001.6.23-24）。

而是在承認既有主權疆域的法律秩序前提下，對獨立地位追求的一種妥協。所以自治制度反而有鞏固主權現狀的政治效果。故從主權的角度看，區域自治也是一種可以接受的安排。於是，在人權與主權兩個不能妥協的價值之間，民族區域自治似乎開闢了一個空間。（Shih, 2002b）

在實踐上，既然少數民族或弱勢民族聚居的現象，是全球層面上普遍存在的情形，受到全球化潮流所刺激，人們對文化認同與政治身分的敏感度開始大幅升高，引發許多流血衝突。因此，以某種制度安排來承認聚居狀態，但又不立即挑戰當權派的統治，似乎成為解決問題所不可或缺，但有時卻又難以獲致的中程目標。區域自治的概念在此刻興起，部分就是在因應正在出現的各種慘烈衝突。區域自治並未排除自治地區將來成為獨立主權的可能性，也未排除民族關係轉趨融合的潮流出現，因此作為一個沒有特定歷史終點或目的的中程安排，是各方可能共同接受的次佳設計。

區域自治的內容基本上可以分為兩個方面，一個是行政權，一個是否決權，兩者既不互斥，也不必共生。各地區域自治制度的設計，正是圍繞著這兩種權力的結合與運作的程度在嘗試錯誤。所謂行政權，就是區域政府對於中央（或聯邦）政府的政策，有因地制宜的執行之權。內容可以（但不必然）包括，由民族成員出任區域政府的主要幹部、制定中央政策的施行方式、根據民族區域特殊狀況立法等等。（吳仕民，1995：

21-25）所謂否決權，是指區域政府對於中央政府的政策有否決的權力，這個否決可以透過某種公民投票的形式來完成，也可以透過區域立法程序來完成。從人權出發的民族區域自治制度比較尊重否決權；而從維護主權出發時，則對否決權有所保留，轉而以承認行政權為主要的自治內涵。前者可以北歐的自治制度為例，後者則可以中國的自治制度為例。（敖俊德，2001：9-10）

在民族自治地區，區政府的名稱中千篇一律是區域名稱在民族名稱之前，如廣西壯族自治區、寧夏回族自治區。值得進一步探索的是，有些民族區域自治轄區的劃分，是包含了一個以上的民族，比如湘西土家族苗族自治州、雲南普洱哈尼族彝族自治縣、湖南常德楓樹回維鄉。自治的原意是由本民族治理本民族的事務，當一個自治的轄區之內，有兩個以上的民族母體時，則所謂自治的「自」字所指為何，不得不令人困惑。（周勇，2001：114-118）這種多族共同治理的制度安排，當然是因為民族聚居融合的結果所致，但是否能用自治的概念來理解，不無疑問。尤有甚者，還有超過兩個族共同治理的民族地區，比如貴州威寧彝族回族苗族自治縣、雲南孟連傣族拉祜族佤族自治縣、雲南元江哈尼族彝族傣族自治縣、雲南金平苗族瑤族傣族自治縣、雲南鎮沅彝族哈尼族拉祜族自治縣、甘肅積石山保安族東鄉族撒拉族自治縣與廣西龍勝各族自治縣。各族的「各」字與自治的「自」字兩者在語意上是相牴觸的，如今

融為一體，則等於說明，自治實非中共中央推動民族區域自治
制度的初衷，而只是政策推行過程中得以因地制宜的途徑。

以下，便以廣西龍勝各族自治縣的自治經驗，來探索民族
區域自治的意義。在沒有明確界定民族母體的自治地區，其自
治顯非某個特定民族的自治，而只是代表中央政府針對區域中
的民族複雜狀態，作出因地制宜的政策或制度安排，故龍勝所
謂的各族自治，不只是限於龍勝一地而已，因為龍勝經驗引申
其他單一民族的區域自治安排中，自治兩字所未能直接表達的
意義。本章將約略介紹龍勝的狀況，接著引述田野考察中與縣
領導幹部，兩個鄉負責教育的鄉領導及學校老師訪談內容，進
行分析，來顯示「各族自治」的概念，對於自治制度實踐的影
響，並進一步推論自治在中國大陸民族政治中所受的制約。

龍勝各族自治縣探略

龍勝各族自治縣的主要民族構成是漢族、壯族、侗族、瑤
族、苗族五個，在建縣之初，就曾考慮如何在縣名上體現各民
族當家做主的願望，最後因為考慮以任何方式命名，都有可能
傷害縣內的民族情感，而決定不以主要多數的侗族為縣名，改
以各族自治縣名之。龍勝位於廣西壯族自治州之內，因此「各
族自治」之各族，在此主要是指侗族、瑤族與苗族三者，不包
括壯族或漢族兩個被視為四周主要民族的居民。從人口構成來

看，侗族大約有四萬三千人，三族共同占全自治縣人口大約
57%。自從1951年建縣以來，已經超過五十年，全縣的民族幹
部比例，在這五十年中數量上有很大的增長，鄉鎮級幹部有
70%以上由民族成員擔任，縣長亦均由少數民族出任，但截至
目前為止，都是侗族縣長，並無其他民族。

　　侗族在龍勝幹部人員中占的比例最大，咸信是因為侗族特
別重視教育，與苗、瑤頗為不同。苗族與瑤族學生在入學率、
鞏固率與升學率三方面，根據當地學校教師與鄉鎮教育主管的
訪談，都不如侗族甚多。長此以往，在幹部選拔過程中，即使
上級有意願特別照顧，卻因為人才不足，而不能讓苗、瑤族的
幹部依照比例出任職務。所以除了人大、政協與副縣級幹部之
外，侗族幹部比例超過人口比例甚多，造成苗、瑤兩族領導幹
部，在一些具有象徵意義的數字方面特別敏感，比如對民族
班、女童班、女子班招生時本族學童的比例，苗、瑤兩族非常
注意、因為人才培訓是未來幹部的源頭，這方面不能再落後。

　　侗族對教育的重視，從整個家族共同支援小孩讀書的習慣
中看出來，相對於此，苗、瑤兩族家長中，許多並不贊成小孩
讀書，甚至認為小孩上學是為了老師讀。這種情形，在許多民
族山區都發生，主要是因為小孩讀了書之後，並不能保證找到
工作，甚至不讀書的小孩出外打工，卻一樣能賺很多錢。在國
家強力動員之下，小學的入學率與鞏固率都還能維持在95%以
上，但中學的入學率與鞏固率就很受影響。苗、瑤的村聚在高

山之上，過去人口生育率高，而且近親通婚現象普遍，使得出山發展的競爭力頗受影響。正因為如此，長久下來人口過剩，於是大量開發山坡地，數百年下來，形成聞名的「龍脊梯田」，甚為壯觀，近年且已發展成鄰近社區的重要觀光景點，歐美遊客亦不少見。但這些現象，對於普及九年教育的推廣，都未有助益。

同儕效應更影響苗、瑤兩族的就學意願。甫自初中畢業的校友與輟學同學赴沿海打工，偶有返鄉、他們穿著時尚，並呼朋引伴前往，對於在校同學構成極大誘惑。近年國家政策是禁僱無初中文憑者打工，對於初中輟學打工確實有一些阻擋作用，不過家長即使支持完成初中，主要目的是希望能讓孩子打工賺錢，這就說明為什麼初中生到初三就分流至中專就學的比例很高，初三畢業學生人數大約只有初一入學時的一半，自然進一步考取高中的升學率就降低。至今為止，龍勝縣外出唸到大學文憑的主要是侗族學生，在中央政府要求鄉鎮幹部具有大學學歷的趨勢中，對於苗、瑤幹部比例提昇自非佳音。

本次在龍勝訪談中，主要拜訪了三個單位，一是龍勝縣的統戰部與其下設的宗教局，二是和平鄉及鄉中心小學，三是江底鄉及鄉中心的小學與中學。其中幹部以侗族、漢族與壯族為主，在江底鄉的教師隊伍中遇到苗族的老師，在縣城則遇到苗族的司機。參訪龍脊梯田的山上，則遭逢瑤族的女販，和平鄉則見到瑤族的教師。整體而言，印象與所聞一致，即幹部中

苗、瑤族確實較少。照縣級幹部的觀察，一般苗、瑤族的村民對於本民族幹部人數偏少的現象，並無任何不滿或不安。龍勝五十年縣慶時印發的宣傳手冊，在提到培養民族幹部人才時，特別技巧地強調「源頭」的抓緊，（龍勝縣委組織部，2001：7）將解決人才荒的問題，歸結到基礎教育，而其中主要所指，就是升學率。

　　龍勝教育事業的財政狀況不佳，好在教師薪資不曾拖欠，而且還隨著國家政策調了兩次，現在一個教師薪水按年資從六百五十元人民幣到將近一千元不等。龍勝縣將鄉財政預算中的教師薪資部分，一律提交到縣級財政，所以就不可能發生鄉政府挪用教師薪資的事。但除此之外，在教育經費方面甚爲短缺。國家所補助的建設資金通常要求鄉政府提出相對資金，這一點鄉政府甚感困難，轉向村民收費往往並不順利。中央爲了避免基層單位巧立名目濫收費，又在學費上規定一費制，使得購買教科書之後的餘款，只夠買粉筆。兩個受訪鄉十分依賴外界捐助，而募捐的行爲卻多仰賴上級政府的扶貧，或外界主動而來的希望工程捐款，由本地幹部積極外募的行動力不強。

若干西南民族自治之比較

　　中央的民族政策向來強調團結，而推動團結的方式，就是儘量提昇各民族地區的經濟發展，也因此對於民族之所以是民

族缺乏重視，以致於在民族的認知上，偏向於血緣決定論，並且以法律化的民族身分作爲血緣認定的基礎。在一般的民族自治地區，由於是個別民族聚居的地區，即使政府對於一個民族之所以是民族，採取消極被動的態度，當地民族仍有可能基於自己的民族身分，在國家政策的範圍之外，孕育政府所不重視、不注意、不瞭解的行爲動機。這些動機有時無關於政府的政策，比如回族對其固有宗教與生活習慣的認同，既非政府所鼓勵，亦非政府所反對，而這些生活習慣並不正面或負面制約政府的政策。有時民族身分所提供的行爲動機，有助於政府的政策，比如北寧市滿族村民對中華民族的認同反映了與漢族平等的願望，則有利於愛國主義的推展。也有時民族身分有礙於政府的政策，比如涼山美姑縣的彝族，村民對教育政策中視彝族爲落後的內容自然疏離，則政府的動員與發展政策不能如所願地推動。（本書第八章）

四川涼山彝族的例子特別值得重視，因爲民族身分成爲消極應對政府的心理基礎。相對於此，則有宜州散居水族的例子，當地水族身分因爲久不受動員，不被重視，也缺乏自尊，所以不再成爲人們行爲能動性的依據。（見本書第六章）不論是涼山彝族或是宜州散居的水族，前者抗拒發展政策，後者接受發展政策，前者利用民族身分爲逃避國家賦予的公民身分，後者脫離民族身分來因應經濟發展的動員，他們都試圖處理國家交給他們的任務，或疏離之，或改變自己來因應之。

　　龍勝的現象似乎不同於彝族或水族，在龍勝，人們是認識到了國家交付的任務，並沒有疏離或抗拒，但卻不能發展一套有效的身分論述，使民族幹部能積極的因應社會變遷，即使逐漸失去所謂的「各」族身分亦無關緊要。人們固然似乎與涼山彝族一樣，不能適應國家交付的任務，然而又有不同，即仍然希望在國家下交的指標上有所表現。這裡另一個可以比較的例子，就是隔鄰的城步苗族自治縣，這是一個原本屬於貧困縣，但縣幹部爲了達到指標好升官，因此針對各項指標均試圖從形式上滿足，終於而能達到書面的脫貧，但也因此讓城步縣民失去原本一個貧困縣可以獲得的大量補助。城步縣的民委對這種作風四出抨擊，且與其他政府官員發生辯論。（見本書第七章）城步自治縣的啓示是，有民族身分的多數官員企圖走出民族身分，追求國家交付的一般性發展目標，而同樣具有民族身分的民委，揭穿了其中的虛矯，目的也是追求發展。所以民族身分給予不同的人不同方向的能動性。

　　在龍勝，沒有一位受訪的地方幹部或教師表現出積極性與能動性。「沒有辦法」幾乎是所有受訪者普遍的反映。涼山彝族不以國家目標爲目標，他們看似消極，但卻不存在「沒有辦法」的心態，而是無所謂的心態。龍勝幹部的心態，類似城步民委的心態，即渴望發展，反對爲了達到指標而做形式主義，然而他們沒有城步民委驚人的爆發力，寧願相信事不可爲。他們也不像宜州散居水族那樣失去民族身分感，在龍勝，人們對

於自己身爲侗族、苗族、瑤族、壯族均明確地意識到。值得探索的是，何以龍勝各族不能向城步苗族民委那樣採取更積極的批判，而甘於在既有的體制之下逆來順受。

其中一個可能的解釋，在於「各族自治」概念與體制的不當。各族自治無法落實幾乎是邏輯上的矛盾所決定的。龍勝的民族事務局幹部有自己的民族身分，如何站在其他四個民族的立場上思考本民族的利益，或站在本民族的立場上思考各族的自治？當民族幹部不能以本民族的身分來思考國家任務時，就只能以一個一般公民的身分來回應國家政策上的要求，這就與一個漢族地區無異了。而政府在政策上如果對於一個單一的民族自治地區，都不能從民族立場來考量問題，而一律從團結一統的立場考量時，那麼對於多民族的所謂各族自治地區，就更不能存在對民族身分的敏感度。則各族自治就變成了與漢族自治無異，也就是無自治或非自治一般。這不是指國家在資源配置上對龍勝不會有優惠，或在幹部政策上不照顧民族幹部，而是民族身分失去能動性後，卻又綁住幹部的意識，使得自治制度缺乏自治心態的支持。

「沒有辦法」的「各」族

事實上，「各族自治」在實踐上對於龍勝各族的融合甚有助益，使得分居各山頭的不同民族在鄉中心的完全小學與完全

中學中產生融合，民族雜居地區的民族語言為共通語言所取代，民族教師關心不同民族兒童在主流社會提昇競爭的能力，從而使得民族身分的敏感度下降。然而自治縣的定位繼續提醒人們的民族身分，與宜州散居水族並無自治的身分相比，各族反而較難在民族身分之外開創新的漢化身分。換言之，「各族」取代「民族」的論述，使人們既不能脫離，又不能利用民族身分。這與建縣之初要照顧民族情感之初衷並不一致。

受訪的龍勝幹部與教員，表達出一種對於上級不斷要求「達標」的逆反心理，但在行為上卻仍多所配合，力求達標，而對各地辦公室中各種「先進單位」、「文明單位」的獎牌，受訪者戲稱自己處在所有的所謂工程中，其實只有一種真正的工程，即「達標工程」，乃是指為了達成上級政府交代下來的指標，而不得不進行各種形式主義的動員，從而完成達標的表象，其目的不過就是使得自己頂頭的上級政府，能向上上級有所交代。受訪幹部甚至透露，在他們眼中的上級政府官員，給他們一種官僚作風的印象，喜歡收禮受賄，每到一地，便期待大吃大喝，否則即使是政策上已經決定了的資金，上級仍可以藉故拖延撥款。所以，雖然可能擁有許多文明先進的牌子，但地方幹部與教師心中，指標背後的內涵並不如指標所顯示的那麼發達。

「沒有辦法」是幹部們普遍的反映，而追問他們所謂沒有辦法的意思為何時，每每答以沒有資金。對一位民族事務局官

員而言，他自己充其量是個行政過程，民眾前來找民族局主要為的是開立證件、報名考試領取表格、更改民族身分等。但在保留民族文化、推廣民族語言、編輯鄉土教材等方面完全都沒有設想，唯一積極的作為是對一個鄉下的貧困點進行扶貧，即使這一點也是依上級規定與安排而進行，無關乎民事務。江底鄉教員對於教育當局的政策諸多批評，認為不切實際，可是完全沒有意願向教育當局反映，也完全沒有想到透過民族局來向教育部門進行溝通。而民族局官員承認自己極少與學校老師有任何聯繫，面對學校經費不足，幹部們期盼外界能有支援，但目前所有外來支援，幾乎都是廣西自治區政府介紹而來，並非學校自己出外所募得的。

老師們所要滿足的各種達標要求，反映了教育當局對各地採取一刀切的政策，因此絲毫沒有表現出對民族地區所應有的敏感度，其中最關鍵的就是對入學率的要求。據和平鄉幹部反映，當地教育進展狀況非常有限，因為只注重入學率的結果，以致於忽略了長遠發展，故上級沒有看到學生學習意願低落，教學品質難以維持，學生素質兩極化，好學生雖然很用功，多數其他孩童卻沒有學習興趣，農民不可能為子女貸款上中學，故初中畢業學業便終止，長遠看實在難謂之為成功。因此所謂達標，是「政績工程」，當地教師自己嚴格看，都謙稱不算真正達標。然而，既然老師們近年都加薪了，則配合上級達標的意願也維持住了，假如不配合上級達標，便有失去教職的壓

力，或被調到貧困山區，或被轉崗位去任工友或伙夫。工作與薪資穩定，加上潛在的懲罰性威脅，則老師們對於不合理的達標要求多逆來順受。

　　為了入學率，老師們走訪深山說服家長，花了極大的體力、心力與時間。但是教育部門在評量老師時，並沒有將家訪的貢獻列入。一般評量時所看的標準，包括教學、教案、教學日記、課程等等，其中另一個重要指標，就是學生的測驗成績。每臨學測，教師們精神壓力特別大，但是山區小孩並不適合用城市小孩同一套學測的題目，因為他們生長的文化環境與教科書假定的差異頗大。又比如，上級要求老師學電腦，每人交兩百元學費，連同食宿交通，大約要花費每人六百元，但學校本身沒有電腦，老師全無背景，所以老師不但學不會，就算學會了到學校後也無法教，至於山區學生連電腦也沒見過，其他如課本上講的紅綠燈、大海等，更沒有見過。

　　對有些老師來說，上級前來考核，只能像是把老師當成牛在趕，趕一步就走一步，每過一會兒，就有一個新的評鑑方案。問他們怎麼不向民族局反應，有兩位教師答覆，認為這種問題無法與民委溝通，因為民委對於教育是外行。而民族局官員自己也不覺得能起作用，像官員們多次碰到老人反映對民族文化流失的憂慮，一位官員就坦承愛莫能助。民族局不曾想到在教育方面協助學校老師，他們的自我定位是協調，但教師花許多錢參與效果有限的電腦班，民族局卻自認沒有立場去協調

減免費用，倒是統戰部在訪談中承諾去瞭解狀況。不論是老師或官員，共通的感嘆是沒有經費。老師們感嘆自己無法募款，一方面是因為教學工作重，不容許離開，另一方面則是自感對外交往經驗不足，不知如何著手。某位老師曾投書《廣西日報》訴苦，算是訪談中罕見的一次積極行動，但卻未獲刊登，她自嘲可能各地類似去函太多，所以除非她另有特殊關係，報社並無刊登動機。

作為政策對象的「各」族

江底鄉一年的教育經費只有三萬元，學校為解決危房而貸款維修，至今沒有償還。學校場地窄小，學生無法運動，而政府凡事要求鄉鎮提配套資金，使得擴建也有困難，圖書室因而取消，變成老師的宿舍。對於基層面臨的種種問題，江底鄉老師們認為，這些現象理當不用傳達，上級方面應當自己透過調查已經知道；和平鄉幹部也有所埋怨，覺得國家僱用這麼多幹部，下面的人「為什麼什麼東西都要爭取？」、「為什麼不來調查」。而在面對家長時，老師也有無奈，一位老師以5＋1＝0來形容他的灰心，即老師在學校努力了五天，等週末學生一回家，家長們的身教與言教每每就把一個禮拜教的都抵銷了。不論在哪方面試探，教師們似乎都不覺得自己能起積極作用。

政府對於民族自治縣在政策優惠上，固然給予特別補助、

減免、放寬，但如前所述，這些政策的良善美意對於民族身分的內涵缺乏敏感，假如當地民族因為各種原因而不能透過民族身分產生行動的動機，則民族自治制度的優勢便難以展現，這在民族身分混雜的龍勝各族自治縣尤其如此。在龍勝建縣五十年的專輯中，由廣西區政府發行的《民族之聲》刊載了縣委書記與縣長的專稿，詳述了五十年來的治理成就。令人注意的，其實不只是他們所達成的成就，同時也是他們所未提及的部分，一言以蔽之，在五十年的成就中，獨缺關於民族的部分。理由不難理解，在政府幹部理解中，龍勝已是民族自治縣，則任何縣建設的成就，都是民族工作的果實。然而這種思路，顯然是站在民族身分以外來看當地的發展，而不是站在民族身分之內，來回應政府的發展與動員政策。

　　茲登錄專稿的小標題如下，即可看出民族身分儼然只是一個法律化的血緣概念，因此對於區域治理並無指導作用。這些小節的標題依序是，「國民經濟持續、快速、健康發展，經濟結構明顯改善」、「農業全面發展，農業綜合開發生機盎然」、「工業不斷壯大，初步形成規模」、「鄉鎮企業異軍突起，發展迅速」、「基礎設施建設明顯加快，經濟環境得到進一步改善」、「以旅遊為龍頭的第三產業發展勢頭強勁」、「扶貧攻堅取得巨大成果」、「各項社會事業蓬勃發展」。只有在最後一小段之中涉及文藝與體育等民族活動，但也僅止於一句略過而已。（鄭雲濤，石東龍，2001：3-5）

　　政府重視的既然是全國一致的發展指標，而其中最主要的便是經濟與教育兩項。在經濟方面，受訪幹部提到最多的是關於硬體的交通建設與扶貧計畫。縣政府每單位都有扶貧聯繫點，由於扶貧工程在2000年底告一段落，新的扶貧方案有待中共的十六黨代表大會後方能塵埃落定，因此將扶貧工作站以臨時性的「三個代表入村宣傳隊」代替，各單位過去派幹部輪流駐村的做法，改成每年造訪若干天進行聯繫即可，則黨中央本身的人事變革，影響到扶貧思路的進度。經濟發展為核心的民族政策，促使上級政府將考核標準訂在農民年均收入的提昇上，則所謂民族經濟、民族工業、民族工作所指的民族，最多是民族地區，無關乎民族文化、認同、歷史之內涵。

　　在教育政策方面則分成軟體與硬體。硬體是以教舍的危房改建為主，這是全國一致的政策。值得一提的是教育工作的內容出現重點與方式上的發展，其中之一也是全國一致的「春蕾計畫」，用以建立女童班，解決山區女童失學問題。另外一個本地的重點是推動寄宿制，使學童寄宿低齡化，地方幹部則為寄宿費用四方募款，對參與寄宿的貧困學生予以費用減免。與硬體建設不同的是，建設的主要經費來源是靠政府編預算，包括道路、燈、校舍，民族局在這方面每年提報優先安排的重點。相對於建設經費，民族班、女童班、寄宿學童的經費，則靠捐助，而且主要是由幹部與老師提供，至於社會各界的捐助則是可遇而不可求。簡言之，這些政策的基礎是經濟資助。

　　政府或各種一刀切的政策，對當地教育形成制約。比如新華書店對於教科書的收費，往往採取限期繳交，一次繳足。而推動寄宿制的出發點也是行政考量，認爲山區教學點的維持不夠效率，每個教學點的學生不足，學齡分散，難以合班教學，因此決定集中，這卻對於偏遠苗、瑤的低齡學生就學造成困難，因爲父母無法支持子女寄宿所需費用，教師便要將更多的時間放在走山拜訪的活動上。當學童終於就學之後，所習的課文內容又脫離山區生活的實際，很難接受。節省行政資源、升學率指標與教學備課幾乎占據全部生活時間，甚至寄宿制推廣以來，還另安排教師管理生活，經常三更半夜不敢就寢，擔心學生的秩序與安全。

　　最講求全國一致的是思想教育。在龍勝，由於大學畢業的人才有限，鄉鎮幹部仰賴黨校培訓的比例甚高，由政府每年組織地方幹部接受培訓，以瞭解黨的民族政策。近年推動「三個代表」思想教育風起雲湧，走入各村，動員學習，樹立標語，建立新的檢查指標。在基層另一個強調一致性的思想教育關乎宗教。龍勝各地出現基督教私下傳教，當地幹部視爲非法活動。依照地方管理者的立場，認爲必須如佛教有廟宇，才能有宗教活動，而基督教方面由於最近的教堂在桂林，遠離龍勝山區，則家庭中進行的基督教禮拜乃成爲非法。固然基督教作爲信仰，在法律保障的宗教自由範圍之內，但是法律禁止傳教或拉人入教，故教堂之外的傳教活動被視爲是違反宗教自由。同

理，經師祭拜送終只能在家裡設壇，不准有組織性聚會，統戰幹部將經師誦經視爲迷信活動，而非民族風俗。

漢族自治

　　檢視龍勝的經驗似乎顯示，所謂「各族自治」是與一般的民族區域自治有所不同，甚至可以說，「各族自治」與「漢族自治」的概念同樣不甚合乎邏輯。漢族是多數民族，本來不存在自治的需要，但漢族地區經常也有少數民族聚居，故不論是省級、市級或縣級單位，皆有民族委員會的設置，用以處理行政區域之中關係到民族的政策執行。一般性地方政府所設的民委，不是面對任何一個特定的族，而是面對行政區域之內所有的族，也就根本不會在處理民族事務時，抱持發揚居於多數的漢民族文化的心理。而在民族地區的民族事業單位，則保留了對民族身分的敏感度，瞭解自己工作項目是在爲特定的民族服務，也就相對容易保持民族意識。事實上，如果一個自治地區的民族意識極爲薄弱時，當地的民族事務官員存在的意義與正當性，都可能受到質疑。照理說，民族事務部門的工作重點，正是要與其他政府部門進行協調，使負責財稅、教育、民政、扶貧的幹部，熟悉並尊重民族觀點。

　　不可否認，中央政府對民族事務的態度，主要還是視之爲動員效忠的管道，因此並不是各地的民委官員都保有自治民族

的民族意識，不無可能將民族事務當作一個公務員辦公換取薪資的手段，尤其是在相對貧困的地區與下崗壓力沉重的年代裡，能夠脫離山區在城鎮任公職已經難能可貴，若又有機會表現以能晉升至上一級政府工作，豈不更佳？就難怪有些民族成員的幹部抱著感恩戴德的心理，在為黨服務，從而花在向政府其他部門傳達民族地區基層感受的力道，遠不及於向民族地區傳達政策，動員配合的力道。

這種民族官員的觀點，屬於由上而下的政策觀，而非由下而上的民族觀，如果在單一民族自治的地區尚且如此，則在多民族共同自治的地區，豈不是更容易流失民族觀點。既然「各族」不是一個民族，則自然也就不能由下而上地來呈現民族地區的立場。民族立場在無形之中消融了以後，讓龍勝縣民族局就變成一個與漢族地區民族事務委員會差別不大的機構，他們都是面對區域內的多個民族，都是在協助處理政府政策的宣傳與執行，這是何以各族自治猶如漢族自治一樣的道理不通，除非，政府民族政策的唯一重點，就是給這個自治地區政策優惠，促進經濟發展而已，但如此一來，自治制度就更與民族身分脫離關係。其結果，龍勝號稱自治的三個少數民族——苗、瑤與侗，再加上兩個主要民族壯與漢之後，等於只剩下一個政策族，是為3＋1＋1＝1的漢族自治。

民族自治的制度受到重視，固然不必非為彰顯民族地區不受主流民族壓迫的人權觀不可，但在促成國家團結統一所實踐

的民族自治體制之下，起碼有效的效忠動員是要讓具有民族身分的成員，能主動積極認同號稱多元一體的中華民族。當這項工作在許多地方繼續遭逢困難，以致於進入民族身分的人，有時反而對國家產生疏離甚或抗拒之際，在制度中還要保留多族或「各族」自治的安排，確實未必能夠達到動員效忠的效果。「各族」人民在自治的口號之下，既不能真正自治，又不能捨棄民族身分，則積極主動參與國家公共事務，或規劃個人生涯的能動性將大受斷傷，這可能是龍勝幹部與老師凡事總是感到「沒有辦法」的深層制度因素。

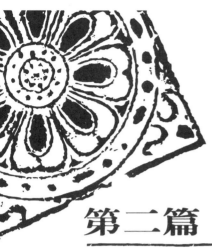

第二篇
民族身分的能動性

第三章 意義的不可限定：金秀
瑤族自治縣

政治人類學的國家議題

　　國家對民族關係的管理，長期以來是政治學所忽視的課
題，但政治學中向來就存有一項預設，即民族應當歸屬於國內
的範疇，至於何為民族，則留由人類學家去研究。
（Mearsheimer, 1992; Campbell, 1998; Lapid & Kratochwill, 1996;
Lapid, 1996）一般政治學家只關注於如何透過制度的建立、資
源的管理與汲取、公民文化的養成來動員國民參與國家事務，
因此國家與民族之間的關係是什麼，變成一個乏人問津的課
題。❶由於政治學家對於「民族」的忽視，於是民族成員做為
國家動員的對象，不能得到認真的對待，連帶使得民族身分的

----

❶多數國家憲法都規定不能在種族的基礎上對個別公民進行歧視性的規定。

認定、維繫與流動，都成爲國家幹部政策制定時所想當然耳的現象，也就是關於國家統治的知識領域中，缺乏民族有關的分析。這並不代表國家對民族的壓制是絕對的，相反地，只表示國家對於具有民族身分的人怎樣回應於國家的管理，在論述上沒有一種可以用來觀察的機制。

人類學家與政治學家均未習慣於從民族的角度來看國家，因此使得民族身分的建構與流動均難以獲得充分的說明。在政治經濟學與政治社會學中常見關於國家中心與社會中心的探討，但政治人類學的興起，勢將同一類問題意識，擴及於國家中心與民族中心之間孰輕孰重的辯論。在這個思路之下，本章報告了在廣西金秀大瑤山地區自治縣的田野考察，比較當地國家幹部各項對民族政策的看法，探索在不以民族身分爲考量的動員政策之下，民族身分是否仍保留某種能動的發展力和因應空間。基本發現的是，國家政策固然相當程度限制了民族身分內涵的變動，但在一定的程度上，這個內涵仍具有持續性與變動性，而且並非國家所能完全規範。

金秀瑤族自治縣因爲知名社會學家費孝通早年的造訪與遭遇，而成爲瑤族研究的中心。費孝通在蜜月期中的田野考察行程中，不愼受困，其夫人在奔走求援時不幸墮山身亡。費氏之後再訪金秀多次，當地瑤族人類學家承費氏爲師繼續發揚瑤學的所在多有，台灣的人類學者研究瑤族時赴金秀考察亦不乏其人。金秀作爲世界瑤族研究中心之地位，則因爲其瑤族支系構

成複雜而奠定。瑤族支系繁多乃眾所週知之常識，究竟其支系
有多少，則眾說紛紜。唯一般瑤族聚居地，僅以某一支系為
主，金秀則不然，共有五個主要的瑤族支系：盤瑤、茶山瑤、
花藍瑤、坳瑤、與山子瑤。本章關心的是國家的民族政策與具
有民族身分的人在回應國家時，所發生的關於民族身分涵義的
變遷，因此對於支系不再多述。

　　金秀自治縣是國家級的貧困縣，從1985年開始就設立扶貧
辦公室，專司脫貧工作，主要是修路、找開發項目、找貸款、
找政策優惠等等方面。在機構改革期間，原本民族委員會要歸
在縣統戰部之下，與僑聯、台灣辦公室同一體系，但後來又考
慮金秀為民族自治縣，仍以維持民委的獨立性為宜。不過由於
機構改革的關係，民委也正面臨大量裁員，預計只保留三個員
額，對於民族工作的推動，影響不可謂不小。除民委之外，這
次訪談的重點是民族學校與學區辦公室。大陸地方縣級以下幹
部常常是由學校師範體系中發展而來，先是通過中專或大專師
範教育後分發遠鄉教學，逐漸再成為學校的行政幹部，最後再
提昇為其他部門的幹部，因此造訪學區是瞭解基層狀況最佳的
切入點之一，包括統戰、台辦、扶貧、民委都有由老師轉任之
幹部。

國家幹部眼中的金秀問題

金秀縣教育受制於貧困，也受制於地形。從貧困的角度來說，家長往往無法供養一個孩子就讀。這一方面是因爲負擔不起學費，另一方面則是由於孩子到了十歲之後已經可以上農務工，家裡面不願意失去一個幫手。家長對於教育不夠熱衷的道理很簡單，這在之後幾章所研究的四川涼山彞族、（見本書第八章）湖南城步侗族、（見本書第七章）雲南西雙版納傣族地區都一樣，（石之瑜，1998a）就是預期不到教育所能帶來的收益。一個孩子如果進高中以後不能保證再升大學，那麼投資在教育上的經費等於浪費了，畢竟進不了大專就意味著不見得能脫離農村，面對著如此不確定的結果，又何必花錢辛辛苦苦唸完高中呢？在受訪的家長中就有人直截了當地質疑，自己一輩子沒唸書，不也過來了嗎？不唸書而成爲文盲的現象，在金秀地區又以婦女尤其多。

貧困現象難以解決是因爲，金秀地區本身原本就糧產不足，過去曾靠伐林砍杉，但後來保育觀念萌生，加上政府也開始重視生態破壞的問題，退耕還林、封山育林變成爲政策的主軸，目前在山外地區種水果爲主，在山內地區則種八角，但道路設施落後，目前還有五個行政村與兩百一十四個自然村尚未通車。邊遠山區因爲封山而難以爲生的，政策上希望將他們易

地安置，遭到很大的阻礙，國家目前保證每人每年四百二十斤米糧。至於招商引資是發展商業的唯一契機，但因為技術力量上頗落後，加上經營不善，企業局的業務推展也不能稱為順利，至今在金秀地區沒有發展出任何骨幹企業或「拳頭產品」，扶貧工作還集中在傳播簡單技術知識的層次。

當地企業靠貸款幾乎不可行，因為沒有企業可湊合到貸款所要求的條件，辦企業的主力軍是農民，故企業局亟思往外找尋「老闆」。但到外鄉參加「廣交會」必須是公司，金秀沒有這樣的公司，所以還得找一個外地的公司來掛靠。住在「山外」的百姓起碼可以種經濟作物，雖然不能擺脫農民的身分當工人，但起碼有機會脫貧致富。扶貧辦推動的項目固然琳瑯滿目，然而十分脆弱，在兩千年發生天災，且夕之間有四萬已經脫貧的農民返貧。另外一個造成返貧的因素，也攸關山內產品的市場價格波動，主要指的是八角的物價水平，幾乎山內能種八角的地方都種下去了，一旦八角的價值跌落，立刻影響到幾萬農民的收入，因此「山內」地區的脫貧問題反而日漸嚴重。

山內的發展深受封山政策的影響，過去打獵、砍柴，現在都不行，遑論曾經盛極一時的杉木砍伐。在田野調查期間，觸目所見皆是光禿的丘陵，驚心動魄。後來山上居民首先發難要求管制，適逢政府也開始重視生態。1998年華中水災之後，封山政策更是雷厲風行。對於山內居民本來經濟發展唯一所依賴的杉木業，無異宣告終止。儘管每年按照政府計畫仍可開發一

定數額的林產，但數目遠不如前，加上杉木生長週期近二十年，使得山內經濟收益全無前景。政府與周邊受益於天然林水源區滋潤的地方雖對金秀有補助，但卻全數用於設立林區派出所與林業保護站來執行封山政策，山內居民沒有受到眞正補助。其中有兩千人因爲封山政策已經完全失去既有可耕之地，又由於近年縣內所需建設用地大幅擴張，山內居民幾乎已經盡失謀生之地。

貧困問題帶來的教育問題也使縣府官員感到棘手。山內居民以地形分散、交通不便之故，居住在廣大山區，使兒童教育不能集中。各山區設有的村小或教學點中，大量僱用代課老師，既因爲村委會缺乏經費，也因爲平地合格教師不願意就聘山區。這些一校一師的校長月薪約一百二十五至一百三十人民幣，他們必須繼續耕田餬口，故也不可能提高教學品質。四年級以後要進入鄉政府所在地的完全小學就讀時，有的村因爲地處遙遠，孩子自然輟學，至於縣政府所在金秀鎮則決定在鎮中心辦一所民族學校，凡五、六年級同學一律寄讀在鎮中心的民族學校，暫時緩和了升高年級時的輟學問題。在教學點方面，學生不足十人的占一百八十三個中的九十八個，他們的教學成本比平原地區高出兩倍以上。

對於教育當局來說，重中之重的工作是提高九年一貫教育的普及率，這同時涉及入學率與鞏固率（輟學率的反面）。於是教育政策多頭出擊，先以穩定教師隊伍，提高教師品質爲

優，從而推出對教師自己的孩子的培訓計畫，並承諾優先安排他們畢業後的工作，藉此政策向外招聘所謂骨幹級的教師。其次是籌措經費改善教育條件，包括透過希望工程、海外捐資、政策撥付來完善基礎設施。再其次是從教育內容著手，提高技職教育，使學生即使不升學仍有一技之長。在田野訪談中的確看到，城市或沿海以藝術為內容的素質教育，在金秀縣則是以生活技能，如種菜、養豬等農業生產為導向，或施肥、剪枝等農業技能為導向。但由於總體投入不足，所以校舍的危房比例高達16%，中學教學則全無實驗器材。

國家對瑤民族的反建構

在國家政策的考慮中，瑤族的身分所具備的意義在大多數的情況下，與其他少數民族身分所代表的意義，並無明顯的不同。甚至與漢族身分所代表的意義，都沒有顯著的差異。換言之，瑤族身分只是標示著少數民族的身分，而不問所涉及的少數民族是哪一個民族。國家在現階段的整體政策就是經濟發展，而不問政策的對象是何族，所以任何貧困地區都有扶貧的機構，任何升學率偏低的地方都有動員入學的政策，任何生態不平衡的山區都有封山的規定。發展政策的內容也千篇一律地指向造橋修路、資金引入、項目開發、政策優惠、技術深化等等概念。而國家不僅是企圖以舉國一致的政策來解決發展問

題，還是因為更高層的發展政策造成了因地而生的各種困境。

這個現象當然不限於金秀，以鄰省的西雙版納為例，（石之瑜，1998b）國家的發展政策促成了濫砍濫捕濫殺，在沒有理解各地民族條件的差異之前，國家就規劃了以人均收入翻兩番的跨世紀目標，然後又以浮濫開發作為政策對象，提出封山育林。殊不知版納傣族的火耕在過去並未造成生態破壞，而是國營農場與解放軍在濫用地力；而傣族以獵為生轉而以獵為商，更是國家鼓勵以效益為先的發展政策促成。在金秀，杉木砍伐過濫，危及桂柳地區二十五條溪流的水源保護，自始是1958年國家發動生產大躍進的後果。80年代以降的改革，強調各單位、各地區自行創收，當然進一步惡化了砍伐與開採。現在，國家更將因而形成的當地謀生手段指為禍首，要求行為調整，而又不能解決因此造成的生計問題。

事實上，地區民族早就有自己的調適之道，只是國家缺乏認知的角度來對瑤族表達謝意。比如說，在國務院下令封山之前，金秀百姓已經自發地要求縣政府封山，因為他們意識到砍伐對祖先財產帶來的危害。更重要的，桂柳地區水源獲得保護之後，原本可能因為爭水所引發的民族間糾紛，得以事先消弭。國家幹部對這個深層的涵義沒有認知，是因為沒有從當地民族眼睛裡理解民族關係。國家強調民族團結，因此疏於體察民族情緒。另一方面，1958年併村歸寨實行公社，盤瑤大量進入茶山瑤山區，原本山丁與山主的僕主關係打亂，俟公社解

散，茶山瑤並未要求盤瑤歸還田地，且瑤、壯、漢通婚漸盛，在茶山瑤若干幹部眼中，他們的支系作了極為重大的讓步，但屬於壯、漢兩族的國家與自治區兩級幹部，則對一切發展中的民族和諧關係視為理所當然，使茶山瑤感到自己作出的犧牲絲毫沒有得到回報。

　　在國家的扶貧政策中，隱含的就是由國家主導了關於「貧」的論述（潘年英，1997），故在60年代提出一窮二白、一大二公之類對貧的正面評價，在1979年之後大翻轉，貧變成是壞事，這時所謂貧，初始是指沒有糧吃，接著因為國家開始宣揚萬元戶，貧窮變成是指沒有錢。慢慢地，窮變成了沒有基礎設施，沒有條件，沒有基金。最後，貧變成了沒有文化。過去自視為最有文化的茶山瑤，或四川涼山地區貴族階層的黑彝，經由大躍進而貧，現在卻淪為被人當成沒有文化的落後民族，情何以堪？國家的教育動員同樣犯了民族色盲，以為問題只是民族家長的落後文化在阻撓入學動員，中央沒有看到的是，十幾年不變的教材，以及與當地民族的生活經驗及價值相去甚遠的教材內容。

　　就算國家有其不得已的苦衷，故在發展政策與教育政策上只重視硬體設施，而忽略民族文化與歷史，但就連這種硬體導向的政策思路本身都也發生自我矛盾，原因在於政府部門自己的利益沖淡了民族優惠政策。比如民族政策提供了一定數額的貸款，但財經部門另有貸款標準，比如凡原有資本額不足，原

有貸款未還的人均不得使用優惠貸款，結果金秀瑤族享受不到政策貸款。許多優惠政策不是由民族委員會執行，包括扶貧貸款與以工代賑的優惠政策都掌握在扶貧辦手裡。政策優惠推動單位的不同也影響結果，如果是掛在民委系統就比較容易協調，如果掛在科委，就受制於科委的部門利益。國家各部門之間的不一致，使得瑤族的觀點得不到可以形成並發聲的管道，就好像瑤族並不存在自己的觀點。

其實國家幹部與政策中隱藏的這種不自覺的傲慢，恰恰是國家得以存在的文化霸權基礎。像瑤、彝、傣受到國家政策制約，然後進入發展困境，淪為國家優惠對象而仍難以發展的落後象徵，這個過程一旦受到揭露，不就使得人們將目光轉向國家，看出先有了公社運動以降的國家政策，才有今天所謂落後民族的形象產生。國家能夠不顧及民族身分背後蘊藏的文化與歷史，逕自武斷地交付他們齊一的發展目標，斷定他們的成敗，提供舉國皆同的扶貧與教育政策，正是國家足以宣告自己存在的證據。假如人們看到瑤族的保育意識與政策調整先於國家，而且在國家不知情之下化解了國家害怕的民族糾紛；假如人們看到落後是彝族不進入國家教育體制的藉口而非原因；假如人們看到宰殺保育動物是傣族在封山與效益兩大政策夾攻下的自然反應；那個仰賴一致性而宣告存在的國家就不見了。

瑤民族在國家體制下的機緣

　　當然，國家對於民族身分的建構並不是完全為負面的。對
於國家民族政策中缺乏對民族觀點的敏感度的批判，往往正來
自於具有民族身分的幹部。前述關於國家對茶山瑤為國家所作
的犧牲視而不見，就是一位茶山瑤的幹部提出的。這個批判的
重要性不在於對或不對，而是在於這個批判是站在國家以外的
茶山瑤立場提出的；它也不能代表所有的茶山瑤的看法，但反
映了國家民族政策封鎖不了某種民族立場的出現，故證實了民
族身分可能賦予個人某種能動性。同樣，前述關於掛靠在民委
的民族貧困地區，比掛靠在科委的貧困地區更能獲益，也是屬
於民族身分的民委幹部所具備的能動性的展現。

　　能動性未必是有意識的。以山內發展出八角栽種為例，就
是完全在國家立場之外的決定，但這個決定並非基於維護具體
的民族利益，而只是站在當地經濟利益的一項考慮。當時猶在
公社制度之下，一位地方書記獨排眾議，堅持開發八角，這在
1972年的情境中頗不尋常。但十年之後，人人感謝他，今天金
秀已成為中國八角之鄉，幹部與職工都爭相種植。不過，由於
這種莫名的能動性事後造成金秀瑤族的某種自豪，故也對民族
身分的鞏固具有意義。同樣重要的，是這一類能動性乃附屬於
國家機制之上，故書記的身分、國家以外莫名的能動性、與事

後鞏固民族身分的效果三者合起來以後，可以說明國家對民族身分的無知和忽略，並不能封鎖民族身分內涵的持續發展。換言之，有民族身分的國家幹部在國家立場以外思考問題，與漢族身分的幹部超越國家立場，並不是兩件意義等同的事。

在金秀鎮另外一項常見的現象，是由村小學生到村中表演文化活動。值得注意的是，這類文化活動表演的時機，是在國家對幹部進行政策宣講的時候。所以具體的如生育知識的宣講，或江澤民三個代表理論的宣講之後，都有瑤族文化活動的觀賞。將三個代表之類的意識形態與生活經驗中的瑤兒文化表演放在一起，當然甚不協調。但文化表演恰是吸引村民聽講三個代表的重要動機，故文化表演雖然是依附在三個代表的宣講工作上，但那只是形式上的依附，因為在動機上，其實是三個代表的宣傳依附在瑤兒的文化表演上。矛盾的是，沒有三個代表的宣講，就少一個瑤兒表演的場合，也就少一個瑤族身分獲得公開展示的機會。可以說，模擬的國家機制靠著有真實感的民族文化展示在生存，故並非弱勢的民族依附於國家，而是表面強勢的國家論述附著在隨時可能戳破強勢論述的民族感中。

國家政策中也有直接維繫民族身分的部分，比如民族學校的設立，或在一般中學裡設立民族班便是最好的例子。近年瑤族的傳統行醫方式得到國家的認可，有特別的考試方式，頒發特別的執照給瑤醫，不但保障它，而且有促進瑤醫文化繼續發揚的效果。另外，金秀縣也在賠本的情況下，力謀維持一個瑤

族的文藝隊。可見瑤歌、瑤服的存在對於國家有其功能，瑤族民族感的存在是國家民族政策的前提，而民族政策的劃一又是國家存在的一種宣告。金秀在2002年逢建縣五十大慶，國家傾力維修之餘，不忘要求維修好的門面要有民族特色，金秀縣新修招待所除了果然搭建的瑤族風味的樓宇，也稱其中一棟為民族樓（而另一棟維持為一號樓，讓國家機關由沒有特色的號碼來表示！）。

　　民族學校的運作是國家政策中最能維繫民族身分的政策。學生從民族學校升到縣立中學時，必須成績好才能夠再進入縣立中學所設的民族班，如果進不了民族班，就只能唸普通班，於是會失去國家的補助。這樣一來，民族班的學生有加倍努力的動機，而未來國家也會對他們的出路更加重視。在民族學校校長讀畢業生的畢業作文時，他發現有一個願望被許多學生提起，那就是將來他們想要回到民族學校來任教。這些學生中以女性的比例居多，而她們進入中專、大專的比例也明顯高過於男生。不過，目前民族學校的老師大部分是為了讓夫妻團聚而調來的，她們本身必須維持一定的品質，因為搶著要調來的人很多，所以任何老師教的稍差，就可能被調走。目前她們之中約70%是瑤族。

　　金秀另一個有利於民族身分感的政策，是由縣民委正在編的一部《金秀瑤族史》。這類工作的特點是喜歡上溯不可考的歷史起源。民委的工作就在於開展民族文化活動，因為經濟、

教育、政治都有其他部門在主持，由於文化活動多方多面，使民委主任本人起了決定性的主導作用，加上即將裁員，他們個人好惡所起的影響將更大。不過，編史的工作受經費限制，縣府只撥了五萬，而包括蒐集資料、稿費、印行在內的成本至少要十八萬。值得討論的是，是否這一類高層次的文化工作眞的能普及，對於教育有限的金秀地區來說，這部金秀文化史的讀者大概不可能是以他們爲主，則族史的出爐所鞏固的民族身分，只能是在爲國家反映民族身分，而不能反映瑤民對瑤族身分所認知的全部意義。

看似淡化了的民族身分

超出了國家的範疇，瑤族身分不見得是一個天經地義的心理認同，故國家與市場對瑤族身分的無知與忽略，確實已經帶來一定程度的影響。在許多少數民族地區一個常見的心態是，大家都想脫貧，而脫貧就必須離開大山。這不僅是與漢族大山地區農民想法一致，也會形成對本身民族身分的一種衝擊。這個衝擊未必表示弱化，因爲出山之後反而可能對於民族節慶更在意，如湖南城步長安營的侗族鄉親；也可能發展出與現代化科技結合的民族身分內涵，這在各地民族學院的互聯網網頁建立之後日益明顯。不過，離山脫貧的意願在完全實踐之前，不可避免是對山區民族文化的一個離心現象。瑤族農民中也存有

這種出山心態，所以只要考上了大學的，幾乎不可能再期待他們回到山區來工作，即使退休後都未必選擇回家。

　　瑤族兒童個個都看全國性的電視，這也是不可否認的一個現象，所以即使他們在家裡都使用瑤語，但就學之後對老師所用的普通話，都能理解，只是要會說還需要進一步學習。瑤族青年則同樣風靡於流行歌曲。一位受訪的瑤族年輕教師連伍佰唱的台語歌曲都能琅琅上口，還向訪者探聽歌詞的意義。在金秀縣城處處可見卡拉OK的小店，說明流行趨勢的不可阻擋。在易地安置的政策之下，山內自然村的農民已經遷出來的有六百多人。依照扶貧辦的評估，這六百多人「住得下，住得穩」，在全國流行趨勢一致的情況裡，瑤族青年的文化認同也已經易地安置，因為瑤族文化沒有用，不能掙錢，如果要刻意維持，還必須投入資金。過去參與表演的人也逐漸失去興趣，他們擔心參加表演會浪費工時。

　　一位金秀學區的領導對於瑤族身分抱著負面的態度，他認為瑤族的服裝在流失，將來已經沒有人會編織，現在大家家裡的瑤裝，都是媽媽準備的，但這一代不會替自己的孩子織縫瑤服，有的話就是奶奶為下一代準備的，而小孩子在春節時都已經不願意穿戴瑤服，對他們而言，瑤服服飾多已成為一種負擔。他批評號稱瑤族節慶的盤五節根本沒有民族特色，在改革開放的大氣候裡，已經分不出來誰是瑤族，也沒有必要去分。瑤族語系複雜，沒有文字，故不利於瑤語的保存，他相信在普

族國之間
──中國西南民族的身分策略

及普通話以後，愈來愈多的人就不講本地話了。已經有金秀地區的人不教孩子講瑤語，在鄰人中引起若干反彈。在學習中，有些觀念為瑤語所不能表達，他們看到美國的瑤族回來尋根很感慨，因為認為以後中國的瑤族也沒有了，只能保留下來做歷史，「三百年後變成博物館」。

即使民族學校的領導也有意推展民族特色的文化活動，但這一點顯然遠遠不及硬體改建與擴建來得重要。他們認為當前最重要的就是集資建一個運動場或籃球場，而在介紹素質教育時，其中不但沒有之前所提到的村小的生活技能教學，更沒有任何有民族特色的活動。在討論到民族服裝時，他們突然想起自己彼此曾提及要不要替學校購置一批小朋友穿的民族服裝，後來當然是因為欠缺經費而沒有繼續討論下去，不像籃球場那樣持久占據他們的議程表。他們還回憶，有一次參加比賽，靠小朋友家裡帶服裝，不統一，而且有的沒有服裝，因此比賽名次往後掉了一些。但因為覺得民族學校學生一百多人而已，「不好向上級要錢」置裝。

據一位瑤族研究專家（他本身也是瑤族人）的說法，現代瑤族年輕人的民族意識薄弱，不像美國的瑤人，他們二十年前由東南亞逃到美國以後，因為人數少，怕被「美國人吃了」，所以「拚命保留自己的民族語言、民族習慣」，每個禮拜都有瑤文課，由瑤族的老師來教。根據他的分析，民族意識看似薄弱的主要原因在於大瑤山的瑤人有自卑感，怕人家瞧不起自

己，因此刻意隱藏瑤族的身分，總擔心遭到別人欺負。故當瑤族人說瑤族已然漢化時，其實是希望別人不要把自己當成落後的瑤族看。扶貧辦在討論易地安置政策的困難時，引述抗拒搬遷的人的話說，他們覺得出山以後會不適應，扶貧辦認為這背後就是一種自卑心。這種情緒有歷史背景，多少是受了國家政策反對迷信封建的影響，就連帶對民族習慣有所排斥，因此民族幹部有這種自卑心態的傾向還比較高。至於年輕人，他們出生在50年代之後，正是民族文化受到政治衝擊的時候，所以表現出意識薄弱的樣子。這時想加深年輕一代的民族感並不容易，因為他們刻意淡化身分的目的，是要證明自己已然融入主流社會，故儼然把深藏的瑤族身分視為是一種低等的象徵，這豈是有利於自尊的建立？

　　自卑感所造成對民族文化與習慣的負面態度，並不能視為是民族身分的淡化，反而代表的是一種揮之不去的焦慮，否則就不必刻意隱藏。不過，年輕一代對於瑤文化的疏離確實在使民族身分的內容日益空洞化。然而，舊的民族習慣即使為人所逐漸遺忘，卻不代表身分的淡化。舊的民族身分認定方式除了靠瑤語、姓氏、法定身分等環境繼續維持下去，並不能斷定淡化的民族習慣在未來不會以不同的方式再生，或新形式的身分內涵被開發出來。美國瑤人近來的尋根是很好的啟示，也可能對金秀瑤族身分的意義，也刺激出新（或舊）的面向。

復興中的民族身分

　　對整個金秀地區的瑤族來說，瑤族身分的維繫從未間斷過，這不只是透過姓氏而已，更是透過文化宗教的活動。即使是在政治壓力之下，瑤民的探根祭祖儀式並未因此終止，在表面上大家不做儀式了，但是許多家庭在晚上仍然照樣進行，這又主要分成度戒與送終兩項活動，度戒是成年禮，十三到十六歲之間進行，對瑤族身分有很重要的鞏固作用，但本來多數人已經不做，近年來卻又回來了，簡單說就是學唸經，這必須靠傳授。送終則是最主要的文化活動，這一點連外出瑤人都未必清晰。柳州地區接待的官員就以爲，瑤族已經沒有宗教活動，人們都不去廟裡祭拜，但實際上，宗教是金秀的重要活動，而且在政治壓力下頑強地保留下來，一位經師回憶：

　　……人們認爲有靈魂，瑤族習慣是死人以後要有道場，是給活人來看的，作爲子女不搞道場心裡會不安寧，要請道士來唸，有個安慰。1958年以後這不能公開搞，在金秀，行政不給搞，但半夜也要請道士老人來搞。被收繳以後，文革時我回來，經書神像都收走了，收到公社，在床下面，我找出一些來研究。到1958-86年又開始了，物極必反。縣府領導家裡死了人就搞了，老百姓一

看，就對著幹也大搞……

民族工作裡的民族知識與民族感很重要，在政策和人心
違背的時候，我們也是唯心的，像經書裡有迷信要承
認，不然就不是唯物，但裡頭很多哲理，有儒家哲學教
育子女怎麼做人，導靈的人告訴下一代怎麼來的，他就
知道自己跟某某有親戚關係，不忘祖宗怎麼苦過來。

今天民政部在各地推展村民自治，其中關鍵的一步就是寫
下村民公約。村規民約的制度在傳說中是可以上溯至王陽明的
鄉約，但金秀有石牌制度，考證結果發現石牌起源早於王陽
明，處於原始宗族瓦解而國家組織尚未形成的歷史階段，這個
論斷，據當地學者轉述，受到費孝通的支持。早在民政部政策
下達之前，石牌制度一直是瑤山社會規範的基礎。所以現在村
規民約的內容或許與過去石牌所刻的不同，但石牌制卻用不同
的形式得以傳承，然則民政部所推動的村民自治，不僅代表公
民個人參與公共事務的理性行為模式，更代表民族身分所賦予
社會的一種規範力量。石牌制度之所以中斷，仍然是文革時期
破四舊的結果，對一位鑽研石牌制的瑤族學者來說，這證明瑤
族不一定都是落後的。

宗教活動的復甦與美國瑤族尋根的活動同時發生，這當然
與大的世界政治經濟背景密切相關，不過也在金秀進一步鞏固
了民族身分。金秀目前是世界瑤文化研究的重鎮，各國學者絡

繹於途，甚至按圖索驥來到當地考察風俗，金秀有五個支系並
存的現象，反而間接增添了「瑤」這個概念的不可動搖，美國
的多元文化主義與在美瑤僑的危機感相互激盪，如此所形成世
界上維護瑤文化的學術浪潮，更變成瑤族身分獲得強化的外在
條件。瑤族學者又深受國家意識的制約，除了經常沿用唯心／
唯物與史達林的民族觀之外，也重視瑤文化如何作為中華文化
的一支，從而在飲食、穿著、建築方面相互交融。其結果，國
際化與漢化竟可以因此就不必與瑤族身分認同或民族意識處在
對立的情況下。

　　同時，瑤族自己的文化習慣也得到保留，當地人就喜歡介
紹醃生豬肉與雷鳥的方式，許多外地人如何不適應，捉雷鳥的
技術各支系如何地不同，各種捉法對生態環境如何形成好與壞
的影響，生醃的肉多少年後可以不必煮就生吃，客人的親疏或
尊貴如何決定所奉豬肉已經醃製的年齡，或吃不慣的人如何可
能引起主人之不快樂等等。國家從來不會在乎在地人的飲食習
慣，除非這個習慣抵觸了封山的政策。而瑤族身分的延續，恰
恰大量依賴這些國家所不在意的文化領域。即使人們今天不會
縫製瑤服，但完全不能就此斷定瑤服的需求會因此消逝。事實
上，對老一輩訂製的市場需求正在增加，應當說手工瑤服的技
能確實在式微，但代表瑤族身分的服裝象徵，則仍處於發展階
段，將來在多大程度上受到觀光市場制約，或受節慶宗教場會
的影響，不是任何線性史觀所能決定的。

　　即令是前述那位對瑤族文化未來不看好的學區領導自己，都在許多場合不經意地流露出民族身分感，比如他堅持瑤族的男女平等不同於漢族男尊女卑，因為娶老婆要存很多錢；或說瑤族老人不讓小孩全部出遠門，總要留一個男孩子在身邊。這些算不算特色不重要，而是他將旁人視為無關民族文化的行為視為民族特色，反映出他對於瑤族有特色這一點仍有所執著。他又宣稱祖先是來自福建、廣東，所以是鄭成功之後，對祖先能收復台灣感到光榮。許多金秀瑤族保留了瑤裝，他也不例外，而且他的母親又以縫製瑤裝而聞名。這些跡象在在顯示，他前述對瑤族身分的悲觀談話是策略性地在迴避身分。

國家範圍外的民族身分

　　國家對民族的意義與民族對國家的意義兩個課題，都值得政治人類學家認真研究。在金秀瑤族自治縣的例子裡，以國家名義制定政策，分配資源的國家幹部，將民族簡化成一些普遍化的指標，根據這些指標去動員具有民族身分的人來完成特定的任務。在歷史上，這些任務帶來了災難，造成國家幹部重新訂定方向與指標，也就是對瑤族身分的人重新評價，開啟了新的動員機制。但具有瑤族身分的人沒有機會在國家體制中，形成某種民族角度的看法與幹部進行互動，使得國家作為一個一統的制度，變成了文化心理上的霸權地位。民族的意義僅在於

民族成員能否達到國家指標，國家的存在因此取得了本體層次上的先驗地位，不再受到挑戰。

　　然而，金秀的經驗又顯示，民族不必是一種全然被動的身分，因為各種國家所認知不到的文化活動，無所不在地、持續不斷地在對民族身分所具備的意義，進行再詮釋與再發展。新的展現民族身分的方式可能浮現，逐漸流失的民族身分符號也可能復甦。有趣的是，即使國家對這些文化活動在口頭上支持，在行動上不介入，但是許多民族身分的新詮釋都是依附在國家體制之中，包括民族學校、民委、三講幹部都可能成為民族身分獲得再詮釋的機緣。有民族身分的國家幹部尤其可能在意義建構上發生流動，有時排斥民族身分的有效性，或因自卑而假裝民族身分已經不具有意義，有時又起了傳承維繫或建構民族感的意念。總而言之，國家壟斷性的政策指標確實影響了金秀瑤族的意義系統，但卻不能決定或封鎖國家範疇以外的瑤族身分出現方向的調整與回應。

第四章　讓制度活起來：羅城仫佬族自治縣

制度主義知識論的省思

　　新制度主義者相信不同的制度提供了不同的行為誘因，因此可以導致不同的行為抉擇。（Coase, 1988; 1937）[1]也有新制度主義者強調制度的慣性，主張依循特定制度而發生之行為不可能一夕改變，並謂此種慣性為路徑依賴。（North, 1984; 1981）[2]如果視制度為誘因機制，則經由人為介入誘因機制的設計，便可改變行為；（Steven Cheung, 1982）如果視制度為具有慣性的路徑，則制度變革的可操作性，就受到限制。（Wu, 1994）

....

[1]此之謂理性的新制度主義。
[2]此之謂歷史的新制度主義。

　　這兩種制度主義之間的辯論，其實聯合鋪陳了一種印象，即制度對行為具有決定性的制約。雖然對於制度是獨立的自變數，或是可以受其他變數（如人為介入）決定的中介變數，他們可以爭的面紅耳赤，但都同意制度是行為發生的主要條件。這種理論思路對於一種制度可能產生一種以上不同行為的想法，亦即制度不能完全決定行為動機的想法，採取不認可的立場，從而對於實際行為者在特定制度之下的能動性，拒絕認可。

　　從承認制度會影響行為，但卻不能決定行為的後現代知識論出發，（Shapiro, 1999）[3]本章以下將探討行為者能動性對於制度進行再詮釋的可能性，並觀察制度的意義本身如何受行為者的影響。在實際的案例方面，本章以廣西壯族自治區下轄羅城仫佬族自治縣的田野調查為內容。首先將反省新制度主義的理論立場，接著探討民族區域自治作為一項制度，在過去發表不同的研究報告之中，所已經出現的不同可能性，這些可能性反映了不同制度對行為的不同作用。但本章進一步關心的是，民族自治制度在同種設計之中，如何仍產生不同的行為可能。關於羅城的報告來自於對各級學校幹部、鎮鄉幹部，與民族事務局幹部的訪談，文章目的在說明，自治制度可以透過對民族意識的促進，影響民族幹部的積極性。

---

[3]此地主要擷取後現代知識論當中關於意義的不可決定性（undecidability）。

兩種產權制度主義的超越

新制度主義可以有多種分派，其中常被分為二派的是新經濟制度與歷史新制度。根據新經濟制度的分析方法，所謂制度主義指的是財產權，論者辯稱，在財產權分配制度確定的情況下，資源效益的程度達到最高。歷史新制度主義則提出修正，只強調既有制度對行為的影響，而避談效益，故一方面承認財產權制度的演化受到既有制度狀態的影響，但另一方面並不否定人有進一步經由實踐，而對制度產生修正作用，並帶動制度變遷的能力，以致於制度變遷未必朝向更清晰的安排演化，故也未必會形成更高效益的資源分配。

新制度主義的這些不同派別，並未探討財產權與財產之類的概念，乃是在資本主義發展史的實踐之下，才逐漸形成的系統化論述，因而對於歷史經驗不同的人，財產與財產權的概念，恐怕不能相互分享。比如都市股票族的產權認知與農村自足經濟中的農民的產權認知恐難互通，故影響股票族行為的各種不同制度設計，均將難以對農民產生任何有意義的引導。換言之，人必須先學會根據產權來認識自己的身分，其行為採可以透過制度主義來分析。

然而關於身分的制度，並不只是透過資本主義產權制度來決定，則身分對於產權制度的制約，就不能置於以產權為主要

內涵的新制度主義之下理解。同時，人的身分並不全受到身分
制度所決定，這不像人對產權處置的行為，當然受到產權制度
所影響；因為人的身分自幼來自家庭與社區之中耳濡目染，往
往與國家所規定的公民、民族、法人等身分不相重疊，但是人
對產權的認知，幾乎盡是在既有產權制度之中獲得，故人較難
意識到自己在既有產權制度之外，還有其他處置產權的可能
性。不過，既然身分會影響人判斷自己正身在何種產權之中，
而身分本身又非任何特定身分制度所能壟斷，則產權制度對於
人的行為也就不可能完全壟斷。

從產權新制度主義的分析重點觀之，依照上述兩派可以將
人、制度與行為三者之間的關係做一釐清。新經濟制度主義者
認為行為是受制度所決定，但研究者或決策者具有外在客觀的
位置，這個根據知識而建立的主體性，容許研究者與決策者設
計制度，再進而帶動行為者調整自己的行為。因此可以就此種
知識論上的關係位置得出人—→制度—→行為的三者關係。相對
於此，歷史新制度主義承認行為者具有某種能動性，行為者既
依賴制度，又實踐制度，且在實踐的過程中，對制度進行不斷
地再詮釋，使得制度在原有路徑的制約下，仍能繼續演化。這
種觀點，等於接受人在產權制度之外還受到其他非產權條件的
影響，故不會在產權機制之內完全遭到制約，使制度對行為的
引導，必須先透過人的作用，故而也間接確立了作為行為者的
人，在制度之內不全然受制約的主體性，故謂制度—→人—→行

為。不過，在身分為內涵的制度設計下，國家制度不能立即決定社會行為，既然不存在普遍性的行為法則，也就沒有所謂客觀的知識，故不發生新經濟制度主義那種超越制度的知識主體，蓋制度與行為之間的關係是不確定的。另一方面，由於身分認知的來源，不是由國家的身分制度所壟斷，故人保有脫離既有身分制度的論述能力。同時也不能否認，國家建構的身分制度無所不在地試圖影響特定身分中的行為者，透過他們對身分制度的實踐，使他們逐漸喪失在身分制度之外保留其他身分的能力。此時行為的發生，就不是上兩個圖繪的進程所能表現，即人的主體性不來自掌握客觀知識的能力，因為根本沒有這個客觀知識，也不保證可以來自國家制度之外的家庭、社會基礎，因為回歸這些基礎的能力可能遭摧毀。這時要談論主體性，就變成是指脫離既有路徑的可能性，只要這個可能性獲得保留或開創，則人便具有主體性。這時的主體性不是區隔人我的意識，也不是區隔人我的物質基礎，而是能動性。準此，三個變數的關係成為相互性的。

民族身分制度對行為的不可決定性

　　身分制度的種類多種多樣，其中由國家所主導者是本章關切所在，而又以民族區域自治制度爲主。根據這項制度，公民被劃分成漢民族與另外五十五個少數民族，凡是少數民族聚居的地區，依照其既有行政區劃分之範圍，再經過摸索、調查、申請、討論、整體政治考量、巧合、機緣等等因素，而調整爲民族自治區、自治州、自治縣與民族鄉。在區域自治制度下出現三種狀態：一是散居的非自治少數民族；二是單一民族爲主體的自治地區；三是以一個以上民族爲主體的自治地區。在最後一種情況裡，有兩個族合成自治地區，也有兩個以上民族合成所謂「各族」自治。認同制度猶如產權制度，一經確定，國家就有了各種動員機制，以確保少數民族對國家的效忠團結，這些機制包括政策優惠、幹部培養、政治宣傳與市場統合等。

　　散居的民族沒有自治的身分，則民族身分能否成爲行爲能動性的來源，頗受身分制度以外因素所影響，其理至明，而其中民族意識居於重要的地位。至於在多民族自治地區，也因爲缺乏明確的自治主體民族，使得自治制度難以成爲能動的基礎，則自治區域之內各具體民族能否發展出有意識的民族身分感，就無法一概而論。至於單一民族自治地區的主體民族明確，民族身分制度理當產生較大效果。本章對仫佬族的考察，

便是在說明這種制約發生的一種可能方式。但在此之前，將先
對三種民族區域自治作爲身分制度的發展，引介所已有的發
現，[4]並將單一民族自治區域的幾種其他可能性加以說明，再
報告仫佬族的主體性是如何實踐出來的。

　　在有民族區域自治制度的前提之下，即使沒有行使自治權
力的少數民族成員，也應當視爲是在實踐一種身分制度，因爲
他們的行爲標示著，一個人屬於與不屬於自治區域，有何不同
意義。果其然，各地散居而未行使自治權的少數民族，的確有
相當不同的民族意識，表現在政治經濟行爲上的結果各有千
秋。像各地散居的回族，都有意識地延續民族風俗，但對於參
與市場經濟的動機強弱頗爲不同。浙江麗水的畬族雖非自治民
族地區，然而具有明確的民族意識，以挖掘畬族風俗爲職志，
同時堅守愛國主義路線，這些活動全部圍繞在村中的小學教育
上，但另一方面，村民並未能有效積極地發展經濟。相形之
下，廣西宜州的散居水族已無民族意識，他們經濟狀態相對落
後，十分盼望經濟發展。[5]故在無自治的民族生活中起碼看到
三種型態：水族無民族意識的經濟導向、畬族強烈民族意識的
非經濟導向、回族民族意識與經濟導向程度的多變。

....

[4]若無特別引註，有關研究發現均引自Shih, *Negotiating Ethnicity in China:
Citizenship as a Response to the State* (London: Routledge, 2002).
[5]有關散居水族的調查，見本書第六章。

在多民族自治地區，由於缺乏單一民族主體，對於區內各族的身分與政治經濟行為，不能提供一個有效的能動性基礎，以至於如廣西龍勝各族自治縣下的自治民族，包括苗、瑤、侗三族，並未積極利用自治制度，而在自治制度之外，從官方到民間，也未採取保留民族文化的任何系統活動，一般族民對教育的態度消極，只有侗族家長具有競爭意識。但在相鄰的湘西土家族苗族自治州，卻有極具競爭力的教育成果，雖然州政府並無明確的民族意識，學校教育也缺乏民族特色，然而，在爭取上級經費與政策優惠時，土家族具有明顯的進取心，有意識地在運用民族身分爭取政策優惠。可見，「各族」自治有時妨礙能動性，有時卻未必。

單一民族自治地區的民族意識，往往不是國家所關心，國家很少介入民族文化活動，只關心民族地區的經濟發展與政治效忠。其結果，使得維護民族身分的文化活動，必須在國家體制之外進行。而脫離國家體制意味著對國家統治的挑戰，所以一種因應方式，便是接受國家動員之後，才再開展體制外之文化活動。比如寧夏回族自治州利通市的郊區農村，族民年輕時均投入市場生產活動，提升經濟效益，一直到五十歲之後才大量返回清真寺，而清真寺的阿訇在講經之前必先宣達政策，從而保證了書記不上寺的宗教空間。這種妥協方式，在常德維吾爾回維鄉也看到，當地人將宗教信仰與風俗習慣分開，使黨書記可以在宣稱無神論的情況下，繼續維持生活中的民族風俗習

慣。

上述這種單一民族身分之下的雙主體現象，一由民族身分構成，二由國家與市場共同維繫的公民身分構成，在遼寧省前北寧滿族自治縣卻沒有必要。滿族村民沒有任何保留自己特殊文化活動的內在驅力，甚至滿族對中華民族的愛國主義，強過於漢族，這或許是滿族因為族民眾多且歷史悠久，其族民在身分認同上不因徹底漢化而產生危機感，加上滿族的漢化是在居於統治者地位時自己決定的，故無牴觸的情緒。另一方面，上述利通村民的雙主體現象，不必然是先公民身分、再民族身分，也可以是順序相反，如瀋陽朝鮮族，族民在國家的支持之下，以學前一年到高中總共十年的朝鮮語教學，不斷強化朝鮮族身分，但因為是國家全力支持的結果，反而使朝鮮身分與中華民族之認同間沒有對立。則又證明，同一種身分制度下所調整出的行為，可能在方向與內容上均有不同。

在單一民族地區，照理民族成員應當更有意識地運用民族身分爭取優惠、發展經濟，然而在四川涼山彝族自治州，族民卻十分消極，進到山區之後，大比例學童失學，粗放式的游牧在山坡草原處處可見，居民生活態度消極。究其原因，部分是由於國家體制所散播的訊息之中，缺乏對彝族身分任何正面認可評價，以致於進入國家體制接受動員的意義，首先便是對於此一民族身分的貶抑。彝族的民族認同初始不來自國家的認可，但作為民族自治的基礎，涼山彝族身分仍因國家的界定而

更形鞏固。但矛盾的是，對自己落後身分的承認，反而成為一個不需要回應國家動員的安適藉口。國家對於動員不利的現象抱持藐視的態度，絲毫沒有受威脅的緊張，則有利於彝族保留在國家身分制度之外的身分意義。

羅城仫佬族幹部的積極性

本章以下要討論的，是單一民族自治之另一種形式，與上述的例子有幾點不同，即雖然仫佬族也有明確的民族意識，具有積極的進取傾向，但不同於麗水畬族，因為後者沒有自治制度；不同於瀋陽朝鮮族，因為沒有國家主動介入支持民族語文；不同於利通回族，因為沒有雙主體現象或國家體制外的文化活動。與廣西羅城仫佬族類似的是鄰近的湖南城步苗族自治縣，然而城步是一個企圖進取卻不成功的例子，即城步民委與國家動員機制之間有意見上的摩擦，尤其是與教委之間，使得城步民委在仰賴民族意識時，不自主地形成對國家的抗拒。羅城的民族意識很明確，但其中沒有絲毫對抗意識，民族幹部在國家體制之內的參與動機頗強，進取心旺盛。羅城是全國唯一的仫佬族自治縣，這個身分制度現象，使仫佬族民族意識的維持相對容易。

羅城的幹部明顯具有積極性，而且在表現積極性時，民族身分似乎並非直接相關的因素。在考察四把鄉時，適逢鄉鎮幹

部換屆的第一天，由鎮人大與書記召開村民委員會講話。當時距離楊書記接獲通知要接任僅有兩天，對於狀況的掌握自承尚不周全，但在談話中卻表現出他對鄉中遺留的困難已經瞭若指掌。他要求村委會一定要走好群眾路線，要在歷史積留的包袱中找出歷史已經準備好的出路，警告幹部不可以搞小圈圈，也批評當天缺席的村幹部。另一方面，他在強調自己是領導「人民的政府」，不是領導「政府的人民」時，他竟矛頭調轉，宣稱相對於縣時，鄉鎮幹部就是人民。一位村中的謝支書會後說明自己處理爭議的辦法，在兩村爭搶林產時，他積極介入，要求兩方不准動作。新到的楊書記則表示，他將來要透過諮詢雙方、諮詢鄰村、諮詢長老、調整檢察機關等幾個步驟，來處理林產爭議。正如書記自己所說，他表現的就是「有信心，一切就好做」。

　　這個對自己的信心，在縣外事辦余主任身上也明顯看到。他認為沒有工作可以難倒自己，任何事他只要準備，就一定做得好，但他毫無意願爭取高位，因為他不喜歡壓力，所以他離開學校進入政府，就是要避開學校的工作壓力。余主任是一個不受外界評論影響的人，他對於仫佬族的男女平等狀況很推崇。另外，台辦的李主任則強調，仫佬族是一個很開放的民族，對外來的文化接受性特別高，他對這一點再三強調，似乎對於仫佬族在生活習慣及語言方面的漢化頗為處之泰然。仫佬族之所以為仫佬族的原因他不曾深究，但仍有明確穩定的身分

意識。

　　事實上，關於仫佬民族利益的提升，縣幹部並不是十分成功。以民族學校的民族班爲例，這個班受到自治區政府支持，每個月每名學童補助十二元，但這個數目已經維持超過十五年，明顯不敷所需，故鄉長屢次建議提高。在2000年時，政策上已經同意提高至五十元，但始終沒有落實，吳校長尋求縣民族事務局的協助，民族局竟然愛莫能助。另外，吳校長曾有意願爲民族學校添置民族服裝，雖然教育部門同意考慮，卻始終沒有撥下預算。同時，在與宜州競爭壯族歌仙劉三姐傳奇故鄉方面，羅城據稱是劉三姐故事原型之所出，但劉三姐至今已經爲柳州市當成宣傳形象的核心，上級領導表示羅城既爲仫佬族自治縣，不需要去爭取壯族的歌仙，羅城幹部對此也並未堅持力爭。點點滴滴看出，有關民族文教政策的推展，上級政府對羅城的支援有限。

　　然而吳校長一再表示，對自己的工作極爲熱愛。仫佬族家長的教育意識高於周邊其他民族，如壯、苗、瑤，只有山區女童的入學有少數人有困難。縣教育局長親自進入山區說服女童家長，通常這一份工作由學校老師進行，鮮聞教育局本身親自執行說服工作。廣西電視台特別報導了羅局長的做法，成爲廣西提高女童入學的宣傳特點。在與學校及鄉鎮幹部的交談中，人們甚少論及仫佬族身分，但他們的工作相當程度是屬於國家民族政策的重點，其中提高入學率就是各民族地區接受上級評

測時的關鍵之一。然而，他們自己推動的文化活動一直出現困境，只有為國家執行的民族政策時表現良好，這反映了什麼意義的民族意識？

　　仫佬族的人口一共大約十六萬，其中羅城就占了三萬，與其他少數民族不同之處，在於仫佬族並非山區少數民族，而一向居住在縣城四周，但從總體來看，仍居於山區丘陵地帶，因為，靠近城市，他們與漢族接觸較多，在風俗習慣受其影響。近年對仫佬族最重要的制度性變革，就是建立民族自治縣。1983年，經過統計人口之後，中央決定設羅城仫佬族自治縣，將這個人口數目居於五十五個少數民族中偏低的民族，提升到一個縣的層次來治理。十年之後，舉行第一次縣慶，由仫佬族研究專家聯合編寫了一本詳盡的《仫佬族的歷史與文化》作為獻禮，作者之一的胡希瓊被舉為仫佬族活字典，但在第二十年縣慶前兩年不到過世，使得待編中的《仫佬族的文化長廊》受到影響。

國家指標之外的仫佬族意識

　　立縣行動在時間上與文革結束、四個現代化宣傳居於同一時期。應該說自治縣的成立對仫佬族民族意識具有重要的凝聚作用，是令地方人士感到振奮與自尊的重要原因。尤其這是仫佬族唯一的自治政府，族人自然備感關切。在貴州有一個鄉想

成立仫佬族自治鄉，國務院特別尊重羅城的意見，延請組團前往調查，結果發現當地人的語言與文化都與羅城不同，調查人就提出反對意見。（後來，貴州的仫佬族學者，爲此還出書反駁，羅世慶，1997）。這個經歷無異強化了羅城作爲仫佬族代表的地位，除了自我肯認之外，已屬於一種可以分辨他我，藉由否決其他社群加入所孕育的主體意識與疆界意識。經由排斥外族，仫佬族儼然具有了不與外人混淆的眞實感，這在不斷漢化與融合的過程中，無疑有利於自尊與自信的鞏固，也有利於族民對進一步漢化的寬容以對。

民族事務局的幹部對於仫佬族民族文化活動則有高度的敏感度。他們近年努力挖掘仫佬族傳統的體育活動，已經找到了二十幾項，其中若干與其他民族享有共通性，多數是這一代幹部年輕時玩過的遊戲。爲了拿到廣西全區與全國去表演，有的遊戲經過設計昇華，包括搶粽包、烽火球、牛角棋等。在全國比賽中得一等獎的則是打竹球，竹球的編織較過去改善很多，而烽火球則被重慶一個省級體育隊「偷」過去成爲他們的項目。但對於仫佬族擅長的山歌，民族局並未介入研究蒐集，而由文化局處理，並認爲山歌翻唱成漢語之後，不倫不類，缺乏原汁原味。平日唱山歌與對歌的以老人爲主，因爲仫佬族漢化程度高，年輕人比較不參加文化活動，而多融入現代的娛樂中。民族局四處攝錄一些「依飯道」的儀式，多半利用喪葬道場的場合，「想方設法保存特色」，但年輕人不肯學，畢竟現

在沒有女性願意嫁給道士經師了。

　　民族局游秘書認為，經濟發展與保留民族文化是矛盾的。多數近年來仫佬族考察的學者，常認為仫佬族沒有特色。比如得獎的仫佬劇，都是用漢語唱，不然沒有人聽得懂。事實上，正因為漢化的結果，仫佬族已經沒有什麼感官上可以直覺探測到的特色，唯一可以稱為特色的就是仫佬話。出外打工的青年人日多，他們在沿海城市不同於出國打工，不容易感到對少數民族的歧視，故不會有意識地保留民族文化。在上級政府看來，民族工作最關鍵的無非就是經濟扶貧。所謂民族服飾就只是在辦公室裡保存了幾套，一般家長關心教育，但教育的內容並無任何關於仫佬族的素質教育。

　　然而，游秘書認為，將民族特色鎖定在感官上的觀察並不準確。李主任與他都相信仫佬族吸收外來文化而自我調整的能力很強，而這就是一項寶貴的民族特色。對他們而言，民族特色涉及更深層的意識。前述胡希瓊的研究僅止於資料蒐集，未來需要更深層次地發展。羅城有一個年輕的作家群，互通聲息，也與村中老人接觸，對於老人們手中藏有的資料，自稱有時幾乎用騙的方式，取得保存。這些有意識的年輕人散布在政府不同單位，並非都是民族局官員。事實上，民族局本身的工作也是以經濟扶貧花最多的時間，在有民族意識的知識分子眼中，經濟官員都不懂文化，與之溝通沒有意義，所以不如用自己的時間精力來推動民族工作。民族局的兩個局長就都不會說

仫佬話，他們終日在外推動扶貧開發有關計畫。

　　游秘書相信仫佬族的民族特色必須有更深層次的挖掘，這是他作為胡希瓊接班人所要進行的工作，即令至今他尚未能以語言來呈現這種感覺。李主任提到一個耐人尋味的觀察，即仫佬男青年出外打工結婚後，並不像其他少數民族那樣將妻子帶回家，而是願意與女方回家。對於這種向外性，即對外文化吸收融化的能力沒有威脅到仫佬族的身分意識，《仫佬族的歷史與文化》一書的序曰：

> 蘊藏於深層結構的某些民族特徵，如由於民族的心理素質等因素所凝聚，所反應的某些感情、心態、審美意識、道德觀念及認同心理等深層特徵並不明顯外露，需要深入考察、發掘、理解，才能逐步認識和體會。過去，由於歷史的原因和現實的種種因素的限制……，對這個民族的歷史文化和現狀，甚至於這個民族的存在，至今還鮮為人知。

　　儘管經濟工作占據了游秘書一半以上的時間，而且他自己對這個現象也無法改變，但他對於民族文化的重視不曾稍減。他覺得在目前的工作崗位上，相對而言仍能推動一些實事：

> 從我個人來說，不熱愛家鄉是不會回來的，我在中南民族學院畢業，本來要我留校，我不願幹，當時滿腔熱

血，後來事與願違，沒有成就。人的思想經常變化，過去的理想就不要再說了。現在到民委已經十年了，我不看別人臉色，做一點事對得起良心。組織上對我有意見，90年代叫我下鄉，我不去，我要幹喜歡幹的事。下面像是一個眼，上面有千線萬線，我又不想當官，留在這裡還能對本民族幹點實事。

向內自覺的身分意識

仫佬幹部經常提到附近的瑤族自治縣，一方面有南丹瑤族表現強烈的民族意識，保留了民族服裝，地方上的人都以白褲瑤相稱，這就是以服裝為標準。南丹幹部每在發生災害，外界前來救濟時要求只要捐錢，不接受外界捐贈衣物，目的就是要藉由民族服裝的保留來維繫民族意識。另一方面，還有鄰近都安縣民對於學校教育極重視，都安的諺語說培養一個大學生像是多造一畝地，都安高中與羅城高中之間競爭激烈。與之相較，仫佬族卻對外來文化沒有抗拒。就連四把鎮發生仫佬村與漢族村的爭林爭地時，也並未掀起任何民族糾紛，後由村幹部與鄉鎮幹部進行協調，民族局有意識地迴避介入，認為不應該將土地糾紛當成民族糾紛處理。這裡透露出一個與眾不同的民族意識，這不是一種向外求區隔的身分意識，而是向內自覺的

一種身分安定感。

羅城一中的校園與許多其他高中極為不同，一進校園有如進入了一座大花園，兩排教室之後另有一座後山，山上有涼亭清泉，上下有民族碑廊。1998年過六十年校慶，學校利用機會由農民處收回了後山，加以整理，並開放給同學利用。為了慶祝那次六十年校慶，校友都要求規劃，進行校園改造。由於不重複其他學校重啓高樓的做法，而以綠化為目標，結果成效卓著，各校都來參觀，一時間，地區之中的各校紛紛開始推動校園綠化。在98年完成綠化之後，學生行為發生顯著的轉變，過去「喜歡鬥毆的行徑自然而然取得穩定」，而高考的成績果然逐年提升。黃校長提出「治校從育人環境開始」，在綠映中，學生表現得比較振奮，使學校成為整個地區的窗口，凡是來羅城參觀，必然安排來看羅城一中。

一中的校園重建，還有校友參與，在六十年校慶之前，畢業校友每年捐二百元，等於當時鄉下一個月的薪水。在校園公園化的發展中，需要有碑有廊，於是每個畢業班的學生都會列一塊碑，勉勵後人。另外，游秘書作為校友，除了也捐款之外，又將仫佬族的歷史簡介寫下後，刻成碑文，所以公園又具備了民族身分的形象意義。學生每天爬山讀書都會經過這些碑，他們接著又開始為後山各地取名，比如將山腰一座涼亭命名為滴水庭。結果從2000年以降，原本縣高中考試的前二十名可獲得保送地區中學，但居然都有大約十名決定留在羅城，現

在每年都有學生在高考中考上清華，使羅城一中在河池地區所有縣中裡排第一。向來排名較高的都安高中來參觀，對於一中的進步，表現出難以置信的神態。

黃校長所面臨的壓力其實很大。壓力首先來自於高考的升學率，其次是經費。爲了造實驗樓，校長親自上北京，甚至跑到國家民委家裡去。但最立即的壓力，來自於羅城教師的條件遠不如發達地區，因此就有被其他學校挖角的可能性。由於升學壓力大，羅城的教學素質在地區之中頗有名聲，在羅城一中教過幾年的老師，其他地區就願意爭取。近來一位主任竟獲得浙江麗水地區一所私立高中挖走，一個月薪水三千元，比起羅城一中的八百元左右差別極大。而地區中主要城市宜州的薪水比羅城高三倍。老師們不得不考慮自己的未來，很多都要培養小孩念大學，因此及早必須開始存款，於是骨幹老師都抗拒不了誘惑。縣政府目前在考慮依據教師分級辦法，對聘上等級的老師都依照分級標準支薪，以便能改善工資。

即便面臨這樣的誘惑，也有老師決定抗拒誘惑，暫時留下不走，主要還是希望在家鄉做出貢獻，對學校有特殊感情。包括教學主任在看見有教師離開後，毅然決定拒絕挖角，就連校長本人都有大專來聘，連住房都懸空一年等他去住。校長決定不能離開，他自己在1977年畢業，在82年返校任教，至今已經二十年：

從未來看，主要我們是少數民族，屬於西部開發，主要是人才問題，怎樣把仫佬族學生培養好成熱愛國家、熱愛民族、熱愛家鄉的高素質人才，至少能爲家鄉經濟發達做出貢獻。從經濟看，地區發展不平衡，肯定帶來人才的不穩定……我本來校慶前離開，縣裡動員我留下來，但長期這樣不行。

仫佬族作爲身分制度的另一種可能性

游秘書將主要的時間用在扶貧上，黃校長將主要時間放在募款上，李主任與余主任的主要工作都是在接待外省來的幹部或上級，黃校長在缺乏經費的情況下仍然熱愛教學，楊書記堅持以宣傳群眾路線來建立自己的信心，高中升大學比例日漸高升，這種種現象與其他民族地區最大的不同，在於幹部的熱情與積極性是溢於言表的，條件卻與其他地區一樣的困難。甚至在社區之中都有一種進取性，比如羅城縣城附近就有一個秀才村，這個村只有幾百個村民，但是大學生畢業的超過百人，在狹小的土牆區道之間開闢了一個水泥搭建的村民小學，捐錢的村民皆立碑表揚，整個學校乾乾淨淨，說明秀才村對教育的重視。這些幹部、教師、人民之間只有一種共通性，就是都屬於仫佬族。

　　仫佬族的民族意識在與主要工作無關的談話中，表露無遺。即使自治地區對於上級政府的開發政策毫無抗拒與反省，但在既定的民族政策之下，人們表現出了競爭心與進取心，卻又可能與民族身分有關。對於自己民族身分的正面認可，對於自己作為仫佬族唯一的民族自治區域，當地幹部因而沒有任何受外來文化入侵，而有喪失民族身分的危機感。有的少數民族擔心自己消失，包括過去接受訪問過的麗水的畬族與吉首民族大學的土家族教授，有的少數民族對自身的漢化毫無敏感，如滿族，仫佬族屬於後者，但羅城仫佬族形成這種對民族身分的穩定信心，理由當然不同於滿族。游秘書與他共事的一批年輕朋友，他們所關心的不是仫佬族的身分認同的維繫，而是什麼才是仫佬族在意識深層的特色，這個問題意識的前提是，仫佬族的特殊性即使在直觀中沒有，但其存在已是毋庸置疑的。

　　一項身分制度所可能產生的行為效應，並非如新經濟制度主義所說是由制度本身所能決定，但是制度無疑提供了行為得以發生的條件。同時，一個制度狀態經過人為轉移，即使是與既有制度呈現不連續，行為的調整也可能相應出現新的變化，而未必像歷史新制度主義所云，必會受到原有行為模式所羈絆。身分制度的變遷對行為的影響不必是直接的，可以是因為改變了人的主體意識，而引導人進入不同的產權制度情境，則同一個身分制度對於不同主體意識的人而言，所帶來的效果就不一樣。在單一民族的區域自治制度下，民族認同的心理狀態

可能多種多樣，仫佬族代表其中一種可能性，不是成為疏離國家與市場之外的被動主體，如涼山彝族，也不是形成與國家及市場體制平行的雙主體意識，如利通回族或瀋陽朝族，更不是與國家及市場體制重疊的共同主體，如北寧滿族，而是增加積極進取性的深層主體意識。

　　仫佬族自治縣的成立，是羅城民族身分制度的一個重要時間點，使得民族意識獲得一個凝聚的機會。這對於族民參與政治經濟行為有激勵的作用，並不是人們的政治經濟行為是以民族利益為明確具體的目標，而是民族身分的確定感使人們在參與過程中具備了穩定的主體意識，從而為參與行為增添了積極進取性。羅城的民族身分不僅並未成為疏離國家或外於國家的心理基礎，還讓既有的產權制度獲得認真地對待，從而出現積極募款、扶貧、入學、升學的作為。說明產權新制度主義關心的產權行為，不能只從產權制度的狀態直接獲得說明，而要注意到行為者的主體意識是否能提供一種安定感，故必須把人視為是一個可變的自變數，而不只是因應其他自變數的因變數。對這種能動性的認可，可以使任何民族都具備論述上的主體性。所以，制度也不能如歷史新制度主義所預期的，只受到前一歷史狀態的制約。故分開身分制度與產權制度，承認人的一念有其不可決定性，才能免於誇大制度的作用。

第三篇

民族身分的流動性

第五章　都是同族：吉首土家族苗族自治州

民族認同的研究方向

　　近年來，民族研究的學者對於民族的本質爲何，提出了許多後現代主義式的質疑，不少人認爲少數民族是一種關於認同的定位，其中存在的基本上是優勢民族或國家所建構的論述，（Hansen, 1999）甚至包括優勢民族與國家這樣的概念，都是論述上的建構，（Gladner, 1991: 187）而且優勢民族與國家往往是透過對少數民族的定位，來逃避對自己認同內涵空虛的困窘。（Shih, 2002c）對所謂少數民族而言，則處在一種被動調適的位置，在接受被定位或被動員的過程中，謀求對自己較爲有利的空間。而論述所指的，並不只是單純的概念或文字操縱，更重要的，則是根據概念所衍生出來的一連串的行爲。這些行爲直接影響到社會資源的配置、交換、忽視，經由人們在

一定範圍之內來理解資源的使用，造成這個範圍的劃定與鞏固成爲無法受到挑戰的事。（Harrel, 1994）所以，論述之所以發揮功用，是因爲以特定論述爲前提的行爲，受到人們習慣性的重複所致。

當然，也有人認爲，認同本身既然是經由行爲而形成的，則就不能將認同看成是建構而已。這裡有兩種可能的看法。一種可稱之爲建構主義，（Wendt, 1987）將民族認同與行爲者視爲是互動的兩個單位，把行爲者的存在看成認同得以發生、存在、延續的條件，但同時也把民族認同看成是行爲者得以從事特定行爲所必需的參考依據。由於每個行爲者對民族認同的理解因生活情況、學習過程與其他各種因素必然有差異，所以個別行爲者都會有改造民族認同的些許能力，但由於沒有人能片面決定那個民族認同是什麼，所以對建構主義者而言，民族認同是人們面對的一種客觀認知制約，不是純粹的建構。

建構主義者所沒有處理的問題是，當民族認同在不同階段因爲內涵發生變遷，而對行爲者產生不同影響的時候，如何證明行爲者每一個階段所認知到的民族認同，對於個別行爲者而言都是單一的或內在一致的。（Bhabha, 1993）假如行爲者不是以某種內在一致的認知在指導行爲，則建構主義者所看到的變化，不一定是變化，而是不一致的內在認同必然的現象。（Krishna, 1993）換言之，那個外在客觀認同並不存在，或者它存在的時候，具體情境中行爲者所根據的，並不是它，則它的

客觀存在就不能解釋行為者的行為，每一個民族認同所涵蓋的範圍與所影響的行為者，有明顯因人而異的不同，則可以說有一個以上的建構主義式的程序在進行，每個範圍都不一樣，則這時再談建構主義的意義就不大了。

　　本章將結合這兩種對後現代主義的反思，對少數民族認同的問題進行探討。研究的對象地區是湖南湘西土家族苗族自治區首府吉首，不過本章的觀察只能適用於直接觀察到的對象，不能宣稱對自治區內所有的人普遍有效，目的只是要說明，民族認同的確不單純只是一種後現代的建構，也是行為不可或缺的基礎和需要，但這個基礎卻又是因人而異，每個人在特定時間點上，不見得只受到一種民族認同的影響，什麼樣的民族認同會主導、或同一種民族認同的哪一種意義會主導，是行為的情境所促發的，不是單一的民族認同在某個時間點上唯一的內容所決定的。

　　吉首是湘西自治州的首府，聚居的民族主要是以土家族和苗族為主，其中土家族的語言已不十分流行，但在苗村村寨裡則仍採用苗文。訪問考察的對象包括吉首實驗小學、臘爾山民族中學、吉首民族大學與兩個一般遊客常前往的吉首近郊德夯苗寨，與鳳凰縣城的沈從文故居。本章以下的研究，將整理四種對象的主體認同論述，以層次區分為觀光地區的表演人員、民族中小學的幹部與教師、民族身分的知識分子與民族地區的政府官員。他們的討論與分析代表不同的層次，如果依照思考

所包含人數的多寡區分的話，表演人員只能考慮到個人或表演隊伍、中小學教師以村鎮爲範圍在討論、大學知識分子通常是思考全族的問題、政府官員則必須面對不同民族之間的關係。

訪談是由自治州與吉首市的對台辦公室同仁安排全程陪同，每到一校一地，都由幹部出面接待，訪談以集體方式進行，間或夾雜地方官員參與，每次歷時平均約二到三小時。通常由主人先行介紹當地或該校的狀況，再由訪客發問，訪客不能完全決定誰來回答問題，但基本上參與討論的人數都在三人以上。如果是觀光考察，則多數情況由表演隊伍主動將所事先準備好的節目呈現；如果是學校之內進行的交流，訪客的提問儘量依照受訪者最初所介紹的內容中找題目，再由受訪者對問題的回答之中找接下來的題目，基本上做到由受訪者引導發問的目的。本章的問題意識與分析全部都是在訪談全部結束之後，由整理好的訪談資料中做事後分析與本章分析，不是訪談之前就已設定的。

觀光節目中的民族論述

觀光客前往的少數民族地區文化，可以說是一種展示性的民族文化，那不是充分的民族文化，而是爲了滿足觀光客的想像所形成表演活動。過去也有很多學者批評民族地區的觀光活動，其實是在扭曲一個民族的認同，尤其是傾向將之往奇風異

俗方面去形塑，而又以性風俗相關的活動為最。（Diamond，1988）不過，這不僅只是外來觀光客強加於少數民族身上的想像而已，還有身為少數民族地區的人附和，甚至主動假想外來觀光客想要來看什麼東西，體驗什麼過程有關，因此具有互動的性質。同時，少數民族準備給觀光客看的節目，也不可能完全脫離民族傳說的故事太遠，故即使是以自我奇風異俗化的角度去質疑之，也不能完全忽視故事內容所傳達的訊息。

　　苗族在德夯的苗寨為訪客所準備的，是一套完整的節目，從入門時強迫飲米酒、唱山歌，到入席之後的三回逼飲米酒，都反映一般對少數民族的刻板印象，即他們更接近自然，有野性、好飲酒。進入苗寨之前，導遊更有聲有色地說明苗族的山歌文化與性風俗。據稱，苗族有試婚的風俗，未婚男女前往趕集的目的，就是物色對象。男孩看中意了，就打聽女孩回家的道路，等在那兒唱山歌抒情，之後兩人可以進入試婚，德夯表演節目的頭一段，就是這樣一個追求的故事。後來的節目不出青年男女歡樂的範疇，唯一例外的，是一個關於結婚生子，新娘帶嬰兒返回娘家的故事。此外，就是讓男女演員找異性觀眾同樂或捉弄的把戲，內容也是唱情歌、盡情歡樂之類的肢體運動。

　　這一套節目有趣之處又在於形式，又在於內容。先從形式上說，包括表演的苗族人、漢族導遊，和曾經經歷同一遊歷經驗的人，都不約而同地成為合謀者，強迫初到德夯的人相信並

接受，他們所看到的就是正宗的苗族文化，沒有彈性餘地，因此在眾人的起鬨下，每個新來的人——被強迫要配合著飲酒、唱山歌，表現出歡樂的模樣。這個形式上的壓迫，反映出一種自我東方主義化的傾向。即不僅是少數民族遭到優勢外來力量的東方主義式霸權，他們也把自己當成是對象來建構，並且不容許外來的人改變這樣的自我東方主義化工程。對於從不曾有過東方主義念頭的外來者而言，他們碰到的是一個反身東方主義的力量。所謂反身，不是反對，而是英文裡的refletive，即被東方主義化的人反過頭來，把這個東方主義式的少數民族形象傳播回優勢民族。

東方主義是後殖民學者Said提出的概念，（Said, 1979）現在被文學界用來泛稱殖民母國將殖民地定位在一個類似於「東方」的空間之中，被定義的人失去了理解和說明自己歷史脈絡和情感傾向的能力，在論述上只能應和殖民母國對於他們的想像。（Spivat, 1988）這個東方主義的概念，若用到苗族來說，就是漢族關於少數民族在酒文化、性文化方面的想像，不假思索地就套用在苗族身上。但前面所描述的德夯區觀光節目型態，是苗族人進一步要把關於苗族這個想像，回頭強加在新到的觀光客身上，似乎擔心假如人們不再把苗族如此想像的話，則他們就失去呈現自己主體認同的機制，並且無法再藉由東方主義來謀取現實的利益，本章稱這個現象叫反身東方主義或反向（counter）東方主義。

　　這並不代表說觀光節目的內容是沒有意義的，可以發現所有觀光節目和導遊的介紹中，象徵苗族的風俗文化都非常強調男女兩性的交往、結合、生育。這些傳說有多少眞實性是人們可以爭辯的，但所有傳說中隱含了一個指涉，就是把苗族和生育相關的活動聯繫起來，這裡產生了一個效果，那就是將苗族的概念在有意無意之中加以血緣化了。觀光節目中的各種紛雜的訊息：趣味逗笑、淘氣的捉弄、奇風異俗的婚姻習俗，從內容上共同保護著這個血緣化的苗族概念。這又說明了，苗族在前述的反身式東方主義表現中，並不是完全站在被動或反動的立場，他們起碼在這一點上與漢族是平等地在合謀，亦即是將苗族的血緣當成是不變的、本質的東西來理解，共同鞏固了漢族和苗族在概念上的不可混淆。

　　反身東方主義是觀光客對苗族地區的消費行爲所引起的，在資本主義社會下的消費觀光行爲發生之前，是不會有這種現象的，而且這不單純只是應景謀生的展示文化而已，更已經成爲德夯苗寨要求觀光客必須接受的苗族形象，所以觀光客也被迫展示他們對這樣的苗族形象已然接受的模樣，成爲一種展示型消費。但除了這樣互動而激盪出來的反身東方主義之外，苗寨也把苗族的概念透過血緣有關的指涉加以本質化，故又似乎超越了互動式的民族認同形成過程。如果反身東方主義看似一個建構主義的發展，則血緣的本質論卻又是對建構主義的超越。對身爲苗族概念範疇之內的人而言，本質論可能更貼切地

反應了他們情感上的傾向，但在與漢人互動時，反身東方主義與吸引消費觀光較能說明表演節目背後的物質動機。

　　鳳凰縣的小城之旅原本是以沈從文故居爲主，同時介紹民初鳳凰聞人熊希齡的軼事與當代著名藝術家黃永玉的生平，一言以蔽之，是要給外人一個鳳凰出人才的印象。但實際導遊的過程竟產生大相逕庭的效果。一位十九歲的女導遊身著苗族傳統服飾匆匆趕來，並道歉自己來不及穿戴苗族傳統頭飾與配上本應重達兩斤的胸前銀飾，以致觀光客將不能體會到苗族婦女對銀飾的偏好。她同時強調，苗族與土家族的文化在當地已經相互滲合，過往互不通婚的現象在近幾年已迅速瓦解。在這方面，她又舉傳說土、苗的祖先儺公儺娘也是漢族百家姓的源頭。導遊自己本身是很現代的女青年，從長沙女子大學取得中專文憑之前，努力考上導遊證，因此學校發了他大專文憑，成爲作者所曾見過最年輕的大專畢業女性。

　　專業導遊須正經八百介紹的故事本應當充滿文藝氣息，但她卻大量複製了觀光消費主義加諸苗族的刻板印象；而在政治正確的路線指引下，她總是在一段話之後會回到土、苗、漢的融合上。她一共受到至少四種身分的指引：鳳凰縣的宣傳者、苗族的象徵、政策的宣導者、工作上的專業人員，而且每一個角色似乎將她帶入不同的情境，使遊客的身分也出現四種：沈從文等的崇拜者、來看奇風異俗的觀光客、信任政府民族政策的公民、尊重導遊專業的市場消費者。觀光客是否在事實上隨

著她轉換角色是頗值得懷疑的事情，但觀光客無論如何回應，都將影響她如何進入下一個角色，這些角色是輪流出現、循環不已的，不是一個接一個的線性發展過程。

中小學教員的民族論述

　　學校所代表的意義也一樣具有多重性，在訪談民族小學與民族中學過程中，學校幹部所能處理的，是學校所坐落的鄉鎮的民族認同內容，因為他們所思考的，就是本鄉本族的教育政策。在吉首所探訪的兩所學校都是在民族地區，一所是實驗小學，一所是民族中學。實驗小學是一所寄宿制學校，由國家撥資本大力支援而成立，學生主體90%以上是土家族，苗族也有個別送過來。在制度上，這所實驗小學並未定位於民族小學，所以招生的範圍是城區一定範圍之內的學生，不凸顯出民族學生的身分。但小學的前身確實是民族小學，政府撥款支持也是落實對民族學生的幫助。為了讓實驗小學有所成就，校長與老師都採用招聘制，由於條件比較好，所以偏遠地區的老師都願意來應考。

　　學校的教育內容非常制式，並且重視90年代以來中央所強調的素質教育。學校的口號是面向世界、面向未來、培養特長。所培養的特長包括管樂隊、合唱團、美語組、朗誦組、書法班等等。其中也有象徵民族特色的民族工藝特長班。但在談

到對未來的展望時，校長所關心主要是硬體，不是民族特色：目前情況，房子基本夠用，但不寬鬆。現代化多媒體教學現在還沒有。教室有電視機，學校希望辦公室有監督系統，有總控制室，這樣隨時看各班上課情形就更好，現在正在籌集資金。學校沒有大型圖書館，沒有游泳池，也正在籌集資金。現在圖書館只有五千多冊，還需要補充。

雖然學校並沒有太多針對土家族所設計的教育內容，但民族身分的學生居於主體，卻是這所學校不爭的事實。因爲這個事實，學校不僅可以從政府爭取到較多資金，也可另外再從民族政策部門籌集到另外的資金。可見，雖然學校教育本身缺乏民族特色，學校幹部不從民族文化的保留發揚探索教學內容，但完全不影響人們將實驗小學定位成一所民族小學（儘管民族兩個字，在學校改爲實驗小學後，已經從校名中摘下）。當老師們衡量教學成效的時候，是以家長滿意的程度爲根據，因爲是寄宿制，集中管理，有利於學習，也培養孩童的獨立能力，更減輕家長在學期中原本必須照顧與接送的困難，因此家長無不滿意。

更重要的是，學生在校不講土家語，事實上，會說流利土家語的學生也愈來愈少，這點從來不成爲教育上的困擾，因爲教育的目的是讓學生能在主流的社會中競爭，因此普通話教育比母語教育重要太多。這裡就可以看出，各方各界之所以仍把實驗小學當成是一個民族小學來照顧，並不是因爲教學目標或

內容有民族特色，而是因為學生是土家人。這個土家身分的認定顯然無關乎學生的民族語言能力，而是關於一種未明言的血緣論。簡而言之，實驗小學的民族風味不是明示的，而是隱藏在以血緣為內涵的身分本質論上。若把實驗小學區分為內與外，可以說在校內，所謂民族認同的內容，就是取得資金的能力與進入主流社會的競爭力培養；到了校外，這個民族認同的內容，變成是血緣。

　　與實驗小學不同的是臘爾山的民族中學。臘爾山是相對封閉的山區，居民幾乎盡是苗族人，學生更純粹是苗族。和實驗小學相同的是，學校教育的主要目的，是要培養學生進入主流社會的能力，而且是希望學生將來返回本鄉本地來服務。民族中學因為是民族政策輔助對象，因此也能從各方面爭取到一些資金。它同時也是寄宿學校，通過政府的支持，在住宿和貧困生助學金部分獲得較好的解決。湖南省教委為瞭解決老師和學生的生活問題，每年撥款固定提供二十萬元人民幣。不過由於在山區，整體經濟條件較差，漢族的老師比較不願意到校，或流動率較大，苗族老師不少出自本鄉，較為穩定。

　　但和實驗小學最大不同者，是學校對於自己是苗族的身分，有意識的強調。當訪客抵達山區時，若干師生特地換穿苗族傳統服裝，他們的服裝與當時集市之中熙熙攘攘的苗族婦女相同，故並不是為觀光客準備的服飾。更值得一提的，在校門口，有校方自備米酒，要求訪客一飲，但沒有逼酒，也沒有逼

唱山歌。學校的老師和學生都會說苗語。村中小學一到三年級採雙語教學，協助村中只會說苗語的學生進入學習過程。學校同時負責成人教育與職業教育，進一步將學校與社區結合。教育的目的則依舊是以中央的教材為基礎，教案和目標都是要培養跨世紀人才，讓學生能邊學知識，邊學技術，培養實用的畢業生。另外也要培養學生的個性、特長，也就是實驗小學所謂的素質教育，「不求人人升學，但求人人成就」。

儘管只有一到三年是雙語教學，但到了初中以後的課，老師上課仍然經常用苗語解釋同學不熟悉的漢語概念。學校不教苗語，但老師能夠用苗語解釋卻又不是困難或稀奇的事，可以看出，學校相當仰賴外在村寨所提供的苗語環境做為他們課堂上溝通的工具，不僅講學如此，這個苗語的文化環境，使學校絲毫不需要花時間準備，就可以和社區在節慶之中同辦活動，打成一片。

> 在藝術節，和附近老百姓一起慶祝，苗族比較廣泛的會唱山歌，打花鼓，舞獅子。和花恒、貴州的苗族在民族藝術節相互來往。山歌不用教的，學生從小就會。讓學生的生活心情沒有憂慮，利用山歌花鼓，開展精神。我們之間講話都用苗語。

臘爾山民族中學的教育環境迥異於吉首實驗小學，理論上中學的課程內容更為專門，其民族性本當更低，但正因為如

此，反而增多教師必須借重苗語來解釋的需要。這種苗語的輔助嚴格說是違反政策的，但因爲苗語在當地是如此的自然，使得老師面對自己是苗族的認同，益加感到自然，勿須迴避，並大量利用。但在面對教材，進入教室，準備教案的時候，老師們和實驗小學一樣，理論上是在培養一個能爲全社會服務的人。民族中學可以說也是有校內與校外兩種情境，校內情境只限於教室內（而不能說是校園內），以培養全才進入主流社會爲主；校外的情境則是以苗語爲內涵的本質化，起碼對老師和學生是如此，但或許對特別補助他們的政府，本質化的內涵仍是血緣。

民族大學和知識分子的認同論述

　　吉首民族大學的知識分子在觀察民族問題時，是自覺地站在苗族或土家族的立場思考的，因此層級既不同於苗寨的觀光表演者，也不同於鄉鎮學校的幹部與教師，故所關心的問題也有所不同，反映在對民族認同的理解上，就出現兩種傾向。一種傾向是去探索一個民族認同在現代化衝擊之下的轉型問題，這是處理變遷的面向；另一種傾向是試圖保留民族傳統中即將流失，或發掘出已經流失的東西，這是處理不變的面向。外人從這兩個面向的並存，或許看到了吉首大學民族教師們體會到的情感矛盾，亦即今人看待民族發展的現象時，應當抱持著什

麼態度？不論從現代化的角度，或從民族傳統的角度，都可以說，上面說的兩個面向有相牴觸之處。不過，在實際考察過程中，民族知識分子似乎不曾感受到任何矛盾情感的困擾。

　　換言之，將民族文化的消失與民族文化的延續當成矛盾現象的人，是從現代化和傳統兩個角度之一出發的人，但倘若人們面對的不是這兩個角度所營建的情境，所謂矛盾不必然會存在。對許多吉首大學的知識分子來說，他們處理的是一個民族與其生態環境之間平衡的生死問題，關係到一個已經存在的民族的物質生存關係。另一方面，他們也對於在生死關鍵上謀出路的民族源頭極爲疼惜，則是這個民族在精神上的寄託。在向前看的生態平衡中，和向後看的傳統文化中，並不存在一個相互影響的機制在此制約，而是依據知識分子自我營建的情境，分別表現對民族生態和民族傳統的關切。

　　一位國際知名的土家語權威教授，就同時認識到土家語保留的重要性，和土家語言終將消逝的趨勢。前者表現對這個語言的情感執著，故非後現代主義所能解釋，前者同時也是一種與古人的互動，則非建構主義所能適用；而後者的並存又說明了建構主義所看到的調整與互動，仍有部分的準確性。在這樣兩種心情之下，人們要保存或搶救的，是時代必然要淘汰的東西，這不意味著他在抗拒趨勢；相反的，是認識到土家語消失的趨勢，因此在符號與形式上力圖將土家傳統文化設法記載、記錄下來，但是當知識分子在實際操作土家語的發展過程時，

仍必須表現得好像土家語是不會消逝的，因而在心態上十分重視土家語研究對現實的用處，尤其是對小學教育的幫助：

> 土家語的研究方面，一是描寫，二是運用，為當地少數民族發展、建設、服務，土家傳統文化沒有很好的文字傳承，語言消失，文化就消失。第三，土家語和漢族結構不同，一直考不上大學，我們創制文字，進行「接龍」教學實驗，成效很好，六歲還是土家語，七歲學漢語，效果很好。實驗後來擴大到農村，掃盲非常快。掃盲學員用土家文蒐集土家文化故事幾十萬字。青年掌握拼音方案用土家文字寫情書，體現生活功能。苗族有同樣情況，在初小掃盲階段，苗語作根據，七歲以後就全是漢語拼音。掌握以後，二十五位掃盲學員就將它當成文化傳承的工具，可以把土家話直接寫出來，傳出去。下一個世紀二十種語言將消失，土家語也在其中，現在就是搶救，但趨勢是消失。

　　吉首大學研究計畫中突出全國的一點就是民族生態學，研究民族對生態利用的特點，並包括對族際關係的研究，對民族之間的文化互動所造成的影響，尤其是全球化與族際關係的因果互動等。知識分子在這一類研究互動中的心情經常是起伏不定的，一方面他們批評文化霸權主義造成弱小民族的犧牲，另一方面又慶祝文化霸權主義不能遂其所願，這中間卻又不得不

承認，小民族的文化已經出現偏移，生態出現破壞，好在調整
是民族內生的動力：

> 每一種民族文化都是針對特定生存環境發展出來的。一
> 旦民族超越了生存環境，效益下降。效益得以延續是以
> 犧牲別人的利益達成的，是文化霸權主義者。每一個民
> 族具體利用生態資源，都有傾向，對其他資源利用係數
> 很低，一旦發展過度，必須犧牲其他民族的生態。所謂
> 文化制衡，是因為消費不均衡，對地球資源進行單向消
> 費，不同民族向不同方向消費。在外部受到衝擊的，傳
> 統文化就出現偏移，生態受到破壞。短期是如此，但文
> 化有長期深層的調整性，有自我重構的能力，重新達成
> 均衡。以洞庭湖為例，對漢族而言，圍湖造田使上游生
> 態破壞，把稻田的淺水沼澤擴張，但退田還湖能不能維
> 持生態平衡？這是要研究的問題。這裡要求漢族不能堅
> 持自己的模式。從承認文化的基礎上，構思重構。很多
> 民族不是像瞎子一樣接受外來的文化，許多當時沒有意
> 識到的，文化慣性自然改造了外來文化，讓我們大吃一
> 驚，對於維持群體、發展群體、延續群體，發揮了超想
> 像的力量。我們對人類有信心。

最後這個對人類信心的宣告是很有趣的，與建構主義者的
動態調整觀點很類似。不過，與建構主義不相同者，上述談話

又是奠基在民族文化有其本質不變的一種假設上，即有一部分的民族文化必須因應外界的變化，並發動對文化霸權主義的重構，但重構的基礎在於本民族利用生態環境的某種既定傾向上，這個傾向是不容易變動的。一個例子是，有一支住在熔岩區的苗族支系，在政府規定淘汰老品種的壓力下引進新品種玉米，但事實上沒有淘汰老品種，而是新舊混合養種，收割次序沿著早期的方法，結果土地從來不閒置，成為天然的玉米博物館，永遠有作物，水土流失控制最好。但上報政府的只有新品種產量，數量之小按理早應餓死，居民卻個個身強力壯。

　　幾乎吉首大學每一個學科，都試圖將自己的學科與當地的土家族、苗族文化相結合，探討民族文化的根源與變遷，其中受到最多國際矚目的，則是傳統文字、風格、圖騰的挖掘與詮釋。這個國際的目光是對全球化潮流的一種反動，企圖說明全球化不具備全球性。而世界各國學者紛紛來到吉首取經的現象，更強化了知識界對於民族特殊性與本質化的信念。就是在變遷與持續、物質與精神、有用與搶救、重構與傾向這一對又一對的觀念之中，吉首知識分子悠然遊走於兩個理解民族認同的情境之中，在又要向前又要顧後的奇妙情緒之中，來回往返是必要的，一位民族旅遊研究者的跨越與保留並行論，為吉首知識分子世界觀作了最簡要的結論：

　　旅遊就是賺錢的經濟行為，遊客要得到的就是文化，但

把文化開發成旅遊很困難，因爲遊客不可能瞭解到全部文化，利用旅遊資源可以幫助少數民族跨越工業經濟階段來實行現代化。外來文化近來造成與本民族碰撞，導致一定的變遷，但如果不保留民族文化，就不能促成旅遊，資源就隨之結束。

政府官員的民族論述

如果從政府官員的角度來看，湘西民族認同與主體性的問題，就不能只放在湘西或民族的範圍裡來看，而要放在全國的、多民族的視野裡。首先，全國的視野是不能承認國家的個別成員有上下尊卑之別的，至於各民族的性格是不是很特殊，均不能影響國民享有相同權利，負擔相同義務的立場，所以強調的只能是通性。另一方面，各民族之間的視野是必須以民族之間的差異爲前提的，即令承認民族成員彼此法律地位平等，也必須強調他們各自的特性：通性的強調並不僅止於法律地位的平等，而是政治、經濟利益能力的平等，故政府又必須設法介入民族經濟生活，從而對民族文化產生變遷與趨同的壓力。但政府也仍然要維持目前多民族的格局，因爲這個格局的些微變遷，均將對政府在國內外的政治型式，產生不可逆料的撞擊。

　　政府官員在土家族和苗家族特性的強調上是很勉強的，因為政府只能鼓勵人們自己去發展特性，不能爲他們創造特性，在已經高度漢化的土家族人口中，這個創造特性的內生動力並不明顯。對政府而言，讓土家族這個概念加以鞏固維護的辦法，就是不問土家認同的內涵爲何，只以土家族的存在爲前提，來提供各種對土家族的政策優惠。像吉首實驗小學雖然只是一所社區型小學，但政府大力支援顯然只是因爲那是以土家族學生爲主體的學校。然而除了偶爾表演土家族的舞蹈之外，不能在任何方面看出其中的土家認同。簡言之，政府政策隱含了一種以血緣關係爲內容的本質化傾向，即土家之爲土家，是因爲其先人爲土家。

　　其實，不僅是土家，就是像苗族這樣民族特色相對明顯的群體，政府也沒有直接介入這個特性的建構，就好像苗族的特點恰在於其人們的血緣是苗族。故政府對待苗族的特色同樣也就是政策優惠導向的，比如提供多渠道的資源，給予師資上更大的支持和調度，協助向金融界貸款進行分期付款的校舍、宿舍建設等。政府也組織少數民族動會，給予少數民族學生表現的機會，成立民族學校，成立民族女童班，容許民族學生考試加分，規定自治地區必須由民族幹部領導等等。總而言之，政府的土家、苗族政策不問身爲土家和苗族的意義爲何，而只問具有土家和苗族身分的人是否有一個土家和苗族的雙親。

　　政府花更大的心力在通性的培養上，比如透過掃盲、勸

學、義務教育、融合政策、經濟交流等宣導，將少數民族與漢
民族之間在生活水平與社會地位上的差異，儘量加以消弭。這
樣的政策危害少數民族的生態環境已如前述，但經常不屬於政
府政策評估的範圍。政府將血緣本質化的做法，類似於後現代
主義者批評的人為建構，政府以政策同化少數民族則又可以用
建構主義的動態互動來理解。對政府而言，同與異是兩個同時
存在的事，同是政府的工作，異是少數民族自己的工作，政府
在異的保留方面只能採取樂觀其成的立場，只要存異求異的活
動不影響政府政策所追求的趨統的理想。可見，在政府眼中，
民族間的異雖不受質疑但卻不宜強調，它面對少數民族時，是
用承認血緣化的民族認同差異，來迴避這個差異在生活中為人
刻意營建或凸顯。

進出本質論

　　本章一開始就提出，民族認同並不能簡單稱之為後現代或
虛構的，這樣不足以解釋行為；也不能說它是建構主義式的一
個不斷變動的客觀存在，因為這樣會忽視在每一個時間點上存
在著不一致的認同。從我們所討論中可以看出，民族認同在某
些方面根深蒂固、長期地引導著人們的思路，而即使如此，個
別的人們仍然會因為自己思考與生活範圍的不同，表現成各種
各樣對這個民族認同出現變遷的認知與認可，祇是這樣的認可

絕不就是認可而已，畢竟行為不只有由於認可變遷發生之後的
調適，也繼續保存了在其他時間點或情境下對既有認同維持不
變的各種實踐。可以說，在民族認同的問題上，多重的建構主
義過程共並生存的現象，比後現代主義與建構主義更能全面地
解釋行為。

　　在本章中，代表個人或村隊層次的觀光表演隊，出現了血
緣本質論與反身東方主義兩個建構過程的並行；在鄉鎮這一層
次，血緣本質論及語言本質論是和力爭上游的專業能力培養，
同為學校幹部、老師所處的兩個建構過程；在少數民族這一層
次，大學知識分子同時介入了搶救、追溯、挖掘民族傳統的工
作和對重構民族文化的探索；在國家這一層次，政府則也受到
血緣本質論和同化論兩個不一致的建構過程所驅動。這四個層
次分別展現出超過一種的民族論述，說明了建構主義的過度簡
化與後現代主義的無濟於事。本質論在一定程度存在於不同層
次中，顯示認同論述中存在一些傾向超越了後現代主義的不可
捉摸。而不同層次上有不同的多重建構過程，推翻建構主義所
以為的，人們是在對同一個互動建構中的認同進行動態的調
整。

第六章　消失的民族意識：宜州散居水族村

離群身分與能動性的關聯

　　Edward Said在*Culture and Imperialism*一書中主張，在面對離群（diaspora）的衝突時，應該發展出一種方式，讓離群的身分可以在免於侵略與暴力的前提下，獲得充分的保障與表達。（Said, 1991: 311-312）在實踐上，這個主張顯然不易實行，因為二十世紀最後十年在世界各地的流血殺戮，似乎都關乎離群的身分無法得到妥善的處理而爆發。離群的身分並不只是離群成員本身的問題而已，也涉及到離群所身處的大社群的態度，故離群身分的處理與大社群的身分界定是一體的兩面。Said對這個問題的看法成為後來後殖民主義學派的重要起點，亦即他在Orientalism中所提出的，要承認紛雜多元的認同。（Said, 1979）他所說的概念與多元文化主義不甚相同。蓋多元

主義者是尊重人與人的差異，但每一個人必須自有所屬，而
Said卻是在處理無可屬的困境，即後殖民社會成員或離群成員
之特性是，任何每一個人本身內在都是多元的，同時受到好幾
種歷史文化脈絡所制約，不能歸屬於任何既有的一元。❶他們
不純淨，無法完整表達自己。

面對離群身分內涵紛雜而難以啓齒的尷尬，Said的主張預
設了某種樂觀的期待，那就是夾雜在不同歷史文化脈絡之間的
混血身分，並不只是被動地遭到各個處於主流文化脈絡中的人
所貶抑，而是可以充滿能動性地從事多樣的回應調整，他們有
自己的邏輯，隨著情境在策略性利用自己身分的紛雜姓，從主
流文化所不理解的角度，開創生活與論述的新空間。歷來的後
殖民主義作家均致力發掘，居於弱勢的離群如何抗拒主流文化
的壓力，或後殖民社會如何在母國文化與本土文化之外，實踐
出新的身分認同。簡言之，離群身分是能動的。

不過，Said從來沒說明，後殖民主義學派也鮮少關切的
是，爲什麼對離群的能動性如此樂觀？能動性是後學裡的重要
概念，而這裡涉及批判學派與後現代作家之間一項難解的爭
論。❷首先即是批判學派的質疑，認爲在資本主義文化霸權之

❶Homi或謂為難以過渡的中介性（inbetweenness），見Bhabha, "The World and the Home" (1993).
❷有關辯論的介紹，見Linklater, *International Relations: Critical Concepts in Political Science* (Boulder: Routledge, 2000).

下有沒有真正的能動性，所有能動性的觀察與紀錄，充其量是一瓶幫忙粉飾資本主義剝削機制的香水而已？（Dirlik, 1997: 501-528）至於後現代作家雖然會反對後殖民主義者誇張嶄新的身分，也會反對基於階級理念而試圖將人解放於當前剝削機制的馬克思主義者。（Kolb, 1986; Lyotard, 1984）不過在他們的爭論中，似乎總是在辯論如何釋放能動性，或能動的方向應不應該固定的問題。故馬克思主義者能看到抗拒文化霸權的契機，強調勞動階級發動變革與解放的可能性；後殖民主義者則證實任何混血的身分本身都是能動的基礎，都應獲得認可為一種身分型態；後現代作家雖然反對固定的解放目標或固定身分，且也相信每一種身分都具有能動性，但同時卻強調每一種身分又都具備脫離這個身分之能動性，厥為身分的流動性。在他們相詰與辯論中的一個共通點是，身分一旦存在，就創造了某種能動基礎。

　　本章要討論的，就是這一個當前文化研究者所尚未認真反省的共通前提。換言之，本章要檢討這個關於身分與能動性之間必然關係的預設，亦即探討身分的流動性可能出現淡化流失的機緣。對馬克思主義者而言，流失身分的現象可能反而削弱了追求變革的主體意識；對後現代作家而言，則可能削弱了發生進一步流動的慾望。有沒有這種造成禁錮效果的離群身分，不能光靠邏輯來先驗地決定，本章作者是在廣西宜州找尋水族的能動身分時，意外接觸到了缺乏能動性的這種離群身分。

　　當一種身分被建構出來之後，其意義的開展往往不是原初建構者所能想到的。有時身分的建構是有意識的，但更多時候則可能是無意識的、偶然的、間接的。文化研究者抗拒主流歷史文化論述如自由主義、民族主義、父權價值時所仰賴的，就是關於身分的不可掌握。假如，身分未必能夠如所假設的那樣總是會有意想不到的能動性或流動性，則文化研究者抗拒主流意識形態的理論基礎就會發生動搖，因此這是值得重視的一個研究課題。在考察水族村落時的體會恰恰在於此，即除了發掘意想不到的身分建構之外，同樣有挑戰性的，是研究某個社群如何喪失身分的能動性，也因此研究者不能預設每個身分都必然掌握得住某種權力，這種偶然性的喪失是值得警惕的課題。

　　本章報告了在廣西省宜州市所考察的兩個水族部落。原本的研究宗旨是要瞭解，在沒有享受自治權利的少數民族地區，民族身分如何被實踐。過去的研究多數集中在有自治權的民族大山村聚，如湘西土家族苗族自治區、西雙版納傣族自治縣，或雖非自治但仍冠上民族的行政區劃如麗水三仁畲族自治鄉、常德楓樹回維鄉，或曾為自治縣的新市區如前滿族自治縣之北寧。（Shih, 2002a）宜州水族村之所以沒有自治權，所居鄉村也沒有民族稱號，是因為人數過少，過於分散，故屬於離群中最為弱勢的身分型態。然而在法定身分上，宜州水族並未因此消失，因為水族是官定的五十五個少數民族之一，且享有政策優惠，則具有水族身分的宜州居民，有理由維持這個身分。在

不能自治、人數離散微小，又享有法定優惠的情況下，當地水族身分似乎不再保有出現新意義的機緣。

宜州水族人數不多，總數略超過兩千人，分布在十六個鄉鎮，多數集中在龍頭、慶遠與北牙三個鄉鎮，其中慶遠為市府所在，居住分散，而龍頭與北牙則為此次訪談之所在，其中龍頭有九百多名水族，北牙約兩百多名，前者世代皆為水族，其他地區已經有兩、三代漢化之後，又再選擇回歸水族，這頗像東北許多滿族社群。所訪問的村為龍頭鄉的龍盤村、龍盤小學、澎家祠堂與鄉公所，與北牙鄉的二玟村、二玟小學與北牙鄉公所。龍盤村的主要居民是水族，但在二玟村，水族一共十一戶；龍盤小學兩百名學生中有水族學生一百零五人，二玟小學的水族學生只有十人，兩村至今只出過一個大學生，在湖北宜昌工作，極少人曾就讀初中以上的學校。

這裡水族可以說是離群研究所忽視的一種離群型態。作為離群，宜州的水族相傳均是由廣東移民而來，先到貴州，之後再宜州，貴州設有水族區域自治的行政縣，也曾派人來宜州觀察當地水族。這就像新疆的維吾爾族會派人去看常德的維吾爾人，這些歷史因素所離散的族人讓較大的遠方同族社群感到關心。但是由於相較於四周的主流民族而言，水族人數太少，因此不構成傳統意義的離群。宜州屬於廣西壯族自治區；以壯族與漢族為主體民族，而壯族又是高度漢化的民族，因此水族的人文生態環境就是一個主要少數民族已然漢化的背景。水族本

身也是高度漢化，所有鄉公所的幹部提到水族，都提不出任何一個特點，而受訪的水族，也沒有人能說明水族有什麼信仰、習慣、語言可以值得一提，宜州水族似乎是一個消失的民族。

宜州水族身分的正面建構

民族的想像起源經常追溯遠史，在彭家祠堂面對大門的高牆上一副對聯如是書寫：「發揚商賢世德忠於國孝於親友於弟須存大義；珍重宋史家聲禮愛宗義愛戚仁愛群講究文明。」其中宋史家聲引發訪者好奇，村中老輩也不知何以然，只知自廣東移來時宋史家聲四個字就已經在家族的文字傳統中。對聯下一塊牌子上有另一副對聯，由彭家一位先婿前清秀才譚俊臣撰，十八世孫彭瑞儒於1999年重修：「繼起文人登于堂高曾祖考神如在；述導奕訓祭以禮□禘嘗蒸用其丞」；這副對聯將水族先祖溯及比十八世更早之前。二玫村的彭氏頭目則證實，他家族中也有族譜，但是不在他手中，因為他九十多歲的祖先尚健在。這個宗族的概念至今在年節祭典之中仍強，於此獲得傳承。

水族還維持著一個節慶是與周圍其他民族所不同的，就是舊曆八月三十日的端午節，至於在其他漢、壯族的節慶時，他們也一起過節。在龍盤彭家，每逢八月年節一到，族中老少都齊集於祠堂祭拜祖先，血親之間的聯繫並不是為了保持水族的

身分，只是祭拜祖宗的儀式，維護家族血脈的意義較大。但是無可避免的間接效果，就是使得水族成員的水族身分得以辨識，否則一旦若干代之後家族成員在認知上遭到離散，水族作為一種民族身分就難以為外人所辨識。宜州當地的習慣是族際通婚所生的子女，從父親的民族。不過，如果父親是漢族的話，子女從母親民族的所在多有，目的是獲得政策優惠。在接待的水族官員中，就有子女從母親民族的例子。至於嫁到水族村的婦女所生，就必歸水族了。

在二玫村，村民如碰到親族過世，仍進行宗教儀式，但村中能夠作道場唸經的已經不多。彭家九十多歲的長者頭目過去就是道長，他的長子目前是村委會負責計畫生育的委員，言談間透漏村中重男輕女觀念猶在，所以沒有在前面兩胎生男孩的夫婦就有可能違反生育配額，他批評這些人不懂政策是因為沒有文化。他也批評道場誦經是迷信，無非是村民擔心如果不做的話，老祖宗就不會保佑。他過去追隨父親學著如何安香火，後來因為不信而停止，他離鄉後曾任獸醫，1996年返鄉後又被推派任村委至今近七年。不過，他在1998年之後又開始安香火，據他說是因為村委工作一個月只有九十元，太少了，他就恢復當道士，可以得一點酬勞，一方面也可能是緩和自己無奈擔任計畫生育委員而經常得罪人的困窘，可是祖宗觀念也因此得到儀式的保障：

下一步要破除迷信道士，做工作的人不是專搞道士，我就沒有這個精神搞道場，沒有這個想法。我以前也不安香火，但是1998以後我也做。這個是迷信，人家覺得不搞老祖宗不保佑。我是幫他們搞，人家喊我們去搞，我們就去，不是我們自己要去，去可以賺一點錢，我們是按事實講話。你到農村一進門就是祖宗，對，天地君親師就在那裡，就是父母，父母最大，因為天就是父，地就是母。我老婆在1982年開始也搞計畫生育，我1996年回來又叫我搞，這個得罪人，沒有人願意做，水族要有個代表嘛。一個月只有九十塊，在鄉裡去領，而我要給他天天做……。

上面這個道教怎麼進行，當然不是經過研究而得出來的，而是傳統傳下來的，工作內容不外乎「算八字、算日子、看地理」。雖然道士是水族，但顯然各族都有擺道場的需要，所以並不是只為水族村民在做。二牙鄉的書記認為，擺道場的需要反映了文化層次，他發現只有有文化的人才會請道士來做。在二牙鄉，「有死人的都做」，而且凡是「農村都有」，所以如果某一個道士不做了，還是有別人會做。換言之，道家風俗已經在一定程度上市場化，書記稱這些道士為鬼師。水族道士的道士成分因而遠遠高過水族的成分，而且道士在民間的威望與他們家族的頭目地位相輔相成。而彭家道士也承認，一方面他用

香火拜祖先，但另一方面他又說，「水族的習慣，我們基本上忘掉了」。

　　但還有一個疑似水族的習慣還保留著，那就是在過舊曆年節的時候，大年初一要吃素，接著要供養魚。根據龍盤村一位長老的說法，過年的時候其他地方都吃魚，漢族取其「年年有餘」的諧音，但他們家族在初一與十五時則供養魚。當場有一位鄉裡隨行的幹部就理所當然地表示，這大概與水族有關。是不是有關當然很難就一句話來論斷，不過箇中的推論是很有趣的，即到底是因為有了水族身分才有水族的風俗習慣，還是有了不同於其他民族的風俗習慣，才逐漸形成了水族的身分。鄉裡幹部一句直覺的反應，固然不是論斷水族風俗的依據，但卻鞏固了水族作為一種身分認同的印象。這個印象對於已經屬於水族成員的人可能意義不大，但假如人們反過來說，你們水族等於不存在了，意義就不同了。

　　一位彭家長老在討論水族漢化時，觸及有沒有可能合成一族，他認為「本民族還是本民族，中國是一個多民族國家」。他自己作為水族，也希望要求能恢復水族的語言與文化，但是大環境之下是「沒有辦法」的。他提到貴州的水族來宜州看族人，贈送了一些書籍，其中有關於水族歷史的，這些書都在龍盤村裡展示過，然而並沒有留下深刻的印象，長老們對於這批書現在在誰那裡還七嘴八舌討論了一下，而龍盤小學顯然也沒有意願將書中若干傳說，當作補充教材或素質教育的內容。由

於話題的起因是併族的問題，因此與如何積極作為水族與如何消極保留水族身分的兩個問題，在此可以區分開來。人們或許不會思考具有水族身分的人應當如何，但並不願放棄這個身分，因為這就像一個人的名字一樣，成為人們自我認同的一部分，不需要有理由。

最後，在政府的民族政策裡，具民族身分者享有政策優惠，民族自治地區也享有立法的權力。水族在宜州不成為一個自治區，因此只能享有個別少數民族的一些優惠，主要在於兩方面：一方面是在生育政策上享有生兩胎的權利，因而龍盤村的水族人口略有增加，但增加有限，畢竟仍然有著兩胎的限制；另一方面是學生考中學時可以加分，通常是加二十分，這與廣西作為壯族自治州壯族卻只能加十分相比，優惠程度可以說高得多。壯族只加十分是因為人數眾多、漢化程度高的緣故。這些優惠政策對於離群人口的民族身分維繫，必然具有鞏固的作用，說明在龍盤之外的其他宜州地區出現返水的現象，目的也就是增加子女升學的機會。

宜州水族身分的負面建構

從國家或鄉縣級幹部的眼光來看，水族是完全漢化的民族，不需要特殊政策，也沒有什麼研究，市民委總結市內水族的情況時有無言以對的尷尬，只表示水族的食品與漢壯族相

同，製造米酒的習慣也一樣，在建築上更是沒有分別，由於水族人少，市民委並沒有對水族狀況作調查研究，反而是市台辦在水族村裡詳細蒐集了台胞台屬的資料，這些人主要早期是因為加入青年軍去到台灣的。民委的主要關切在於市內各民族是否團結統一。鄉幹部對於龍盤同樣沒有特殊印象，除了覺得那裡治安較好與八月過節之外，主要是全鄉一致的水、電、路問題。在村的一般狀況評估上，採用全鄉一致的經濟標準，這方面龍盤屬於中下，在扶貧政策的規劃之下，龍盤也配合市的政策開始種蔗養蠶。

學校教育採用的是全國統一教材，在二玫國小的素質教育一般是音樂與美術為主，在龍盤國小則「根據學生愛好搞文藝小組、乒乓小組、跳繩」，也發行手抄報，內容編寫由學生自己來開展。兩個學校都沒有民俗活動或山歌教唱。偶爾有學校之間的手拉手活動，都是鄰鄉鄰村的學校，沒有與貴州水族學校聯繫的嘗試或想法，對市的教育官員最重要的是入學率與鞏固率，因為這是他們自己工作績效接受評估之所在。水族學生入學率與鞏固率幾乎達100%。龍盤小學領導最大的願望是能建起一個籃球場，而最大的成就感也是來自於成功地建起了教學大樓。目前的困境在於，收費制度從受訪的本學期改成一費制後，無法向村民另行集資改善教學條件。在水族村，從領導到教師並不存在民族感，因此一百零五名水族學生的民族身分是與教育無關的。

　　學校老師的培訓中，教育主管官員不是從民族的角度來設計，他們關心全國一致性的事，其中尤其是普通話的能力。爲了確保用普通話教學的品質，中央的政策是強迫培訓，凡是1954年以後出生的教師一律參加培訓，除非是已經在師範教育中通過了考試的可免。所以，不論一位教師的普通話是否已經達標，都一律前往接受培訓，由學校老師在寒暑假中分批輪流前往。這個政策的最大爭議在於，每一位參加培訓的教師必須自行繳交一百八十元的培訓費，而且自行負擔交通費。公辦教師的薪資通常在五百元到六百元左右，這筆非自願的培訓費占收入比例甚高，假如沒有通過培訓，就必須再次參加，再次繳費。

　　龍盤小學所在是個貧困村，而且也是水族學生占50%以上的實質的民族學校（雖非官訂的民族學校），理當獲得政策的優惠，在其他民族村落中，如果學校的經營與教學出現任何問題，校長與老師通常會透過民委與政府其他部門協調，比如可不可以設置民族服裝，可不可以教唱山歌，可不可以與境外學校交流。然而，本村這些學校對於這種可能性不但沒想過，他們連到哪裡可以與民委聯繫上都不知道。回頭在市民委訪談過程中提到這一段，民委表示他們定期會調查，凡瞭解到有狀況也會主動聯繫其他部門謀求解決之道。但水族卻不是一個具體的政策對象，民委當然不可能與人數稀薄分散的水族村保持固定的交流管道，則水族學校教師也就不會想到找民委。於是在

宜州，水族身分並不是賦予人們立場或觀點的依據，也就不能提供行爲的動機。

不但是村中的水族人沒有因爲民族身分而取得能動能力，就是宜州市民委本身也有行動能力上的限制，而宜州的問題更上溯到廣西自治區自治實踐中缺乏能動性。一位民委的書記說明了宜州民委在制度上的難處：

> 我們抓民族工作有兩個侷限：廣西自治區訂下來怎麼執行政府政策，可以立法制定具體實施，但沒有制定，我們到區裡開會多次提出，民族該享受的沒有享受到，這在經濟、教育、文化各方面都有。比如上繳政策方面自治區可以立法容許下面多留一些，但沒有立法，沒有政策下來，我們就不能執行。再一個是宜州自己不是自治區，不像其他瑤族自治縣自己可以立法制定政策，所以宜州要仰賴區裡的立法，沒有立法的話，講到的東西都辦不到。

爲什麼自治區沒有立法呢？因爲當廣西區政府在擬定自治區有關民族區域自治的實行細則送到中央以後，國家民委將細則送到中央各個部門彙整意見時，各部門將細則中許多規定一條一條劃掉，因爲這些規定違反了各部門關於教育、經濟或文化的一般性政策，等到細則草稿送回區政府時，區政府認爲最重要的一些規定都被拿掉了，剩下只是一些較小的部分，感覺

沒有必要爲這些小的事項立法，於是便擱置了。一位民委官員分析指出，壯族漢化程度太高，因此對於中央政策極爲配合，不像在西藏、新疆等地方有些民族比較會鬧，所以拿到許多優惠。這個對壯族溫順性格的解釋，完全可以用來說明當外人與具有水族身分的人都認爲水族已經漢化的情形下，爲何水族也較難再回到民族立場思索問題的理由。

不但水族不會鬧，而且還接受動員。到龍頭村碰到的第一個人竟不是村中的幹部，而是派到村裡三個月進行「三個代表」理論宣講的一位縣級幹部，他正在一個角落批改三個代表論文，四周牆上貼了十幾篇關於三個代表的閱讀心得。但到了二牙鄉公所的情況也是如此，到處貼著心得寫作。不但村幹部要學三個代表，將來還進一步要擴散到村民。不過，一位鄉幹部坦承，他自己對江澤民主席的理論體會還不是很深。除了村裡在動員學習，學校老師也要學習。龍盤小學在前一天方才召開教師會議，傳達校長自己去教育局學習來的政策，其中主要是三個代表理論。在龍盤村，推動三個代表的方式是搞知識競賽，由於宜州當地有豐富悠久的民歌文化，所以山歌詩詞圍繞著三個代表發揮，並鼓勵村委會委員投稿，參加上級辦的比賽。

不過，龍頭鄉對三個代表的實踐頗具創意，抓住三個代表理論中關於「共產黨代表全體人民」的一條，藉著宣傳三個代表，來將人民群眾具體的需要提出來，上級便配合撥出資源來

進行實事求是，藉著三個代表的名義，村民可以在接受動員的時候得到好處，而國家則利用村民貪圖好處的期待，讓他們積極學習三個代表，即使不能深入體會，也能多少提昇經濟。以龍盤村為例，造訪當時，村民正在自動自發維修一條從村中通往馬路的一個水泥路面，鄉政府說是村民學習三個代表後自發的表現，村民則感謝上級撥款給他們添置水泥。正是這一種沒明說的創意調適，使得看似失去流動能力的水族身分，未必在將來完全不可能重新掘出能動性。

宜州水族身分建構的開放可能性

　　水族民族身分的空洞化是不是歷史必然的結果呢？從水族人數的稀薄與分散來看似乎是不可避免，然而這種解釋將民族身分的建構簡化成一個聚居的問題，似乎太過於武斷。首先，即使有眾多民族成員聚居，並不代表民族身分的內涵或意義就可以維持一個較為明晰的發展路徑，壯族與土家族都是大片聚居，並未因此而緩和漢化的趨勢，但聚居似乎的確有助於某種共同認同感的維繫。其次，如果聚居不是民族身分能動性的充分條件，是否可以說是必要條件？即如果缺乏聚居，就會失去能動性，這時即使勉強在法律上規定出民族身分，也不能給予民族成員一種身分認同感。然而，即使個別的移民到了海外，仍可以有意識地透過各種文化符號來保留心中的民族身分，其

條件是那個民族身分在世界的某地仍爲某個聚居的社群所接
受。在水族的例子裡，貴州的水族自治區就是這樣一個參照
點。

　　換言之，宜州水族民族身分感的流失不應該視爲是歷史的
必然，而是一連串歷史的個別決定所共同促成的。麗水畲族自
治鄉的例子似乎說明，某種政策上的人爲界定，對於民族身分
感的繼續建構有促成作用。那麼，是否有可能在宜州龍頭鄉內
設一個龍盤自治村呢？這表示國家期待水族身分的人利用這個
身分來爭取政策優惠，而優惠所帶來的資源之中，想當然會有
部分用於身分的再建構。或者，將龍盤國小定位成水族的民族
小學，則學校的教育與課外活動就有可能添加帶有民族文化意
涵的因素，而且水族教師的比例可以提高，水族兒童升學的動
機獲得增強，於是水族身分就成爲能動的基礎。

　　水族早年移民先輩對水族語言與習慣是否堅持，不是人數
多寡所能決定的。顯然自廣東而貴州而廣西的水族先民，並沒
有決定要堅持，而相當程度接受周遭民族的文化習慣，從而逐
步地被同化。是否堅持可能是一個念頭的問題。受訪者中有漢
族幹部提到，在南丹山區之內的瑤族就有這種堅持，所以南丹
居民即使出來趕集的時候，也仍穿著瑤族的服裝（或起碼被公
認爲是一種瑤族的服裝），而出外當兵的人如果回村，一定要
先換上瑤族服裝，否則就會被村民責罵忘本。在四川阿壩藏族
自治州轄下滏底鄉的二叉河村主要是羌族，雖然也在漢化，返

村之後仍說羌語，否則會受到村民的批評。（石之瑜，2000）但過去水族講馬蓋（音）話，現在宜州中只有德勝鄉還有人說。這不是一個道德上的對錯問題，而是一個價值上強與弱的選擇（或不選擇），因而水族身分感的流失部分乃是關乎先民的主觀念頭的問題。

這裡可以對所謂的同化觀念重新反省，亦即沒有自然同化或強迫同化的區別，只有自願同化與不自願同化的區別，但自願同化不等於自然同化。大陸官方在碰到同化這個敏感問題時，都傾向用自然同化描述之。二牙鄉的書記就對水族的同化以自然同化稱之，沒有考慮到放棄對民族風俗語言的堅持，也是一種關於身分而做的決定，即使決定的發生既不是具體且一瞬的，也未必是以降低民族感為目標，而是不自覺的、逐步的、間接的、累積的，甚至是將來可能被翻轉恢復的歷程。二玫小學的一位水族老師就明確地指出，水族長輩對本民族風俗習慣的堅持不充分，是水族漢化的重要原因。

在龍盤村彭家祠堂的一段討論十分發人深省。在簡陋的祠堂之內有兩根巨木斜靠在門楣上，另一端延伸至祠堂中央。這兩根巨木是用來抬棺材用的，另外還需要四根短木，則每次要用的時候才去找。由於巨木置於祠堂，研究者理所當然誤以為有特殊意義，就詢問為什麼要用這兩根巨木，從而瞭解這兩根巨木已經用了一百多年，這更加引起好奇。繼續詢問引起交錯發言，有人說用這兩根是對老人家的尊重，有人說即使中年過

世也用，所以是對死者的尊重，但一位老人家很權威地表示，之所以用這兩根的理由只是因為它們還沒有壞，既然一定要有兩根東西，那麼沒有壞之前當然繼續使用。這段紛亂的討論會發生，部分是因為一位瑤族的翻譯者加入討論，因此使訪者、譯者、長老之間各說各話。

這裡的啟示是，兩根巨木的意義不是固定的，一段因為翻譯導致的誤解，就是改變或創造意義的機緣，以致於本來沒有身分意義的重複行為，因為被提出來討論而幾乎具備了符號的意義。其實，正因為相對於每次四根短木都是臨時找的，則保留了一百多年的兩根長木就可能成為傳統。一旦成為傳統之後，這兩根巨木會繼續延伸出什麼故事，就不是今天所能事先劃定範圍的。不過，這種延伸或建構的前提，在於民族感已然存於人心，如果像今天水族身分不能賦予其成員以能動性，則關於巨木的故事是不會發生的。這就如同前述教師必須繳費接受培訓時，學校老師竟然沒有想到利用民族委員會來爭取減額一樣，都是民族身分感流失的結果。

另一個創造民族的機緣發生在二玫。在1996年的少數民族運動會上有一個搶花燈的表演得到冠軍，主要的設計者是一位水族的頭目，參加表演的其他成員來自各族。這個節目因為很精采，九七香港回歸時還被請去表演，後來參加了無數次的各地演出，雖然其中成員只有一名水族，但節目的名稱被冠以「水族搶花燈」，而且不是由設計的水族頭目起的名字，而是因

為設計者是水族頭目，因此上級才訂了這個名稱。實際上，這個節目是由「上刀山、下火海」的表演中發展而來，而刀山火海在桂林文化宮是瑤族的民族活動，在貴陽郊區則也是苗寨的活動。無論如何，失去民族語言與風俗的宜州水族，竟在少數民族運動會上建構出了一個水族節目。節目的內容到底有多少水族成分並不重要，重要的是它被冠上了水族兩個字，而鄉上的幹部初次提到它時，都簡單地介紹是水族得獎的節目。

「水族搶花燈」能不能真的代表水族？這要看後續的文化建構有沒有將之延伸開創。目前看來機會不大。水族頭目確曾將此項技藝試圖傳給他的大兒子，然而大兒子學會了之後，卻決定遠走浙江去投靠大姊，留下幼年的孫子、孫女各一給祖父母帶。原來宜州市政府打算聘用大兒子到市裡，擔任文藝表演隊員，但由於一個月只能付三百元作為月薪，所以大兒子沒有接受，致使「水族搶花燈」的表演仍只有一名水族。可是並不能就此認定身分建構一定會弱化下去，倘若經濟發展之後，文化活動有了市場價值，則水族文化表演仍有復甦的可能性，雖然今天看起來，搶花燈的水族性仍欠缺厚實的情感基礎。

宜州水族身分空洞化的啟示

作為一個民族成員，如果不能因此感到自尊，而又認為這個民族身分在情感上仍不可拋棄，在利益上又不願拋棄的話，

這個民族身分就失去能動性，也就是人們不會站在這個身分上來與外界的壓力進行折衝。民族身分淪為一種政策優惠的對象之後，等於承認自己是相對落後，需要保護的。但因為這個身分沒有其他內涵，所以就不能對自己解釋，為什麼自己有理由接受保障，則就是為了接受優惠而接受民族身分。這時候，這個身分就只能代表落後，而不能提出關於傳統、價值、信仰、語言方面具有良好自我感受的說法。因此，民族身分的界定在這時候反而傷害了能動性。而不像其他身分，或其他人的民族身分那樣，可以在面對黨與國家的動員或介入時，為自己提供一個在國家與黨的角度之外看問題與回應的角度，使自己能保留在國家與黨的動員範疇之外的流動空間。這個空間對於治療國家與黨所帶來的衝擊是個必要條件，使人不會被國家與黨在精神上全部宰制。

但假如在脫離了國家與黨的動員範疇之外，民族身分就失去任何意義，則執著於特定的民族身分不但不能治療一個人失去能動性之後的徬徨，反而還會影響自己在政策動員範疇之內的表現。因為一個不能尊敬自己身分的人，在這個身分裡就沒有成就動機，民族身分之所以可貴，就在於這個身分建構了一個旁人無法置喙的原初位置。宜州水族的困境，是無法回憶起這個原初的位置，而逐漸將水族身分體會成國家與黨的政策的延伸物。

Said所看到的離群身分因而不必然都是充滿創意，也不一

定具備抗拒外來文化霸權的能動性。離群是可以消失的，但這不是說現代化理論與自由主義者所信奉的線性史觀是對的，畢竟Said所解讀（以及各個後殖民作家所解讀）的紛雜混血型身分，是一種可以充滿能動性的身分。Said及其同僚的問題，是把混血身分者具有的能動性看得太過理所當然，忽略了能動性也有流失的可能性。承認並表述混血身分的努力，可說是一個抗拒文化霸權的重要策略，也是揭露任何文化霸權其實不能真正、完全、充分宰制的契機，但這不能讓我們忽略在一些混血身分的社群中，揭露與抗拒的論述基礎會因為身分內涵逐步空洞化而流失。本章的討論顯示，在非自治的離散少數社群裡，民族身分的空洞化是有可能發生的。

我們希望看到宜州水族對自己的民族身分進行某一種建構，並不是希望藉此對國家的文化霸權進行新的挑戰，蓋沒有人有資格決定站在民族身分裡的人應該或不應該與國家合作。我們對民族身分本身的期盼，是讓這個身分成為保留某種抗拒可能性的基礎，即使那是一個或許是虛構但卻有用的基礎，則水族身分就可以免於成為一種自尊的桎梏，甚至進而釀成權利意識（沈林等，2001：226-7）。假如水族人在宜州從不知道、不認為、不堅持自己的水族身分，那麼對水族身分的建構就是多此一舉了。一個身分要有內涵，而且是開放的、變動的內涵，才會成為自尊與能動性的一個來源。在訪談中，雖然宜州水族身分的空洞化是趨勢，但仍然存在反轉的機緣，而這個機

　　緣其實使人們對國家的存在更容易接受，而不是因為發現民族身分的空洞化反而看穿國家也是建構的。

第四篇
身在自治制度之外

第七章　非民族的民族教育：長安營侗族鄉

民族教育的意義

朝族中國大陸民族地區的教育工作一直是改革過程開放過程中的一個議題，然而要理解這個問題，卻不能理所當然套用現代化的人力資本分析，也不見得可以毫無保留地適用國家社會分析，前者是站在個人的成本效益觀點，或許可以部分說明何以民族地區的人不願意投資於教育，（馬麗華，1997：9）後者是站在國家整合動員的觀點，也能夠根據國家提供誘因機制的性質解釋國家穿透社會的有效性。（李書磊，1999：1-14）但這兩個人們熟悉的分析架構，一個從事微觀分析，另一個從事宏觀分析，都在前提上預設了某種線性的歷史進程，即人應當是愈來愈以個人的身分在回應外在的變化，爲的是謀求個人最大的好處，這個預設，難免使得人們在推動教育政策不順利

的時候，會怪罪民族地區人們的傳統或封建習性。故對於研究者而言，教育的意義無非就是開化文明的一種善心義舉[1]。

然而民族地區人民在接觸到現代教育體制動員的時候，所藉以從事判斷的依據，能不能就用傳統封建與現代進步的標準區分？在相當程度上，應當說傳統與現代的對立，乃是今天教育體制的一個根本前提，可是如果沒有所謂的現代教育體制，則傳統與現代的兩分恐怕也不會顯得那麼天經地義。換言之，傳統與現代的對立乃是今天教學的內涵，故這個對立或多或少是教育的結果，而不完全是像一般所假設的那樣，好像有了對立，才有教育家要挽救民族地區人民於落後之中。所以，某些民族地區對教育體制動員的冷淡回應，不能單純理解為抗拒，或視之為遲早要遭歷史潮流淘汰的現象，而應該看成是對民族教育這個概念摸索出另一條道路的嘗試。

到目前為止，上述短短的討論中一共提出了四個命題，首先，民族教育的意義可能因人而異；其次，人們理解民族教育的依據，可能不完全是以個人為單位所計算的利益；再其次，當前民族教育的前提似乎不容許這種不以個人為單位計算利害的的思維方式；最後，民族地區人民對民族教育回應未必是民族教育家所能完全掌握。每一個命題都可能需要從事長期的實

---

[1] 比如張力等人，《向貧困和愚昧宣戰》（南寧：廣西教育出版社，1998），就是用「愚昧」作為教育有關論述的前提概念。

地研究，才能具體論斷。然而，目前有關民族教育的思路，卻表現成好像這些命題的答案已經清楚明白，於是乎認定民族教育是要為少數民族帶來文明的手段，以讓民族成員解放於封建習俗之外，在態度上對民族意識的培養抱持反對或疑慮，並以為漢化的趨勢不可避免。這樣的方向感迄今還未帶來普遍的成果，甚至在許多場合遭遇到瓶頸，因此值得吾人再三檢討。

即使是大陸上的教育決策或行政人員也免除不了上述傾向，他們雖然不一定採用人力資本或國家穿透這樣的社會科學論述，但基本上相信，讓學童接受國家動員進入教育體制是極重要的事。故所謂民族教育所指的，並不是如何推動有民族特色或符合民族特性的教育，而單純是指對少數民族進行普遍性教育，而且從不懷疑少數民族所需要的教育，與漢族或城市兒童所需要的教育，可能有根本上的差異。也就是說，教育被當成一種提供現代文明的工具，以為凡是受過教育的人就更能依照自己的所好，來追求符合現代文明的生活方式。這裡所忽略的就是，教育不只是一種工具，更是一種文明內涵與文明改造的主張。

基於過去數年對少數民族教育的考察經驗，本章將試圖提出一種與流行觀點不同的觀察角度，探索另一種可能性，即民族教育對少數民族的意義，超過了進步與文明之類的論述所能反映；以個人為分析或動員單位的民族教育，有時反而會減損了民族教育的信用；對這種情況的認識不足，將導致教育資源

浪費與誤用；最重要的是，民族教育的結果可能無意中進一步
傷害少數民族的自尊，達不到同化或漢化的目標。由於民族教
育事涉敏感，且資料蒐集不易，因此本章目的只是在指出不同
分析角度所提出的不同可能性，而不是要下定論。本章要討論
的課題是，當少數民族地區的人民對民族教育的意義有不同理
解時，他們參與國家教育體制的行爲是否或如何不同？

上述這個課題的出發點在於，是要以被定位成少數民族的
人的觀點來看民族教育，而不是從國家或現代化潮流的角度來
看少數民族如何被納入教育體制。以下將先介紹並比較過去幾
個田野調查在這個問題上的啓示，然後報告在湖南省城步苗族
自治縣下轄的長安營鄉所作的調查，長安營鄉是以侗族爲主的
基層單位。從這些田野考察所累積的經驗中，本章將重新思考
民族教育的意義，這個意義不僅不同於過去社會科學所慣用的
分析架構所能得出者，更要緊的，是在對於地方教育主管當局
思考民族教育的既有傾向，提出一個批判性的省思，希望激起
更多的討論，使人們對民族教育本身所造成的民族問題與教育
問題，有更豐富而周全的認識。

朝族、畬族、彝族之比較

一個值得推介的民族教育範例，是東北朝朝族的經驗。
（石之瑜，1999a：56-58）瀋陽朝朝族的小學、中學都是以朝鮮

語進行教學，漢語只是語文課的學科。學生在入學之前，有的並不會說朝鮮語，這主要是指住在大城市的朝族。以遼寧市為例，特別開授一年的學前班，幫幼兒過渡。這個作法與多數民族地區的實踐大相逕庭，因為在多數其他地區，學前班或就學第一年的重要任務，是要讓只懂母語的民族幼兒熟悉母語教學後，再轉入漢語體系，但朝族卻是要協助尚未熟悉母語的幼兒，進入母語體系，脫離漢語體系。朝族學生經過九年的母語教學，如果推動與南韓的交流或接待北韓的親友，都完全沒有語言上的困難。高中畢業之後考大學時，這些學生可用朝鮮語作答，到了大學之後才進入漢語教學體系。

是不是這樣的民族教育會形成高漲的朝族意識，因而不利於民族團結呢？但國家的政策思路並非如此，反而積極支持，並補助編撰、印發朝鮮文教科書的龐大費用，投資朝鮮文報紙，儼然將朝鮮族意識的維護當成了國家的一項目標。而朝鮮族學生經由國家的協助，在極具競爭性的升學考試中往往脫穎而出，朝族已成為大陸上最有教育的民族，因此在就業市場上的保障隨之增強，故對於國家體制的認同得以鞏固。最關鍵的是，朝族對於中華民族的認同，與朝族自己的民族意識不但不是對立的，甚至相輔相成，因為國家積極介入朝族意識的呵護，而朝族在大陸體制中頗具競爭力，如此一來，國家的動員地位增強了，國家宣導政策時經由朝鮮文可以通達每一位朝族公民，而且這種經由朝鮮文報紙、文件的通達早成習慣，不構

成一種上對下的入侵。

第二個可以推介的經驗，來自在浙江麗水對畬族學校的考察。（石之瑜，1999b：79）畬族認同中的重要因素是畬語，但因為沒有畬文，所以學校教學自然以漢語為主，且嚴格規定學生在校只可以說普通話。家長對於這樣的政策也給予支持，因為他們擔心孩子將來進入市場時，會由於不通漢語而吃虧，可見江浙地區人民的市場自覺在畬族人身上也可以找到。不過，這裡的問題在於，畬鄉本身的家鄉認同要如何維護？這時出現的一個重要變數是，中央電視台製作了一個關於當地畬族的春節節目，以畬族山歌唱出了畬鄉的特色與傳奇，引起畬族人極大的感動，唱山歌因而成為非常重要活動，並逐漸納入學校教學的議程上。考察所到之地，幾乎無人不提及山歌，且民族師範的學生定期到學校去教唱山歌。

中央台這個以「畬山風」為名的節目的意義，在於它讓畬語成為學校中可以正當使用的語言，因為山歌要用畬語演唱，則原本禁說畬語的學校，竟成為畬語傳播的一個象徵性場所。會唱山歌不僅只是習俗使然，而成為教育體系下的正式期待，唱畬語山歌不是一個懲罰的對象，而是一個可以讚許的事，則一個民族對自己的尊嚴於焉建立。與朝族的例子相比，麗水畬族的經驗中規劃性較低、偶然性較高，但重點在於，畬族認同與學校教育原本處在某種尷尬關係中，因為山歌的推動，民族服裝的接著配合發展，學校中的漢語教學和畬語並存了，分別

用於不同的場合，其結果，漢化的教育工程與畲族的民族意識不成為對立的概念，國家宣傳機構對畲族意識起的鼓舞作用，化解了民族意識對愛國主義的潛在衝擊。

第三個例子可以用四川涼山彝族自治州的美姑縣（見本書第八章），但這不是一個成功的例子，而是一個負面的參考。美姑教育體系的困境固然在於經濟發展水平過低，農民無法負擔教育投資，但揆諸美姑教師的認真投入與獻身，似乎沒有理由對地方教育灰心。然而，美姑小學的入學率只有56%，於是許多人指責彝族的文化落後，受到千年奴隸制度的羈絆，不能正視教育的長期功能，總是汲汲於立即的經濟效益，故而出現普遍所謂讀書無用論。這裡，教育政策採取的是強力動員、批評、懲罰的手段，以彝族的所謂落後文化作為改革的對象，所以認為問題的所在是彝族，而不是教育政策。但深入分析的話卻會發現，教育政策的思路本身，可能是另一個問題癥結所在。

教育政策大量利用經濟誘因要動員學生入學，或提供脫貧的遠景，或進行對拒絕入學的經濟制裁，故強化了彝民用經濟效益來思考的傾向。而事實上，教育體系近年不再為中專畢業生分配工作，則脫貧的保證徒脫空言，彝族學生起點比一般漢族學生低，在市場上或考場上競爭自然不利，那他們剩下什麼誘因要進入這樣的教育體系呢？何況這個體系表現出對彝族文化的零尊重。假如，美姑的教育體系已經不能在經濟上保證好

處，若再不能讓彝族家長與幼童都在入學或求學過程中感到身為彝族的自尊，那麼他們就不會有積極正面的情感面對教育體系。美姑教師所投入再多的心力在動員、教學、鞏固等方面，恐怕都不能扭轉教育體系所孕育的對民族自尊的冷漠，這多少是因為國家動員機制與民族意識脫節的關係。

其實，讀書無用論並不是美姑縣或彝族才碰到的現象，在遼寧省北寧市（原北寧滿族自治縣）與西雙版納的傣族自治縣也很流行，主要是家長的看法所致。在北寧，家長認為小孩早一點投入果樹生產比讀書有更高效益；（石之瑜，1999c：103-104）在西雙版納，由於氣候關係生產特別容易，人們沒有意願透過教育體系達到市場競爭，家長寧可男兒去寺廟裡跟著喇嘛學唸經文。（石之瑜，1998a：32）和美姑地區類似的讀書無用論，在四川阿壩藏族羌族自治州更有耳聞，如茂縣農民就希望早點加入旅遊觀光事業賺錢，脫貧致富。（石之瑜，2000：86-87）這些例子中一個共通性就是，教育主管當局並不認為教育內容與民族特色有什麼關係，在西雙版納，教育機構甚至認定，民族特色是與教育理念有衝突的。在一個假設民族特色無關的教育環境裡，教育動員的效力是值得懷疑的。

那麼，為什麼許多地方仍然獲得95%以上的入學率呢？依過去田野考察的經驗判斷，在民族地區有這麼高的入學率，恐怕有高估的成分。地方教委對於入學率極度強調，將之視為工作績效的主要指標，迫使基層教育工作者高報入學率。在村的

一級，達不到入學率標準的村委會，可能會被扣薪水，在縣、鄉的這兩級，官員也會受到不同形式的行政或經濟制裁，並有害仕途，因此如何達到高入學率，就成爲一個政治問題。民族教育政治化與非民族化的結果，就是人們對於什麼是民族教育益加失焦，民族教育成爲行政動員，無助於民族尊嚴的維護，也就無助於漢化、公民化、現代化之類的國家目標。

城步苗族自治縣長安營侗族鄉的背景

城步縣是苗族自治區，但境內少數民族很多，主要是散居，縣設的民族委員會工作項目繁多，但最主要的就是民族經濟方面的扶貧工作與文化教育衛生方面的工作，一共有十多名工作幹部。湖南省組織了隊伍前往昆明參加民族服飾展，城步縣是主要支援的單位之一。城步主要的民族組成是苗族、漢族、侗族、回族等。城步的入學率也高達98%以上，然而，如果根據前面的分析，恐怕眞實的入學率到達80%就不錯了，尤其是那些經濟不發達的民族地區更是如此。城步的經濟並不發達，但也是爲了要表現成達成標準的模樣，縣政府對省的報告中沒有全面反映狀況，所以城步在文件上不屬於貧困縣，或某些貧困鄉不能列爲貧困鄉，於是損失了中央補助貧困縣、鄉所可以補發的幾百萬元建設經費，基層就有些人員對此表達不滿。

　　長安營鄉位於城步縣西南，再往南距離桂林也只有兩百公里，鄉的主要經濟是木材、藥材，目前也希望發展旅遊業。長安營的居民主要是侗族、苗族，另外還有一支北京腔的滿族，此長安營鄉長安營村之名的由來。長安營鄉原與岩寨鄉為兩個單位，現在合併成一個，侗族占總人口約40%。本章的考察也包括長安營鄉的大寨村，村主要的經濟收入是靠村中青年赴沿海打工賺錢之後寄回家，現在新發展了旅遊業，不過收入不多，卻已占村今年收入的30%，二〇〇二年之前，其他收入是靠農民上繳提留款每人六十元。另外農民每年要負責十個義務天。侗族的春節是農曆十二月二十七日，另外七月初二紀念祖先。

　　考察首先是來到鄉中心的中學。校長是漢族，從劭陽師專畢業，自1998年起任校長，學校是1987年建立，過去曾有高中部，後來出於資源效益考慮而撤校。初中部有三個年級，共六個班，學生大約二百八十人左右，其中沒有漢族，以侗、苗為主，也有滿族，校內男生與女生比例相近。在十五個老師之中，女老師只有三位，漢族有五位。鄉另設聯合學校，相當於過去鄉政府裡設的教育辦公室，聯校校長、總務也出面接待。聯校管理鄉中的所有中學與小學，辦公室設在中學裡。中學目前最大的困境，在於有一所綜合樓施工到一半，因為經費不足無法繼續，已經三年有餘。學校的民族教師全是出自於本鄉，再由教委分配回鄉，但漢族老師就不一定。漢族老師一旦分配

至此，政策上必須待三年才可以調走，但在實踐上，曾有特殊關係的人可以在一年之後就調離山區。中學的另一個困境，是老師經常要開授不屬於自己專業的科目。升高中的占10%。

考察對象還包括大寨的岩寨中心小學。小學共有二十一名教師，也以侗、苗族為主，學生三百五十多名，分成八個班，其中80%是少數民族學生。二十一名老師只有十一間住房，炊房的二樓分為兩間，小間有四張地鋪，竟要睡十二個學生，大間是小間的一倍大，更要睡二十六名學生，總共有一百六十名住校，小學的勤工儉學項目是養豬。小學也與農村農民合作，每年進行一個建設項目，1996年變草坪為操場，1997年有自來水，1998年建圍牆，1999年建校門，2000年開馬路。

前往長安營鄉的旅途相當曲折，先是搭飛機抵達長沙，至南站轉換往劭陽的公車，歷時約五小時，由劭陽往城步的中型巴士又約五小時，再由城步下到鄉中心，主要是碎石山路，約需時三小時，再從鄉中心往住宿處南山牧場約一小時。車程往返之曲折，經歷大山多重，在在說明了當地侗、苗族出山的困難，也就為長安營鄉的經濟境遇作了最好的註腳。當地農民放牧採用多種型式，家禽在各農戶都有，主要是自己食用，偶爾出售，乳牛則任其自走，各有編號，所以不怕弄錯。在南山牧場寄宿時，確實見到乳牛零零星星在自走，沒有一個牧童，在極廣泛的牧草山頭，顯得十分奇特。當地老人甚至一輩子沒有到過城步縣城，只聽說縣城很繁榮，實際上，城步縣相對於劭

陽並不算繁榮，但空氣污染極其嚴重。

之所以不厭其煩地說明一些簡單的背景，目的是在協助讀者體會考察的情境，那是一個四面環山的場景，農民散在山頭。而旅途過程更有助於感受人在大山之間的渺小、無助與對自然的敬畏之心。在這樣一種環境中成長的人，一旦面對教育這個概念時，所認知到的意義自然也不可能與在城市中制訂教育政策的官員齊步一伐。近年前往沿海打工的，占村中年輕人的絕大多數，往溫州要三天，往廣州要一天一夜，那麼，爲什麼人們每隔一段時間就要返家呢？甚至不少人帶回外地配偶返鄉定居務農。如果不理解家鄉對侗民的意義，則侈談動員入學是沒有效果的。本章以下報告當地所蒐集的觀點。

侗族鄉民族教育的問題

長安營鄉也有讀書無用論的說法，近年由於家長的教育意識升高，而且現代化潮流的影響透過電視、旅遊來到山區，所以相對於從前，他們比較願意送子女入學。另一方面，它和其他地區面臨的同樣政策環境，如中專畢業之後不再分配工作，則造成學童本身對入學的疏離，初中學齡的學童尤其受到鄉親外出打工掙錢的風氣所感染，就學意願反而有所降低。中學校長很明確地指出，他當前所面臨的最大挑戰就是學習風氣的問題，在學同學普遍出現學習興趣缺乏的態度。一位老師坦承自

己沒有對策，他只好對著學生天天講大道理，舉一些典範給同學，希望讓學童覺悟到教育的重要性。不過，在入學方面，中學今年的入學成果遠遠超過往年，只有三十幾名應到校而未到校，與過去動輒百餘人不報到的情形，可說頗有進展。

城步縣的民族委員會分析了入學意願偏低的理由，提出了四點檢討，首先就是上學不保證將來能找到工作，第二則是因為山區農民太窮，繳不起學費。在長安營中學，一個人的學費一期三百六十多元，岩寨小學的住宿費一期四十元，中學寄宿費五十元，在沒有太多商業市場活動的山區來說，貨幣稅或費用都造成沉重負擔。大寨村村長過去曾擔任老師，也在鄉裡擔任幹部，與眾不同地要支持女兒受教育，一年所需費用約六千元，目前就讀高中的女兒來電話，希望參加學校組織的加強班，一個月要多繳一百一十元，村長表示全力支持，他準備靠借貸與變賣財產來籌足經費。但這樣的例子是很罕見的。

第三，當農民真的花了大錢之後，卻又不能保證子女能考上大學；如果考上大學，其後的學費與支出將更為沉重。最後，是不是上了大學之後就能找到工作呢？這些問題使農民對子女讀書的投資頗為猶疑。這四點關於讀書無用論的分析上交到省、中央經刊載揭露之後，引起外界的注意，它等於點破了紙上入學率攀高的假象。然而也由於是在間接質疑教育政策的重點不對，當然不容易為教委所接受。劭陽市民委其實也有相同意見，認為教委只重視貫徹教學大綱，動員學童入學，太過

於重視指標，而忽略了民族地區的條件。各級教委與學校的領導在既有指標掛帥的引導下，施政的重點幾乎千篇一律地放在吸引學童與吸引老師這兩方面，其中最關鍵的自屬於學校的物質環境。

　　岩寨小學最關心的事，是目前炊房與宿舍在同一棟大樓，恐怕失火會造成不可收拾的後果，然而學童寄宿已經擁擠不堪，實在找不到房子。長安營鄉中學則最關心至今延宕三年半未完成的綜合樓。聯校校長回憶他任職十二年來的歷史，最先提到的變化，就是校舍的整建，岩寨小學校長則把每年改善一項學校物質條件，當作他校長任期中的規劃方式。教委到校考察時，在校的領導利用機會所爭取的，一定都是基礎建設的經費。教委沒有意願在教學內容方面從事任何檢討，連帶影響民族地區學校將心力放在教委聽得進去的建設經費上，偏偏教委本身也欠缺基建經費，對老師講大道理，而老師自然只好表現成各種自我犧牲，並用自己薪水來支援學童入學、任義務工作等。

　　這是為什麼老師自己本人的家長也開始關心學校的處境。長安營向來為外界視為貧困之地，近年得到台商資助起了一棟教學樓，外觀的物質條件比較有規模，這是一般分配到此的老師在報到之前所不知道的。2000年8月報到的年輕老師許多是在家裡的陪同下來到，家長們一到，據聯校校長的回憶，許多人立刻「愁容變笑容」，表示自己子弟能分配到這樣一所學校

來任教，眞是太好了。於是，教委、學校、幹部、老師、老師的父母、外來考察的人，千篇一律將目光集中在硬體的建設上。從學校的需要來看，目前硬體建設遠遠不敷所需已如前述；從教委看，東湊西補輪流給錢是最重要的任務；從新教師的期望看，教學設施與住房條件不是想像中那種山洞、樹桌、柴椅，可以暫時保持穩定了。

　　然而，教學質量與教學方向這些應當重視的問題，卻很少出現，理由之一在於教委不鼓勵這一類的討論，因爲教學大綱的內容是教育部門的責任，縣級教委既無權定案，更不願意吸納意見，否則他們自己也不知如何處理。縣級教委的仕途掌握在省教育部門的手中，當然不願意挑戰省所負責編訂的大綱與教材，所以對於向他們所反映的關於教材更新的意見，難免造成他們沒有立場加以回應的尷尬。長安營鄉入學率偏低固然與家長們繳不出學費息息相關，但同樣重要的是，不論是提昇經濟也好，或提供其他正面誘因吸引學童入學也好，如果完全不碰觸當前教學的風格的話，檢討就不可能充分，則解答也當然不可能對症下藥產生結果。

侗族意識的教育闕如

　　由於長安營的教育完全與民族特色或民族意識脫節，因此一個值得探索的問題就是，入學率偏低是否與此有關？提出這

個命題的原因在於，長安營向來被外界視爲侗族文化典型保存較好的一個地方，然而近年中央教育部大力推動課餘的素質教育，各地學校紛紛探索如何建立特色，而長安營的素質教育卻還是空白。在中學，素質教育被當成是政治思想教育，在小學，到訪時，素質教育才啓動十天，相較於其他地區已經年累月產生成果，實難相比。所以問題是，民族特色那麼濃厚的地方，爲什麼沒有結合民族風情與素質教育呢？除了是教委不感興趣之外，當地是否的確存在所謂的民族特色可資援用呢？爲了找這個問題的答案，大寨村之行應先在此予以報告。

村長與書記在歡迎訪客的時候，都是穿著侗族服裝，他們並非爲了迎客而如此，平時出門，赴縣城開會，都也穿侗服。不過侗服青底素色所加車邊用的黃色線條，是後來的新創，過去是沒有這個黃線條的。村民彼此之間溝通即採用侗族語，平時喜歡唱侗族歌，或男的吹蘆笙，女的唱山歌。在訪談過程中，村長特別找了幾個村裡表演隊來獻唱。飯後，有兩位花甲婆婆唱對歌自娛娛人，用的是侗歌的調。村長表示，村中男女老少都會唱會跳，文化基礎很好，平時傍晚在岩寨小學對河的一塊平台上就會有人唱歌，遇到節慶之日，村民多會聚集在平台附近草地唱歌跳舞，共同過節，形成風氣，對村民關係極有促進作用。

傳統節目是大寨村重要的社交場合，有傳統習俗活動，據自溫州返鄉幫忙秋收的青年說，鄉親在浙江、廣東等地都相互

扶持，一起生活，逢侗族節日就一起慶祝。村民十分注重訪客
能否尊重侗族風俗，村長特別記得一年前有台灣記者來訪，不
喝進門茶，拒喝傳統油茶，對侗族器皿的衛生不信任，引起村
民很大不滿，因此都不願意合作拍攝。人們認為，來侗族訪問
應該先知會村中領導，喝進門酒，唱山歌。會唱山歌，順應風
俗的最受歡迎。村民也重視祭祖，堂前都貼上「天地國親師」
字樣，在主人家，一旁的對聯是「天高地厚國恩達，祖德宗功
師範表」。村中也保有各姓氏的族譜，大姓為蒙姓與楊姓。村
規民約中主要規範是關乎道德文明，比如不能損樹或不能炸
魚、毒魚、電魚。長安魚是當地獨有特產，平時巡防，偷魚的
主要是外地人，一般都是漢族。

　　鄉民的家鄉觀念很重，近年出外打工的十分頻繁，定期寄
錢回家，凡是家裡有彩色電視的，都是有到沿海打工的，1999
年一年間，村中一共多添了十二台彩色電視。打工的要靠熟人
介紹，鄉親脈絡尤其重要，打工累了一定會回家鄉。有的在外
結婚，返鄉的男青年會把外地的妻子一齊帶回定居。強烈的家
鄉觀念加上侗族風俗節慶的保留，說明了當地人存有明確的侗
族意識，而且對於侗族的形象很留意，然而在上述的教育體系
之中，並沒有看到任何對這個民族自尊的認可或反映，當教育
中的侗族認同是不相干的因素時，侗族家長自然將教育當成外
來物，把教育視為經濟工具，假如工具達不到賺錢的目的，就
會對教育疏離。

　　有兩種想法可以回應目前民族教育對民族特色的忽視，一種是在教學大綱中增加有關民族的教材，但這必須是從當地民族的角度看起來有意義的教材，不只是上級編輯委員欽定的教材；另一種則是成立民族學校，使學校能同時從教委與民委得到協助，且在學生畢業後的工作分配上，採取積極推介的政策。聯校校長早就有一套構想來推動民族特色的教學風格，可惜沒有得到足夠的鼓勵，他說：

　　本來民族地方辦民族學校才有特色。一個民族學校學生
　要有統一的民族服裝，這是基本形象，人家一看就知道
　你是侗族。教學要把當地民族文化、民族特色編入教
　材。另外，校舍要蓋得有民族特色。還有，教師即使不
　能說民族語言，至少要能懂得民族語言……。有一年我
　想辦民族服裝，但教委不容許，也對，不能加重農民負
　擔。第二個是把山歌搬到學校裡，教委說這也要看省上
　面的人的意見。侗族語言教學沒學好，唱什麼山歌？農
　村裡會唱山歌，要三十歲以上，小學生都不會，會唱的
　音調也都不對。從民族工作看，這是好的舉措，但主管
　部門思想不統一……。少數民族文化搞得不好就沒有
　了，現在侗歌只有幾個人會唱了……，如果能把五十
　歲、六十歲的人找到課堂上來教，那小朋友一定各個都
　會了，可是教學大綱不允許。任何設想要與上面領導的

政策相符，不然就變成空想。現在規定教學要用普通
話，縣裡面對每個老師都要進行普通話測驗。

　　假如學校成為文化遺產保存之地，可以支援當地觀光事
業，必然有助於創收。劭陽市民委一位幹部以大理白族為例指
出，各地都在發展觀光事業，故必須要結合民族風情才能吸引
觀光客。他批評目前作法不過就是「把幾個老太婆拉出來唱，
有什麼意思」，主張要「把學生拉出來」勤工儉學，支援地方
旅遊事業。教委之所以不肯，是因為受到教育指標的限制，因
此這位幹部懷疑教委只是在替自己的升遷在考慮。不過，教委
的反駁是，城步已經是個民族縣，在自治縣裡不必另外特別再
推動民族教育，民族自治縣裡的所有教育活動，都只能是民族
教育。
　　基於同樣的理由，教委也不支持再設民族學校。縣裡已經
有兩所民族學校，再設第三所將進一步打亂現有體系，給沒有
能力的人一個不當的入學機會。但民委對此不滿：

　　對於推動民族第三中學，搞民族特色，教委有意見，說
　　是出鬼點子。民委卻說點子出得好，就是要這麼搞。他
　　說全縣是民族自治縣，你還分什麼民族教育，所有的教
　　育都是民族教育。民委主任說他（按：指教委）是個假
　　少數民族。民族教育是民族內容的教育，不是對民族教
　　育。三中的民族服裝都設計好了，教委說要打電話回省

裡問可不可以。好在人大政協支持民委，不然幹部都不
要幹了。民委提了四大建議，其中之一就是交通閉塞，
一定要搞旅遊，就是要靠民族文化。要靠民族文化大張
旗鼓地搞。教委領導的概念和民委不一樣，縣政府和民
委一致。

探索民族教育的民族內涵

最後上一節的討論，不是以侗族村民個人為思考的起點，
而是以當地民族集體與民委的立場在分析民族教育，故與教委
的立場不同；人力資本的投資效益應該是從長安營侗族的整體
利益在計算，不是從個別學生就業機會為考量。不過，民族文
化教育對於加強家長對學校向心力一旦有正面作用，多少也會
影響到純粹個人的利益考量，使學童可以從民族教育中得到民
族尊嚴，這個尊嚴感不存在當前的教學大綱與教育評估方式之
中。可能是由於這個尊嚴感的欠缺，導致人們用經濟效益的計
算來衡量教育的價值，也於是決定不加入、不深入、退出或進
進出出教育體系，故由教委所設計規劃的教育，並不能片面決
定農民如何評價教育，所以只好藉由與教育不相關的一些行
政、經濟誘因來迫使家長就範。

目前所推動的沒有民族文化內涵或當地民族意識的民族教

育，一旦成為一個工具化的概念之後，反而加重了既存的民族問題，因為它消極地造成民族文化保留的遲緩，無心但卻積極地貶抑了民族文化的價值。從朝族、畬族、彝族、傣族等地的經驗歸納出來的，是教委迄今未能體會的一種思路，即民族意識的成長或民族尊嚴的追求，並不必然是與國家整合或經濟現代化相牴觸的過程，當地民族需要的教育，並非中央可以由上而下片面規劃的，民族地區家長的疏離看起來是他們的貧困或自覺不足造成的，但如果能傾聽當地的語言，以民族取代個人，以尊嚴取代效益，以地方取代教委，來發展出另一種論述方式，則民族教育的意義才能迥然不同，民族教育政策的內涵也將有新的吸引力。

第八章 不介入與不融入：美姑彝族自治縣

民族教育與教育民族

　　主權國家是以疆域為其構成要素，但疆域之內的人原本彼此未必自視為同一個國族，故一個主權國家政府的重要任務，就是要讓疆域內的人民之間，培養出一個共享的國族認同。（Hunt, 1993）這除了是針對不同族群的動員之外，一樣重要的是，主權者還必須處理每個族群本身的界線或意識上的模糊。簡言之，不僅國族必須靠建構，構成國族的各個次族群也必須靠建構來維繫，（Harrell, 1995）次族群的建構往往早於主權國家的建立，但其界線經常是游移的，當主權者以國族的身分號召國民的認同時，次族群的自我意識也可能變得缺乏彈性，從而出現各種武斷的身分界定。（王明珂，1997）主權者在妥協之中，很容易接受武斷的次族群身分，以減輕在培養國族認

同上的工作負擔。像這樣的妥協與簡化，在中國大陸這個民族國家中，幾乎是建構國族認同時所不可避免的。

　　國族認同的建立首賴教育，故動員人民接受公民教育可以說是主權國家精神命脈之所繫。（Hansen, 1999）問題是，公民教育的內容應當如何來處理次族群的族群意識呢？如果加以認可尊重，會不會阻撓國族的形成？如果不加以認可尊重的話，會不會引起次族群的逆反心理？以目前大陸的少數民族地區教育來看，在絕大多數的例子裡，公民教育的內容不是以次族群的位置爲出發點在設計。這就是本章的重點，即民族教育的動員效果，在以民族爲對象的普遍性公民教育中較高呢，還是在以民族爲主要內容的公民教育中較高？爲了回答這個問題，本章將以四川涼山彝族自治州美姑縣城的考察爲主加以探討。

　　如前所述，少數民族本身的界線就是不清楚的，彝族也不例外。當前被歸爲彝族的人當中也存在不情願的，更存在彼此不能溝通的情況。但國家需要一個歸類才能在行政上從事國族工程與公民教育的動員，因此也無法顧及人們的感受而進行了武斷的分類。矛盾的是，一旦分類完成了之後，公民教育的推動並沒有真正在這個基礎上推動，好像分類的目的，是在幫所謂的漢族來區隔誰應該享有優惠的民族政策，如生育、升學、補助等。故彝族認同對於公民教育的內容而言，是不相關的。在這樣的環境裡，教育的成果如何呢？

　　目前已經有研究指出，涼山彝族教育證實即使在被動員的
情況下，確實仍有彝族成員能夠成功地由教育體制中取得認
可，逐漸獲得資源來爲地方服務。（Harrell & Ma, 1999: 236）
但另一方面，彝族成員本身參與並汲取教育資源的能力極不相
稱，與學校的地理距離的遠近、原來的社會地位屬於上層貴族
或下層奴隸、性別等因素，分別部分說明了教育政策對不同的
人產生不同的效果。基本上，處於不利社會位置的人傾向消
極，因爲他們看不出來接受教育有什麼好處，只有處於相對有
利社會位置的人，能夠理解教育有助於社會流動。但確實已有
研究發現，即使是社會位置相對不利的人，也可能透過接受教
育動員而創造社會流動。（Harrell & Ma, 1999: 232-233；易謀
遠，2000：653-663）然而這些說法看似不同，卻都將國家教
育政策的內容排除在考量之外，就好像完全是被動員對象本身
的特質，在決定他們傾向參與教育體制的原因，本章則是要由
彝族的觀點，來說明教育政策本身也是一個影響受教育意願的
重要因素。

　　本章研究的是四川涼山彝族自治州美姑縣的教育情況，希
望藉由實地的考察，來探索民族地區在現代化教育過程中的調
適。研究過程分成兩個階段，第一個階段在2000年6月下旬於
成都進行，對西南民族學院的彝族大學生進行深入訪談，討論
他們日常生活中的興趣、作息、人生態度、家庭。第二個階段
是在2000年9月前往美姑縣，對一個彝族家庭與四個學校（美

姑縣立中學、城關小學、民族中學、民族小學）進行訪談，瞭
解學校發展歷史與經營現況。第一階段的訪談在民族學院附近
的茶館與旅館進行，第二階段則在學校的辦公室、操場、街
道、巴士上進行，且訪談對象包括教師、書記、臨時在場的外
地親友，以彝族爲主，漢族爲輔；男性爲主，女性爲輔；資深
爲主，資淺爲輔。由於當地正在進行縣教委的工作會議，因此
也有機會訪談同一旅館中住宿的主管教育的鄉書記。

　　美姑縣的教育無疑遭遇到嚴重的瓶頸，不論就學意願與政
府經費投入都嚴重不足，而且教育主管部門及當地教職員都束
手無策。在彝族研究日益受到英語學界重視的時刻，如何能從
當地彝族與漢族的立場，來理解問題是如何發生的，甚而提出
符合當地環境的對策，與英語文獻及政府政策進行對話，是本
次考察主要的動機，目的在能從論述上找到一個機制，使得英
語文獻與政府文件表達不了的角度，獲得一個發聲的機會。這
是本章採取開放式深入訪談，摒棄制式問卷調查與假設檢定的
主要原因，因爲後者主要是讓受訪對象因應研究者的關懷，故
牴觸了研究的目的。

美姑居民的生活態度

　　自成都往美姑的二十四小時旅程本身，就是一個重要的學
習過程，有助於研究者體會民族山區與城市的文化差距，並協

助研究者進入當地的生活情境。這二十四小時行程包括由成都
往涼山彞族自治州首府西昌的十二小時火車，由西昌至美姑的
九小時公車，與其間所需要的轉換與等待。西昌是一個相當漢
化的城市，居民也以漢族為最主要，但往美姑的車上，彞語已
經是最流行的溝通工具。按照過去行車的經驗，這一段車程原
本預計是六小時，然而由於公路維修不佳，又因為前幾年伐木
占林極為嚴重，破壞了地基，所以行車時間加長，而且過程艱
辛而驚險。從狹路堵車、土石流、落石、湍流等路況中川流不
息的車陣竟不在少數，顯見山區與外界交流的需求已高，目前
公路基礎建設遠遠不敷使用。

　　從這段車程中觀察到現代化發展的力量已然無所不在，但
居民卻又無時無刻不透露出一種無可無不可的人生態度。車程
中由於道路顛簸，乘客屢屢被拋離座位半呎以上，但未見任何
乘客有何不適或怨言，對於路況之敗壞，套句當地人說的，就
是「見怪不驚」。中型巴士上的座位極其狹窄，身高超過一百
七十五公分的人恐難以容下，這樣的狀況在過去考察雲南大
理、湖南永順時都曾經歷過，但如經過九小時的顛簸則是前所
未聞，乘客雖然各個吞雲吐霧，隨地吐痰，但頗能適應惡劣的
行車條件，全無抱怨。這種逆來順受的人生態度，與人們積極
往返尋求生意機會的市場理性，好像格格不入。

　　巴士中途發生爆胎，乘客耐心地等候司機換上備胎，前往
下一個縣城補輪胎。備胎只有一個，但車左後方爆掉的是雙輪

胎，巴士等於拖著一個扁胎在行駛。到了下一個縣城，司機找
到一家小店來補胎。幫忙補胎的是一個二十來歲的年輕人與一
個十歲左右的少年。少年顯然輟學，因為當時是週三下午一點
左右的上課時間。兩人以手工用最原始的方法，花了一個半小
時完成了美國車廠用機器在十五分鐘可以完成的工作。乘客耐
心而好奇地圍著兩人，在最後階段充氣時，輪胎工讓大家後
退，免得他萬一充氣過了頭會炸到大家。充氣完成之後，大家
不待輪胎裝回，就紛紛返車，司機是在所有乘客的重量壓力下
裝回輪胎。

　　在等待之中，有兩輛後發的中型巴士路過，司機與乘客都
沒有人想到可以轉搭，好像等待自己這部車修復是理所當然的
事。司機從頭到尾沒有和乘客說過一句話，他從爆胎、換備胎
到修輪胎，都不感覺有必要計畫替乘客進行一些臨時安排，一
心只放在修車。乘客多數藉機會在路邊如廁，買食物充飢，很
有默契，也很有秩序。一隻路過的羊在巴士旁邊小便。乘客中
一位穿開襠褲在學步的嬰兒一會坐在羊尿上，一會撿起掉在羊
尿上的一只塑膠袋放在嘴裡，他的母親陪他打發時間，絲毫不
以為意。一些在修胎當地才買票的乘客，也陪著大家一起等
待，這三名後來的乘客也沒有想要改搭後來路過的同一線巴
士。等輪胎修好要出發時，其中最後買票的兩人被要求改搭，
因為巴士已經超載，這時他們轉搭正好駛至的另一輛巴士。

　　司機的駕駛風格頗值一述，這是前後車輛司機所共有的特

色，他們行經落石所阻的路段，總是強行通過，車輪無不左右
上下劇烈搖晃，而許多車頂綁負重物，車子重心升高，因此極
為危險，而這些狀況並非偶然發生，而是沿途不斷。進入大山
之後，懸崖陡坡，危橋急湍更接踵而至，似乎只有初到寶地的
稀客才感到驚險萬分。山間小瀑布因日前大雨而從山澗沖刷路
面而過，形成小急流，遠看雖不確知深淺，大車小車毫不猶疑
的穿水而過，這些小急流通過路面迅速落入金沙江的一支上游
美姑溪，不知何時會將下一輛路過車輛帶入溪中。司機的超車
沒有地形限制，故彎道超車的事屢見不鮮，不知道如何判斷彎
道之後有沒有逆向來車，似乎超過前車的動機分散了對彎道背
後隱藏潛在危機的考量。

　　在前往美姑途中的見聞似乎指向一種普通的人生態度，即
「等有事再說」。這個態度使人免於對發生中的事件積極介入，
所以乘客對於路況、車況、司機都沒有要求；母親對於沾舔羊
尿的孩子沒有反應；司機對於危險的路況視若無睹等。這個態
度間接反映了一種社會人情的變遷，也就是不感覺其他人對於
自己作為社會中的另一員，有什麼特別的義務或責任，則當然
也隱含了自己也不對其他社會成員有什麼義務。也許這和現代
化發展有關，不過，這不是本章直接的問題。本章所要思考的
是，如果在一般農村，這個不介入的心態可能對集體主義文化
的現代化形成制約，那麼在民族地區會不會對現代化的引入也
有所制約？這個制約表現在行為上會是如何？

「有事再說」只是生活態度中的一面，另一面卻又看到積極性——即對自己與對家人物質利益的追求，故在困難的交通條件之下，絡繹於途的商家旅客卻不在少數。美姑縣出山往西昌或成都謀求發展的所在多有，這包括一般勞工與知識分子在內。巴士上的乘客半數以上攜帶貨品，是往來奔流的商人，美姑縣城一些小吃店開到凌晨一至兩點，沿途修車的小店也掛出二十四小時的營業招牌。90年初起的伐木業，為美姑今天的經濟奠下了基礎，生活條件起了極大的改善，近兩年因為中央開始重視環保，整個涼山州在配合西部大開發的宣傳之中，放在山區最普及的口號，就是退耕還林，目前以發展經濟作物取代伐林業，好替生態政策造成的經濟停滯找尋新的出路，包括花椒、菸草、蕎麥與蘋果都是新興的經濟作物，而爭取效益正是人們掛在嘴邊的常用詞彙。

同時，美姑彝民對於社會人情關係又十分重視。受訪的大學生受到父母、兄姊的接濟，他們與親家之間也往來密切。走在美姑的街道上，接待訪客的是縣立醫院的資深醫師，也是書記，80%以上在街道上的人，都與他親切地招呼。學校幹部、街上小吃、縣中官員，他無不熟識。兄弟之間的關係，在受訪家庭之中十分融洽，兄長資助就學、創業的事很普遍。彝族家中都有族譜，由頭人保存。另外，地方巴士隨路招呼停下，旅客相互協助放置趕集的貨品、牲畜，這些都是一個傳統社會常見的現象。所以，即令人們沒有積極的意願去改變環境條件，

但如何在既有的環境條件下為自己人謀福利，則是普遍存在的
關懷。

「有事再說」代表的是放任、缺乏系統、欠計畫、消極，
而爭取效益則反映了完全相反的人生態度，是一種有目標的進
取。這兩種態度的共生是在赴美姑考察過程中所觀察到的現
象。對於中央關切的生態保育而言，這兩個態度的結合並非佳
音，因為人們不會去規劃長遠的、集體的事務，甚至採行放任
的態度，如大至盜伐、污染等情事，小至吐痰、丟菸蒂等行
徑，都是無可無不可。金錢掛帥的傾向日益明確，生活目標的
物質化也似乎難以逆轉。美姑與一般農村地區不同的則是，它
同時是一個民族風情濃郁的所在，市招輒見雙語，同時有漢文
與彝文，街頭熙熙嚷嚷盡是民族服裝與民族色彩。在物質化與
逆來順受的生活態度中，作為一個民族教育的所在地，是不是
這些態度對人們的行為產生一些制約呢？這是本章以下的課
題。

美姑「彝族」存在的形式

從生活習俗的報告中可以聽到許多有彝族特色的活動，比
如在美姑縣的維其溝鄉，每逢過節都會有民俗慶祝、跳彝舞、
唱彝歌。彝族的節日不同於漢族，以過年為例，彝族年大約在
11月的時候，彝族學生眾多的西南民族學院會放假。照過年的

標準來看，有的彝族學生認爲雲南的彝族已經漢化，因爲那裡的人不過彝族年。西南民族學院每逢週末學生就出來跳民族舞蹈，主要是彝族與藏族，學校操場上一片歡樂，每個彝族學生都會跳，近年國家重視民族體育，彝族的強項是摔角，美姑縣的選手年年名列前茅，美姑縣參加彝族選美也總是獨占鼇頭，選美的標準包括台風、容貌、服飾、表演等。在民族學院，彝、藏之間的關係受到大量關注，因爲在90年代下半曾發生多次兩族學生打群架的事。

彝族的民俗舞蹈是如何傳承的呢？平時的耳濡目染是最主要的學習途徑，至於學校有沒有教，說法不一。多數美姑縣城的學校表示沒有教舞蹈，但維其溝鄉的主管教育的書記則表示在鄉下還是有教。一位自美姑縣長大的民院學生出示他幼時的照片，他當時代表學校表演彝族答體舞，帶隊的老師目前仍任教城關小學。彝舞並不難學，據在民族學院的羌族學生所說，他們有時也在週末加入彝族同樂的行列一起跳舞。如此可以判斷，學校並沒有系統普遍地教彝舞，這顯然也不是正規教育體系的一部分。不過，由於學生通常能跳能唱，學校老師爲因應節慶表演需要，會特別組織一批同學編排訓練，所以是屬於課外活動的部分。

彝族學生在西南民族學院也組織同鄉會，遇有同縣來的新同學入學或老同學畢業，都免不了吃喝祝賀。不過問到日常生活，不約而同是打球、上網、聊天、聽歌。而所聽歌曲也以

港、台為主，大陸近幾年崛起的流行歌為輔。打球是彝族學生之間盛行的體育活動，不僅受訪的男同學表示自己打得很好，女同學也都愛看比賽。至於上網，由於學校設備不足，大多是利用夜間廉價時間到學校附近的互聯網店通宵漫遊。聊天時主要話題是影劇和體育，只有在2000年兩岸危機期間，也會觸及政治問題。受訪的每一位彝族同學都覺得有關政治的課程枯燥乏味，除了彝文系的之外，一般對管理課程有較高的興趣。有一位美姑來的同學保留習俗在左耳戴耳環，一般女性兩耳都戴，傳統的耳環是三顆一串，上下兩顆是黃色，中間是紅色。

　　在交往朋友方面，這位美姑來的民院學生表示沒有特別的偏好，他在家裡也十分開通，平日經常會從家鄉買一些民俗禮品到學校送給同學。但另一位彝族同學自承有民族意識，將來想要對彝族文化、血統起一些保存的作用，他的祖母尤其告誡他要娶彝族姑娘。不過，他目前的女朋友卻是羌族的。至於在美姑，自由交友的風氣尚未打開。中年以上的受訪者以指腹為婚居多，即令今天，由父母通過媒妁之言做門當戶對的安排，仍是地方上通婚的主要渠道。婚後女方不能與家裡住一起，再近也必須隔一條路。彝族有家譜，通過家譜可以瞭解身世，比如過去是不是奴隸，而奴隸也有地位高下之分，在解放軍進行土改，摧毀奴隸制度後，有些家族仍維持著階級的觀念。

　　識別彝族的主要特徵之一是彝語，由於涼山州出了首府西昌都通行彝語，四處可見彝文招牌，所以民族風情味很濃。過

去彝文系畢業的通常是擔任語文老師，不過現在出路較廣，電台有彝語節目，近年國家發行彝文報紙需要編輯、翻譯，反而需求有所增加。這也是爲什麼語文教育成爲涼山的一個重點。凡黨或國家文件沒有雙語並用的，還會遭到糾正，在2000年9月在美姑召開的教育檢討會議上，縣教育局長在報告時就指出，有三十八個單位的紅頭文件沒有加彝文。（迪知且，2000）彝文系的學生背景必須通過特別培養，這些學生自幼用彝語學習。在美姑，從1984年開始，一共有三個鄉採取彝語教學，經過了十六年，第一屆大學畢業生在2000年誕生，投入行政翻譯與教學工作。

　　然而，在三鄉之外的彝語彝文教學其目標就不是那麼準確了。一般的教學是從小學三年級開始上彝文課，考中學時彝文必考。在理想中，維持本民族的語文可以作爲教學的目標，但在實際上，由於用不上，就是學會了也難以維持。美姑縣一位極受敬重的醫師坦承，彝文是易學易忘。他的孩子離開美姑到外地讀高中，所以彝文都已生疏。儘管如此，彝文教育還有另外一個誘因在支持著，也就是考高中與大學時，彝族學生可以加考彝文，得分可以用來當做加分的依據，換言之，彝文教育是國家考試政策下特別鼓勵出來的一種民族活動。美姑鄉下的彝語環境不利於漢語教學，照說採用雙語教學應該從母語入手，再進入漢語，美姑反其道而行，說明彝文教育所具備的功利性。

　　美姑縣本身設有一個彝文研究所，指出彝文存在的年代早過於甲骨文，只是逐漸失傳，也有受訪者指出彝文與朝鮮文有類似之處。無論如何，彝文的發揚與傳播功效應當超過學校教育的考試加分而已。在縣城以外，彝文教育的另一個重要功能就是掃盲。既然彝民不通漢語，則用漢文掃盲不啻緣木求魚。掃盲通過彝文來進行則是天經地義。對於國家而言，由政府出資協助發行彝文報紙，再以半攤派的的方式要求村的工作組訂閱，其實有助於國家政策的宣揚，因為鄉下懂彝文的人，就可以在村裡傳達國家政策。對於美姑山區而言，由於缺電，沒有電視，因此彝文報紙成為對外溝通的關鍵。經過彝文掃盲的青年，可以用彝文相互通信。以維其溝鄉為例，一共有五個村，掃盲教師一年掃盲一個村，由於村區廣大，還要再進一步設掃盲點，主要對象就是沒有入學的年輕人。

　　這裡可能出現的有趣現象是，入學的兒童到小學三年級開始學彝文，可能漢文與彝文兩種語文都學不好，或者優秀的雖然能繼續升學，但由於脫離了鄉下的彝語環境之後，對彝文的需求日益降低。倒是沒有入學的人，因為接受彝文掃盲後有彝語環境，反而對彝文的掌握更實用。另外，彝文教材是從漢語教材翻譯過來的，而漢語教材隨時有改變，彝文的翻譯需要時間，所以教材脫節跟不上，對於在學的彝文三鄉學童頗為不利。實際上的教學又未必照表操課，一位受訪學生談到自己的經驗，他從第一、二冊學完後直接學第九冊，遇到學習上相當

的困難。

最後，既有宗族組織彼此透過家譜、指腹爲婚、舅表通婚、門當戶對等作風，維持自己的獨特性、分離性也是當前涼山彝族以血緣爲中心的民族意識表現。（易謀遠，2000：688）凡事在親族之內尋求協助的習慣，當然會讓人以個人身分面對宗族以外的事務時，不會有積極介入、探詢的意願。在牧羊的習俗中。人們不太傾向將羊賣到集市上換取貨幣，而會考慮將羊儲存，以備在親友困難時能提供援助。（易謀遠，2000：722-723）或許外界的人認爲這是彝族落後的象徵，希望經由思想教育工作加以改造，但自50年代社會改造之後至今，這種改造的企圖迄未產生決定性的變遷力量，反而還出現當地人民對於教育體系的某種疏離與不適應，這當然與社會主義並沒有帶來幸福有關，但也與教育工作者只思改造，而不謀順應的政策思路有關。

美姑彝族的教育困境

對於一再強調重視教育的國家領導而言，美姑最令人吃驚的，是它兒童入學率只有56%（迪知且，2000）。據受訪的幾位漢族老師們的分析，這是因爲彝族脫離奴隸社會只有短短幾十年，對於教育的要求不高所致。一位土生土長的漢族班主任也說：

我們從奴隸社會進入社會主義社會，文化上要求不高，
不像漢族地區，考不考上都一定要去讀書。彝族讀書就
是要作幹部，做生意，擺脫貧困，思想覺悟不夠，提不
了好高。九年義務教育根本不用說，連小學都沒達到。
失學的很多。

　　相比較之下，相鄰的雷波縣情況就好的多，雷波的校舍還
比不上美姑，但那兒漢族比例占人口一半以上，而美姑的彝族
超過90%。

　　學校困難的情況在受訪的兩所中學與兩所小學都差不多。
以民族小學為例，現任的書記是1990年到校的，自從他到校之
後，學校還不曾進行過任何建設或維修。城關小學過去是瓦
房，1989年時修了水泥教室，但還存在一些瓦房。在中央提倡
素質教育不遺餘力之際，缺乏音樂室、活動室、體育室的城關
小學，另外還有無地可放置的約九千冊圖書。不過，城關小學
有電腦室，這是所有其他受訪學校不能比的。小學老師住房情
形很差，六十三個教師，擠在三十六間宿舍之中。美姑縣中學
的教師住宿情況也不好，有一家三代住在不到二十坪的公寓
中，廁所不能轉身，許多人不願住。本來還有一個小禮堂在使
用，州教委主任來視察後指示不能再用，定為危樓，承諾要再
修一個樓，不過經費始終未下來。至於電腦，縣中即使想靠貸
款自行添購，上級都不核批。

　　美姑中學的彝族學生比例在1985年左右時，是20%，至1999年已經增加爲87%。城關小學的情形類似，1985年之前彝族學生占30%，現在將近75%。過去漢族老師的比例也比較高，現在彝族教師人才漸多，在漢族老師離開之後，紛紛返鄉。漢族學生減少的主要原因，是早年有大量的漢族幹部在50年代來縣參加工作，現在紛紛退休，多數已經離開，他們的子女也就不在縣裡居住。至於漢族老師，是因爲美姑縣的經濟條件太差，紛紛求去，留下來的也有人抱怨自己調不走，原因是「沒有人願意留在窮鄉僻壤」。的確，美姑被列爲國家級的貧困縣。城關小學老師在週末的輔導課，一堂只有三元酬勞。而調走、退休的缺，上級一直補不齊，因此老師的負擔遠超過教育部訂定的課時要求。

　　城關小學爲了節省工資支出，允許老師出外打工，稱爲勤工儉學，除了不拿工資之外，在合約的一年期限中，還要回報學校一些錢，但這樣一來，現有老師的教課負擔就更重了，因爲他們必須把勤工儉學的老師的課分去教。教師工資最差的是鄉下的代課老師。由於政府派不出老師，或村上爲了節省經費，鄉下的一師一校情況很普遍，由一個中專剛畢業的學生去代課一年，之後他們才可以申請轉爲專任。代課老師的待遇一說一個月兩百元，另一說一百八十元，實際也存在只發六十元一個月的情況。與雲南傣族山區相比，那裡老師情況固然窘迫，但學生每日束脩會輪流帶一些醃菜給老師，村裡給些大

米，在美姑則全沒有。

　　對老師的不重視還表現在其他方面，以美姑縣中爲例，教職員的待遇級別都達不到應有的層級，屢次反應均不得要領，班主任特別指出：

> 過去教師沒地位，但農村很尊重，土匪不搶老師，因爲他的娃兒也要老師教，但臭老九的名字地位低。粉碎四人幫以後，我選人民代表、人大常委、入黨，工資待遇還是高級職稱。但有些地方知識分子政策還是不夠。我們學校在級別上，州組織部1993年三十三號文件屬重點中學，享受縣級待遇，所以校長、書記應是副縣級，其他縣都落實了，美姑老師當中，校長書記都應有個縣委，最差應有個候補，但都不給，政治待遇不落實。嘴上還是關心重視，實際就是落不下去。校長只是個政協委員，還有個老師是政協常委，因爲他是代表無黨派。作爲領導的應考慮我們處境。

　　國家對學生的補貼也跟不上，這也是說明入學率低的一個主要原因。美姑縣很貧窮，家長付不起兒女的教育費，國家每個人補貼一些，早些年一個中學生補十元，幾十年之後居然仍然是這個數目，沒有調高。影響所及，鄉下幹部費盡唇舌到學童家裡說服家長時益加困難，這樣對女孩子影響尤其大，美姑高中在造訪當時原本還有兩個女生，現在一個退了，另外一個

轉學了。老師爲了應付鄉上、縣上的檢查，不得已往往從自己工資裡扣下錢來爲孩子買書本，鼓勵他們入學。有的地方則對家長實行罰款兩元，逼他們同意讓孩子就讀。

小學尚且如此，中學就更不用說了。民族小學全年收費一百元。民族中學一個學生雖補助三十元，這是90年代建校時的標準，至今不變，其餘生活費用要學生自己負擔，在物質快速上漲的情況裡，當然影響就學意願。民中建校時的設施計畫，十年之後連一半都沒完成，自1995年起，沒有收到過任何補助，所以創校時來報名的雖多，現在卻完全收不足額，學生素質更是無法控制。美姑中學的學生也在近年迅速流失，高中只有兩個班，初中除了初二有四班，其餘只有三個班。上級計畫將民中與縣中合併，民中老師人心惶惶，所有年輕教師要通過考試再篩選，不合格的只有放回鄉下。像這樣在十年前建校，建了之後就不再投資，導致十年後要撤校的命運，說明州、縣的教育政策缺乏系統性與一貫性，投資短期化，造成投資的浪費。

州自己的政策更牽制了中學的入學率。爲了順應地方人民講效益脫貧的需要，近年州大力提倡中專教育，由於中專畢業立刻可以分配工作，很快從中學裡帶走了許多學生。但今天政策改弦更張，中專畢業之後卻不一定分配得到工作，民小一位老師自鄉下來，他估計前一年師範中專待分配的有四百多人，目前只分配到四十個，結果當然又影響中專的招生，形成招收

單位兩邊都落空，分配不了的就當代課老師，或去當兵，退伍還起碼有輔導就業。彝族父母覺得自己一輩子沒讀書，一樣還是過來了，因此思想上不感到孩子就學的需要，尤其當就學不保證就業脫貧的話，那就還不如在家幫忙生產事業來得划算。

關於美姑彝民教育行為的假設

在以上的田野報告中，關於彝族的特色、認同、意識的維繫，基本上都是在正規教育體系之外進行，唯一的例外則是彝語、彝文。然而，彝語廣播和彝文教育宣傳的重點，是國家政策的推行，彝語本身不靠政府來推廣，而彝文則是兩政策與生活方面的作用兼而有之，主要作用是藉由掃盲來動員彝民加入現代發展的進程，次要作用則是鞏固了彝民之間的民族認同。對於在城市成長的菁英來說，彝文的重要性反而隨著生活環境的要求改變，而益加不受重視。所以總括來說，彝民參與教育體制的主要動機或誘因，不能從民族意識的角度來說明，而必須從文化條件、政策、經濟條件、生活態度四方面來綜合說明，這其中關於生活態度的討論，在目前文獻中比較缺乏，迄今沒有制式社會調查在美姑進行過。

採用文化條件說的人，在訪談之中往往是漢族教職員，流行的觀點主要針對彝族的奴隸社會背景，認為當地人民缺乏發展意識。但這個說法是有問題的，不僅彝族大學生已經紛紛加

入社會工作行列，人們在當地所表現出的各種商業行為，也顯示追求效益這樣的經濟動機，明顯、強烈、普遍，而且被視為正當。不可避免的是，鄉下農民將耕田放牧當成是生活的重心，的確反映了一些歷史條件的特殊性，只是這個特殊性又不能說是限於彝族地區，則彝族的奴隸社會制度就不能有效地解釋人們對教育體制的漠然。更重要的是，家長抗拒的主要理由也是經濟性的，即教育投資的數額在當地經濟水平中相對是沉重的，而其回收效益並非立即而穩定。

一位縣中的老師則明確指出，他認為彝民的求知慾望還是有的，但父母實在拿不出錢來，何況國家編的彝文教材內容脫節，泰半出自漢語教材，中間缺冊，銜接不上，民族中專出來的申請學校，高中以上的學校不想收。可見很多兒童失學是由於受教育的誘因機制不良所致。彝族教師在大山中盡心盡力，用自己的薪水幫助就學，山上沒電沒水時，還傳出一個教師一週之內都沒空下山購買食物。彝族老師如果動機如此強烈，多少是抱著一種教育理念在行動，如果他們沒有受到奴隸社會歷史的影響，那麼就不能完全從文化條件來分析美姑彝民的覺悟意識。所以，值得檢討的恐怕應該是州教育政策的失當，與教育主管人員在資源與規劃方面的能力受限。

文獻中早已指出政策具有引導效果，從田野考察過程之中暴露出來的問題，還包括與經濟落後有關的現象，建設資金的不能到位，中專與高中在學生招收上的競爭與相互削弱，教學

設備嚴重不足的窘迫，對教員士氣的忽視，對所承諾改建的工作不能實踐。一言以蔽之，就是教育政策的重點拿捏不穩，教育投資的規劃短期化，但根據美姑教育當局自己的分析，能掌握在政府手中的變數不多，它所舉出的問題是：農村教育附加費的徵收不足（是農民與鄉政府的責任）；教育經費短缺（是州教委的責任）；入學鞏固率不穩（是鄉幹部的責任）；教學缺乏現代理論（是教師的責任）。果真如此，州教委自己豈不權無責任？則教委提供了什麼適當的誘因來進行改革，就變得不重要了。

　　一般所忽視的是，美姑彝族在生活態度上那種「有事再說」的特性，也可能影響到教育行為的表現。教育當局對長遠規劃的不在意，教育投資短期化都在一定程度上流露出消極的傾向。農民對於教育要求立即回收，也同樣是一種缺乏長遠視野的結果。學校幹部在爭取自己應得權利的時候可以不斷上書，但在爭取學校經費時卻完全消極，民族小學的書記甚至抱怨，在漢族地區可以經由媒體披露，然後得到各方支持，走出困境，但彝族地區卻只能空想這種媒體致富的奢望。恐怕也就是這種對問題的逆來順受，不求解決的態度，使得整個教育系統顯得缺乏積極性，現在國家推動了西部大開發，當地知識分子又開始抱持一種說不定會有轉機的期盼心理，但仍沒有藉機爭取的行為。民族中學教員面臨合併關校在即，莫不有一種等待的不安，然而爭取、規劃、募資、遊說之類的風格，在美姑見

不到。

眾所周知，現代國家的特色就在於有系統、有規範地整合境內資源做有效地運用，而教育正是動員人民加入、熟悉、認同並效忠此一體系的絕佳手段。然而，在美姑地區，國家所象徵的意義卻不同，它首先是以摧毀既有彝族社會制度的姿態出現的，但所帶來的則是一種普遍性的「貧窮的社會主義」，（易謀遠，2000：712）因國家這個概念所蘊含的威信並不高，則代表國家精神動員的教育也就不能吸引當代人了。過去，人們仰賴奴隸體系提供、支配勞動力，後來支配者轉成為國家計畫。在計畫體制失敗後，人們只能回歸到宗族來調和、規劃勞動力與資源的使用。宗族體系的信用有歷史文化血緣基礎，遠非教育體制所可比擬。教育活動不思依循這個大背景，而企圖與之為敵，其效果自是不彰，故有學者指出，「如果不尊重歷史實踐，依然自覺或不自覺地沿襲以往習慣了的思維方式和工作方法」，結果會剪不斷理還亂，從而主張要法大禹治水採取「疏」而非「堵」的作法。（易謀遠，2000：713）國家教育體系強力動員與效益標準的快速介入結果，可能是形成前述「有事再說」心態的重要原因。

像這樣只求有立即效益的事，否則任其發展而不介入的心態，是否與脫離奴隸制不久有關，或與經濟條件落後更有關，還是也與政策誘因失當有關，值得進一步探討。不過，人們沒有從彝族生活習慣中去發展正面的形象，而總是強調其負面

性，造成彝族認同被留滯在教育體系之外，如何將彝文教育與
彝歌、彝舞、體育活動相結合，擺脫以追求立即經濟效益爲依
歸的受教態度，恐怕是教育部門必須深思的課題，以罰款、工
作分配來引導家長，反而陷入一種將彝族與覺悟不足相捆綁的
惡性循環。

「生活態度」作爲知識

　　總而言之，透過教育來重振彝族的自我形象應當是改變人
們生活態度的重要過程。在現代發展中，經濟一向被用來衡量
先進或落後，一旦接受了這個標準，則讓彝民歡樂的民俗活動
都變成與現代化不相干的活動，只有在週末、鄉下才能出現。
彝民在經濟、語言方面的弱勢，保證了他們在當前教育體制中
競爭性的缺乏，也使家長們感到疏離，從而造成兒童的失學以
及他們未來在現代化市場上競爭力的進一步衰退。當然，「有
事再說」之類的人生態度未必是源自於教育政策，而與現代化
的社會變遷、價值變遷有關，並反映出某種程度的效能感低
落，以及觀看世界的知識角度。不過教育政策即使不能爲當地
彝民訂定未來的目標，起碼應當協助走出惡性循環。以目前這
樣的多方投資，而又欠缺再投資能力與方向的政策，很難將美
姑的入學率做有意義的提高，用罰款與政治壓力所營建的入學
率，不僅不能對兒童教育裨益，還可能加深家長與教育體制之

間的隔閡。

　　本章的調查提出了生活態度這個變數，這不是事先就已經預設的觀察點，而是在當地透過點點滴滴體會的初步分析，加入了這個變數之後，人們可以比較清楚地掌握文化條件、教育政策、經濟條件三者之間的關係，並且可以找到可以從在地社區經驗來介入的點，設法將政策與彝族的自我形象相結合，而不是抱著宣傳政策的心態掃盲，如此才有可能因爲生活態度的轉化，帶動人們對教育體制重新定位，找到對當地家長有意義的重心，並引導教育投資往有系統且長遠的方向規劃，使能擺脫或修正以漢族價值爲核心的教育理念。

第五篇
血緣化的民族想像

第九章　找回血緣民族：惠水布依族苗族考察的省思

血緣作爲民族論述

在研究民族的文獻中，文化的共享始終是其中關鍵的課題。而研究中華民族的文獻，更有一個共識，即認爲中華民族主要是一個文化概念，而非血緣概念。[1]以文化爲民族內涵的想法，其來有自，故可說「華夏」這樣的文化論述是歷史上早就已經存在的，從認知上幫助中國人維繫了幾千年以天下爲對象的正統王朝之治。不過，「民族」一辭則是到近代才出現的新觀念。（Greenfeld, 1992）「中華民族」作爲一項政治論述提

....

[1]或謂是出於漢文化的包容力，例見周星，《民族學新論》（西安：陝西人民出版社，1992），或謂是出於封建文化的封閉性，例見朱日耀、曹德本、孫曉春，《中國傳統政治文化的現代思考》（長春：吉林大學出版社，1990）。

出來，應當是推翻滿清政府以後的事，其主要功能著眼於整合當時新興的中華民國疆域之內的各族。可見，中華民族似乎更不可避免是屬於文化範疇的建構，而非血緣範疇，這乃是近代西方列強入侵中原之後，應運而生的觀念。

不可否認自從「華夏」以降有關今日民族的各種論述，文化禮俗一直在判別異族與我族的標準中，占據了主要的位置，但並不能因此論斷，有關血緣的想像是屬於次要的。在許多日常的成語之中存在了關於血緣種族的預設，比如「炎黃子孫」一辭之中，如果說「炎黃」是屬於文化想像的部分，則子孫當然是屬於血緣想像的部分，兩種想像相輔相成，缺一不可。（陳大絡，1979）否則，如果國人咸認為「炎黃」的血緣是根本，文化與生活方式是次要的，則爾後生活方式的相繼發展，便將使作為子孫的同族人無法辨識同族何在，故文化共享的想像為中華民族論述的不可或缺。或若國人皆能接受炎黃諸系純粹係文化傳承，就用不著子孫想像來鞏固同源同種的感覺，則文化變遷足以改變民族之分辨，原本同族將不再構成一族，國人態度又顯非如此，總是堅信中華民族的吸收力無與倫比。❷

查中華民族如果是領土疆域之內的各族所共同構成，則各

---

❷費孝通在這方面有一些異論，與他的其他觀點相比，是極少數尚未為研究民族學的同好所發揚的看法，即民族單位中有凝聚力與離心力，本身會有變化，形成興衰存亡、分裂融合的歷史。他希望年輕人接班研究這個問題。見費孝通，〈簡述我的民族研究經歷和思考〉（北京：北京大學，1997）。

族之爲各族又必須屬於血緣之族。倘若境內各族是文化風俗形
成之族，則境內各族將因爲文化交流與相互同化的關係，而漸
失其族性；另一方面，又會有若干社區發展出不同文化風俗，
而成爲新興民族。如此，國內的民族政策對象將發生不斷變
化，使民族政策的制定成爲不可能。同時，各族之爲各族倘若
容許本民族因爲文化出現新的開展，而在制度管道中徹底消
失，則民族身分所賦予的安定感也將不存在。各族的身分缺乏
安定感的話，中華民族作爲一個整合性的身分，料將失去意
義。能夠容許文化風俗不斷融合或分歧，卻又不害民族身分安
定感的，民族論述者就不得不回到以血緣爲基礎的民族論述，
從而有了「多元一體」論。（費孝通，1989）❸

　　本章一反過去文獻中指稱中華民族爲文化概念的論述主
軸，轉而探索以血緣爲核心的民族論述，並將辯稱這個血緣爲
核心的民族論述，是更根本的中華民族論述，而關於文化風俗
的共享過程，過去或有促成融合的作用，今世其功能則多在於
維繫以血緣概念爲主的民族身分。以下的討論即針對這個關於
血緣民族才是基礎論述的命題，進而觀察在田野考察中所經歷
的血緣論述，說明血緣論述如何隱藏在文化論述之下，起著鞏
固民族身分的作用。關於貴州省惠水縣的短暫考察是一次偶然

---

❸故曰：你來我去，我來你去，我中有你，你中有我，而又各具個性的多元統
　一體，沒有血統上的純種。

安排的結果，一共只有四天的時間，而且與村民交流的時間，少過於與幹部交流的時間，但從陪同學者、官員與幹部的介紹中，流露出頗多關於文化與血緣交互出現的身分界定，反而成爲考察過程中最引人反思，與最值得回顧的經歷。

惠水布依族的由來

惠水屬於貴州省黔南布依族苗族自治州下轄的縣，根據西元2000年人口普查的資料，其中布依族人口占全縣人口的36％，占少數民族人口的61％。（惠水縣布依學會，2001：24）因爲隸屬於自治州，所以縣名上不再重複冠上自治兩字，縣民中以布依族爲最主要的少數民族，其次是苗族，至於縣的主要領導幹部也是以布依族與苗族爲主。這次考察主要的兩個鄉爲鴨絨鄉與大龍鄉，前者是苗族聚居的社區，造訪的是鄉中學與完全小學，後者則爲布依族，以村民及廟宇爲交流對象。另外原本計畫前往長安鄉，這是全縣唯一完全是布依族的鄉，但因爲天氣與路況關係而無法前往。鴨絨距離縣城約三十二公里，道路以大碎石路面爲主，即使搭乘登山吉普車前往，也仍須顛簸超過一個小時。大龍距縣城約十二公里，也有三分之二屬於大碎石路面。

關於惠水布依族的由來，近來出現許多人類學的考證，可以上推到舊石器時代，據傳十萬年前的水城人即爲布依族的遠

古民族之始，故布依族是當地真正的土著民族。（《布依族簡史》編寫組，1984：7-9）其他關於布依族的由來主要都是外來說，包括宋朝狄青征討之留置而來，故源於山東；明朝洪武年間調北填南之遷徙而來，故源於湖廣或江西；但均遭布依學會紛紛駁斥。（惠水縣布依學會，2001：9-17）布依研究者並不否定有外來移民，但多強調這些外來移民居於少數地位，且都與當地土著融合，絕非惠水布依族的主要成分。之所以外來說在過去甚囂塵上的原因是，布依族自古未能融入漢文文化，有關漢文記載是在外來漢族移入之後才有，因此凡有關記載均只能溯及外來民族移入之時，而不能回溯自始居於主體的土著民族活動。加上清初的改土歸流政策，迫使許多布依族民與漢族聯宗，為了隱藏自己的族籍與祖籍，而改載江西，以致於後世有了布依外來的誤解。

　　布依族的人類學家經由出土文物，追蹤了水城人以降布依族的移動路線，並在有史之後的文獻中，考證了由濮、僚兩種移民與當地羋柯人共組夜郎國，之後則經歷與北遷而來的駱越人融合，史載之濮越人，即布依人。這段由布依學者撰寫的族源考，大至布依民族，小至惠水布依族民，要旨皆在辯證布依族有其遠古之根源，且遠在民族融合之前，對於當今學術界討論民族的文化面與血緣面的關係時，此一論述角度頗有啟發，因為布依族學者固然也精研各種關於布依的文化與習俗，但血緣上某一種遠古聯繫，似乎是探討或開展布依文化與習俗的前

提，亦即文化僅是判別血緣關係的指標，而不是民族發生的原
因。換言之，先有民族的存在，才有探討民族文化的意義，因
此文化不足以爲族民身分依據之根本所在。民族融合雖不必迴
避，但融合之前某個血緣的根源也應當有交代：

> 世界上沒有純種的民族。布依族與漢族、其他民族相互
> 融合是必然的結果。但上述關於布依族源的各種說法，
> 雖然有這段史實，而歷史年代很近，其源流追溯不到根
> 源⋯⋯。布依族長期生息繁衍在貴州高原的布依族地
> 區，直至今天，仍形成「成片聚居，交錯雜居」的狀
> 況，在人類歷史發展長河中，民族間互相交往、互相融
> 合，在整個中華民族形成的發展過程中，「你中有我，
> 我中有你」，這是歷史發展的必然趨勢。（惠水縣布依學
> 會，2001：17）

文化論述對民族身分的功能

不可否認，關於華夏民族的想像，更多的論述是圍繞著禮
儀教化，而不是共享的血緣根源。知名民族發生學學者
Benedict Anderson參照歐陸經驗，分析當代西班牙裔殖民地的
民族認同，是如何經由後人穿鑿附會建構而成，而血緣想像爲
其中不可或缺。（Anderson, 1991）由於歐陸經驗是與宗教改

革和宗教戰爭息息相關的，蓋歐洲的民族是一個一個分出來的，整個歐洲近代史是一個民族分殊的發展。這些民族和十七世紀出現的主權國家秩序相互依存，透過主權秩序的創建，歐洲的民族主義取得了一個領土的基礎，沒有這個基礎的話，民族主義的想像沒有固定執行的範圍與對象，也就不能茁壯。但是民族國家認同的建立，更要求能在概念上擺脫舊的共通秩序，回溯在黑暗時代之前某個源頭，才能使疆域的區隔顯得合理正當。同理，由歐洲白人殖民地萌生的民族主義，也是以分化的方式出現，也需要建構某種共享源頭的血緣論述。

可是中國歷史的進程卻不同。不但中國歷史上的群體不是從一個普遍性的宗教秩序中分立出來，甚至後來因為與中原文化的接觸，而不斷相互融合，即文化是融合的原因。❹首先，中原的概念就迥異於主權的理論。中原不是特定的疆域，而是隨京師而動，中原象徵一個關乎正統的思路，而正統又是天下這個秩序觀裡的一個要素。（陳永齡，1989：12）和主權強調排他性領土高權相反的是，天下是大方無隅且無所不包的柔性主權。所以一方面孔子會擔心自己披髮左衽，但另一方面仍自信可以行蠻陌之邦，其中的至高權力是屬於能彰顯禮儀教化的一方。故權力不是主動要來的，是被人以簞食糊漿迎往的，接受這套想法的就成為中原之人。（余英時，1988：19）故咸信

_____

❹梁啟超云：「混諸族以成一大民族，皆諸夏同化力為之也。」

中國人的血緣是在歷史上經過多次異群融合而至今，並不是藉由對疆域的區隔與全權宰制所保護和淨化而來。（吳頤平，1970：94-95）

　　民族融合是認同中華民族的人對自己的一種重要想像，這個想像與Anderson說的想像有一個根本的不同。Anderson看到的民族想像，是人們回溯一個歷史的源頭，不斷在現世中製造合乎這個歷史源頭想像的事蹟、血緣、傳說、文物、圖騰。在這方面，中華民族固然不遑多讓，但不同的是，中華民族以民族融合自詡，因此在實踐這個想像的時候，特別重視禮儀教化，從而就對異族產生吸引力，而不是排斥力。關於中華民族的想像得以持續的理由，不在於認為中華民族可以消滅驅逐異族，而在於可以教化異族。沒有異族的存在，教化就不能進行，則中華民族就不必再存在，屆時將是進入大同世界之日。這是在中華民族的想像過程中關於歷史終結的一種表達方式。❺

　　所以，血統的混合對於中華民族而言，不但不是一種致命的威脅，其實還象徵了一種道可道，非常道的人生態度。就連

---

❺相對於大同世界的人我和諧共融，當代流行另一種歷史終結理論，即民族與民族主義的消失，自由的個人成為歷史主宰。見Fukuyama, *The End of History and the Last Man* (New York: Aron, 1992)。另外，近代日本知識界對中國的理解，其基礎也是在強調中國人欠缺萬世一系的觀念，故對異族缺乏抗拒，以至於融合起來相對容易，因而在文化上失去進化的動力，見Tanaka, *Japan's Orient: Rendering Pasts into History* (Berkeley: University of California Press, 1993).

今天台灣的分離主義者，也以與平埔族通婚而自認有了新血統，不會擔心血液不純淨，重點是大家都必須認同台灣作為新中原。故台灣分離主義的民族論述，採取了與中華民族主義者一樣的民族想像策略，即有一個想像的異族對象，與漢族（或閩南族）通婚而加入了中華民族（或新台灣族）。Anderson的邏輯是，海外的白人殖民地一旦能建立自己民族血統的想像後，就成了一個新的民族國家；中華民族的想像策略卻是，新的血統擴大了禮義教化的範圍。最明顯的證據是，所謂漢族人對於血統上漢族不漢的現象全無焦慮。

　　歷史上以血緣想像為內涵的民族政策曾在元朝與清朝出現，但北魏時的漢人、元朝時的南人、清朝時的漢人，與今天所謂的漢人，在血緣上不能劃上等號。南人融合了蒙古血緣而生生終而為清朝之漢人。清朝的漢人是相對於滿人而來的，故若清朝時沒有滿人就不會有要定義漢人的需要，而為說服使漢人接受滿人統治而杜撰的《大義覺迷錄》，（史景遷，2002）還以滿漢道統相承做為號召，可見被認定站在漢族位置的人，不必因為滿族血統相異而排斥，憤恨自己的亡國，否則《大義覺迷錄》的邏輯將不可能產生合理性，反而會讓漢人必欲除滿族而後快，但這種情緒在乾隆之後正漸弭。滿人皇帝確實個個漢化，致使大陸東北的滿人迄今不能區分滿漢，且二十一世紀滿族的中華民族意識似乎猶強過於所謂的漢人。簡言之，漢族已經不是血統概念，而是文化概念，漢族的自大來自於自詡為

最高教化的民族想像，不是民族血統最純。

　　Anderson以地域爲基礎來建構民族想像，乃是因爲他不自覺地站在歐洲主權秩序裡發言，因此誤以爲他所看到的想像都一定要有疆域爲基礎。但這不是Anderson一個人所犯的錯，而是因爲歐洲殖民主義四處肆虐，引起各地接受壓迫人群的反抗，於是紛紛借用了歐洲泊來的主權觀，驅趕殖民者，建立自己的國家主權。但正如Lucian Pye這位被人懷疑帶有種族主義偏見的中國通所說，這些地方（他用中國爲例子）只是僞裝成國家而已，（Lucian Pye, 1990）因爲這些新興的所謂國家，並沒有歐洲人的宗教與民族想像經驗。然而，在接受了歐洲的主權秩序觀之後，中國人就不可避免地也開始受到主權觀念的制約，而將中國人或中華民族的身分，愈來愈描述成是在中國主權範圍裡的所謂國族。

　　雖然Anderson關心的分離主義式的民族想像未必適用於中國，但在另一方面也間接提醒了，在統一主義式的民族想像中，血緣論述仍有其特殊的作用，且在華夏民族建立主權國家之後所發展的中華民族認同上，愈見其重要性。換言之，分離主義式的血緣論述重在挖掘不同的血緣根源，而統一主義式的血緣論述重在不同血緣的已然融合。在後者的想像中，某種融合之前的血緣想像變成不可避免，這種不同血緣根源的論述，使得「如何融合得更好」成爲民族論述中的主要問題意識。相反的，如果起點是血緣的同源，則問題意識就會變成是「如何

區隔得更清楚」，這就是Anderson的起點與華夏民族論述起點不同，前者以分離爲鵠的，後者以一統爲理想，以致所預設的問題意識有所差異。無論如何，所謂華夏民族或中華民族是文化民族主義，而非血緣民族主義的說法，值得重新檢討。簡言之，到底共享的禮儀教化是中華民族發生的原因，還是中華民族血緣共享前提下判斷民族範圍的指標？此爲以下的討論焦點。

民族制度中的血緣想像

主權國家制度逐漸完備之後的中國，對於民族的認知也隨之相應調整，但卻又顯然不同於歐美的主權國家或民族國家。其中立即引人注目的就是在中華民國憲法中對於僑民代表的規定，因爲這個規定違反了公民對所屬國家效忠的期待，而使得中國海外僑民繼續效忠於其母國。至於僑民代表制度反映的是文化民族主義或血緣民族主義可能見仁見智，因爲僑民本人對於中國人身分的認同可能同時包含兩個面向，未必曾經有意識的加以區分。然而，僑民身分的認定則顯然是血緣民族主義，亦即必須父母是中國人才有可能成爲僑選民意代表，而彼等所代表的僑民，當然也是父母爲中國人的其他僑民。所以身爲中國人的後代，即使不是中國的公民，也可以參與中國的國是。這個制度至今在台灣的憲法中仍獲得保留，而在大陸則也有與

僑民關係密切的致公黨，其作爲參政黨的權利在憲法上與中共黨章上都獲得保障。其結果，文化上可能完全認同外國的僑民，於是因其血緣共享的主張，而成爲中國主權國家之外介入其內的正當性依據。

更重要的，當然是國內的民族制度對於血緣民族的想像有鞏固效果。一般而言，少數民族的概念是一個法律概念，乃在民國成立之後，爲了能夠使國民團結愛國，各族共和，從而有了對漢族以外民族的保護政策。實際上，所謂少數的概念，必須先設定一塊領土疆域之後，比較疆域之內各同族的人的數目多寡，方可能產生少數與多數的對比。所以，沒有疆域，就沒有少數民族。但有了疆域之後，要定義少數民族顯然又有困難，最簡單的方式，自然是訴諸於共享血緣爲依據。換言之，中國成爲一個界限明確的主權疆域之後，民族作爲血緣化的產物，就更加超越文化爲內涵的民族論述了。所以所有有關少數民族的政策優惠，並不問受惠的對象是否會使用某族的語言，信仰某種有民族特色的神祉，保留所屬民族的生活信仰，只問其人父母是否屬於某族，厥爲血緣民族。

當然，在一方面，目前的民族制度不得不承認，血緣不能完全決定民族，因爲當雙親屬於不同族的時候，下一代可以選擇自己的族屬。換言之，當事人在某種情況下，其意志可以一定程度地決定民族歸屬。不過，這個決定必須在血緣民族的論述範圍之內才能行使，超出了這個範圍，當事人沒有在法律上

拋棄民族身分的權利。許多地方的少數民族村民，受到現代化理論的影響，覺得自己所屬的民族很落後，不願意承認自己是少數民族。[6]然而，他們最多只能在文化上裝扮成漢族，宣稱自己完全漢化，而不能在法律上擺脫民族身分，有時或許基於政策優惠的考量，也不真的願意就此放棄民族身分。這種優惠制度實踐的啟示是，即使少數民族已經在文化上失去特色，對少數民族的身分絲毫沒有影響。則決定少數民族身分的，就只剩下血緣一項了。

　　將這個啟示擴大來看，同樣適用於中華民族的血緣想像。中華民族如前所述被認為是在中原混血而成的民族，後來面臨列強的入侵而強化，（劉小萌，1999：116-119）並開始推動西化。中國的西化運動引起知識界不安，以為這是民族滅亡的徵候。可以說，長期以來西化派與中國本位派的辯論，是文化民族論與血緣民族論的辯論。西化派不因為西化而認為民族不存，相信西化後的中國人仍將是中國人，故類同於血緣民族論。從過去百年的歷史來看，總的趨勢是西化，則血緣民族論似乎占了上風。[7]不過，不能否認在西化進程中不斷有文化復

----

[6]在廣西自治區金秀自治縣考察時，所採訪的一位瑤族耆老分析，金秀大瑤山的人怕別人看不起自己，刻意隱藏身分，總說瑤族已經漢化，其實是希望別人不把自己當瑤族看。在湖南省湘西自治州永順縣一位土家族小學校長表示，現在人們不說土家話，怕別人嘲笑自己落後。

[7]關於西化派與民族主義的結合，見劉登閣、周雲芳（合著），《西學東漸與東學西漸》（北京：中國社會科學出版社，2000）。

族國之間
216 ──中國西南民族的身分策略

興之類的運動出現，比如早年的新生活運動，1949年之後包括：人民公社運動、無產階級文化大革命，以及各種晚近的反精神污染、反資產階級自由化、文化熱等強調中國特色的論述，都是企圖在西化的同時，保留民族特色。當代改革開放引起《河殤》之類對中華文化的質疑，（蘇曉康、王魯湘，民77）使得人們對中華民族外來說突然敏感起來，就如同布依學會駁斥布依族外來說，也有人急忙藉由黃河文化的原初性來駁斥中華民族外來說。[8]蓋民族文化是民族存在的識別依據，雖不必獨一無二，或唯有本族才有，但必須在本民族之內具有共通性。

文化民族論述的功能可以在此同時檢討，亦即文化上的共享不是民族之所以為民族的理由，而是用來幫助外人，或民族成員自己，如何在外觀上區辨本民族與異民族的手段。假如手段消失了，則本民族不知如何作為本民族，當然引起不安。可是，假如一個移民之後的某民族成員，在主要民族的茫茫人海中失去文化特色，最後同化，以致於後世子孫不知自己為某民族時，恐怕只會引起作古了的第一代移民的不安，而不會在已

[8]主要是駁斥埃及輸入說、巴比倫遷入說與印度遷入說。見王玲、魏開肇、王朵梅，《黃河‧黃土地‧炎黃子孫》（北京：中國書店，1991）。

經同化的後世子孫中引起不安。[9]也就是說，接受血緣民族的
想像之後，找尋或界定與本民族成員的文化共享，才成為一件
有意義的事。故假如認為自己已經與中華民族混血，則令人關
切的就不是少數民族之內的共同文化，而是中華民族的共同文
化。只有在既要鼓吹中華民族的民族意識，又須保留少數民族
身分的主權國家體制裡，才必須同時重視少數民族之內的文化
共享，以及他們與中華民族的文化共享。（高丙中，1999：
246-253）不用說，站在國家機關的立場上，最關心的是中華民
族的文化共享。而少數民族之內的文化共享，則留待具有各民
族身分的人自己依照需要去建構了。

惠水布依族苗族的文化論述

　　貴州是中國大陸第一個建立文化生態博物館的實驗省，其
中包括苗族與布依族。依照貴州省社會科學院實際調查對象的
觀察，苗族的文化生態區比布依族要來的更真實，主要是因為
布依族漢化的程度比較「嚴重」。[10]在文化生態區，村民理當著
重於文化與自然生態的保存。這些文化生態區是經過挪威專家

[9]甚至被讚譽為模範移民，如後世由《聖經》〈路德記〉引申出來對移民典範
的討論，見Honig, "Ruth, the Medeo emigré (Minneapolis: University of
Minnesota Press, 1999), pp. 184-210.
[10]伴隨訪談幹部用語。

指導，但以政府爲主導，先由當地文化局長出任館長，逐步過渡給當地的管理委員會，但不進行一般民族觀光的表演活動。生態博物館的建立並不代表反對經濟發展，只希望能將發展的進程加以記錄，使得文化的演化過程得到保留。在理論上，這表示文化的延續與其源頭有不可分的關係，但在實踐上卻發現，當地送往挪威學習經營生態區的年輕人，一旦有了外出意識，便不願意回到農村的生態博物館服務，返鄉後甚至號召同儕出走，亦即對於擔負延續責任的一代，文化延續這項任務缺乏吸引力。貴州省社會科學院的索曉霞研究員反省到：

> 貴州生態保育做得比較早。像苗族有的把去世的人的頭髮留下來，生態區的歷史從頭髮上就可以看得到。當地的笙歌非常悲哀，主要吹簫，很有特色，連談戀愛都非常悲哀。這裡是用較先進的管理模式保留文化，不像觀光表演那些地方，眞實性會打折扣。但現在年輕人往外走的意願強，送去挪威的回來後，不願意留下，號召當地姑娘往外走，巫師也出外打工。生態區不會把嚴肅的東西亂唱亂跳拿來表演。布依族在花溪，但服飾已經不典型。要在保護的意義上進行開發，必須有理論指導，不然自然狀態就破壞，資源也不充分，歷史也講不清楚。對當地人而言，生態博物館就代表有經濟資源進來。生態博物館重記錄，把過程保留，不反對發展。

　　在以上的思路中，文化居於民族論述中主要的地位，保留民族文化受到高度重視，索曉霞稱此爲文化自覺，（索曉霞，2000：187-200）將文化的發展加以記錄，等於是民族存在的重要證據，可見重點不在於後來文化發展成什麼形態，而在於原來文化的源頭有其與眾不同的特色，故過程的記錄成爲回溯源頭的方式。確實的源頭何在也許不可考，但至少可以創造一種來自源頭的感覺。在表面上，這種思路已經與早先關於中華民族是文化民族的邏輯有了出入，因爲有關中華民族的文化融合想像，乃是認爲文化讓各民族融合於一體，而文化生態博物館的邏輯則是，苗族或布依族有不同於中華民族的文化源頭。這表示，對惠水少數民族來說，在地文化特色的保留是拿來作區隔用的，而不是融合用的論述。

　　可是融合與區隔這兩種邏輯又有共通性，即都提供了血緣想像的安定性。在強調融合的中華民族論述裡，異族融合於中原文化的文化共享感覺，賦予漢族文化上的優越感，使漢族安於與異族混血的發生，起碼在列強侵華之前，漢族並不感受威脅，至於列強侵華之後，也未曾排斥與國內少數民族的混血；而強調區隔的布依族與苗族文化源頭想像，則也使得兩族族民對於自己的身分有安定感，故他們之後與漢族的混血便不構成對身分認同的威脅，因爲各族的身分都有了不可替代的原始證據。以這種區隔爲目的的民族認同爲論述基礎，中華民族的融合過程就不會構成對少數民族的威脅，於是形成費孝通所提出

的多元一體。簡言之，用來證明融合的中華民族論述，與用來
區隔的少數民族文化論述，都是在認知上處理民族混血的現
象，求得一種安定人心的理解方式，反映了對某種血緣想像的
需求心理，這表示人們願意相信，民族不全發生於文化或生活
方式的共享，文化的共享更適合於用來辨識已經存在的民族，
而不是用來定義民族的內涵。

　　事實上，風俗文化往往不能限定於某個民族，而常成為跨
民族的活動，作為辨識某一群人是否屬於同民族的標誌或許可
以，但絕不能反過來說有同樣文化風俗的人都屬於同民族。比
如在桂林，瑤族乃以上刀山的活動當成是瑤族風俗，但在宜州
散居的水族村裡，上刀山是屬於所謂水族搶花燈的民俗活動一
部分；（見本書第六章）到了惠水，在苗族風情區表演的傳統
民族活動，也是上刀山。其實，漢族的道教風情中，道士上刀
山的風俗同樣很普遍。故只能說，一項文化特色的活動可以指
涉同一社區的人是否屬於同族，但不能視該特色為民族發生的
原因，否則瑤族、漢族、水族、苗族都是同族的了。真正被用
來區辨這些族的，是說不出道理的血緣想像。此何以送終祭祖
活動雖然跨族通行，但又因為道士經師總要複頌關於血脈傳承
的歷史，往往成為維繫各民族本身民族意識的途徑。

　　在惠水，最為人們所樂道的民俗活動，就是三月三的祭祖
活動。根據惠水布依學會的介紹，三月三是布依族最重要的節
慶，但名列惠水第一名的民族文化鄉——苗族的擺金鄉，在惠

水的對外宣傳文件上，展現的恰恰也是三月三的所謂民族節慶。在大龍鄉瓦苗村雜居的布依族與苗族，都慶祝三月三，村長是苗族，他從不感覺在節慶上有分別。顯然，三月三的祭祖是當地少數民族共同的風俗，但他們不因此而成爲同一個民族。惠水的民族文化活動非常豐富，鴨絨的老師有意識地把民族特色與教材結合，課餘帶唱山歌，學校且備有不同支系苗族的傳統服裝，他們更與其他地方的苗族學校結成姊妹校，在畢業後學生義務組成民族藝術團，所以民俗風情成爲學校推動素質教育的重要內涵。布依族的村民同樣重視民間民俗舞蹈，自己編節目找老師指導，民族事務局幹部主動收藏民族服飾，推動民族建築風格之保存，舉辦民族體育競賽如摔角、鬥鳥、鬥雞。

可見，不論是由省一級所主導的生態博物館，或由縣一級所主導的民族文化鄉，基本上是以利用民間既有的豐富的民族文化活動，將之導向具有經濟開發意義的項目上，而不是如同許多其他開發區，是由上而下在創造有在地特色的新風情。但無論如何，利用既有活動也仍屬於政府用來調動積極性的一種手段。在採訪過程中最有趣的，就是接待人員對於交通受阻，以致於不能前往「原汁原味」的布依族長安鄉，極度沮喪與抱歉，認爲是訪談安排上的一大挫敗。然而，事實上，他們對於各村幹部與居民的民族比例瞭若指掌，顯然又並不認爲非要居住在長安鄉的布依族，才算布依族。就像生態區與文化鄉的政

策所透露的邏輯，即某種原汁原味的感覺極重要，他們認為不到長安鄉，即使碰到了布依族，訪客也感覺不到布依族的味道，所以見到的不夠真實。在不斷地自責與惋嘆中，[11]顯然在地幹部與學者一致認為，血緣所決定的布依族身分，必須靠布依文化作為主要外顯指標。其中不自覺地透露了出來的是，血緣更為根本，不然不會擔心訪客把所已經見到的布依族，當成漢族。漢化的布依族的血緣，靠著沒有漢化的布依族的展現，獲得了確認。

惠水布依族的血緣論述

文化不足以定義民族的原因，就在於文化是不斷在變遷的現象，而且雜居的其他異民族，也當然共享所謂的在地文化特色。反而各家各戶進門就有「天地君親師」或「天地國親師」的牌子，才是提醒族民自己血緣從出之源頭的最好方式。這一類戶內顯著的昭示，在過去出入各省大山考察的時候都會見到，有類似於更高位階的祖先牌位的作用。[12]家中長輩都能敘述歷史移民的經過。雖然布依學會指證歷歷認為布依族是在地民族，但村民自己的家史有時卻流傳不同的故事。瓦苗寨一位

---

[11]每在一地結束訪談登車前，民族事務局羅局長都重申遺憾，沒有一次例外。
[12]常德郊區維回鄉居民家中，入門即見的是族譜。

老村民就含糊地敘述先祖由江西移民到貴州來的往事。這些述說可能以訛傳訛，也可能有其真實性，問題不在於布依學會的故事是否更正確，而在於學會以及村民對於祖先的傳承，都當作一件重要的是在述說，從而說明了血緣同宗想像的關鍵意義。

與祖先相關的就是祭祖活動，在布依族的信仰當中，靈魂是不滅的，所以對於祖先的供奉成為族民共同的風俗，家家戶戶都有神龕與牌位，凡是同一宗支，都應該共同供奉。惠水布依族村寨有許多都是同姓聚居，奉養同一支祖先，這樣的生活環境，使得我族意識成為身分的前提，而不是有了身分，才再發展出民族意識。這時的民族身分自然而然依附在血緣論述上，民族文化則相應是以維繫血緣為主要內容。這個現象即使在民族意識已經淡化的地方都是如此，許多觀光化的民族地區，其表演活動千篇一律圍繞在原始的男歡女愛情節，或婚嫁生子習俗方面，（Chih-yu Shih, 2002a）在其他文化風俗不存或散失的歷史進程裡，透過某種與血緣相關的自我呈現方式，確認民族身分的不可質疑，迴避了城市漢族公民總是質疑他們依附在政策優惠中，卻其實一點也不民族的批評。

通常負責祭祖儀式的人叫做巫師、鬼師或經師。不論是民族地區或漢族地區都有巫師，重點不在於儀式，而在於透過儀式所體現的關於代代相傳的信仰。巫師也治病，因此關係到生老病死，職司陰陽兩界。上述在瓦苗寨的這位布依老村民，他

家中的門上掛有一塊紅布，問其來由，正是巫師建議掛上驅趕鬼神之用，以求能治癒當年長子之病。後來不幸未能挽回生命，然而驅鬼的紅布一直掛下去成爲習俗。老村民的孫子繼承了驅鬼的習俗，他的房舍在同一個大院之中，坐落於大院的另一側。他在門的上方懸掛的不是一塊紅布，而是一片上書「黃飛鴻」三字的銀灰色CD碟片，遠看好像照妖鏡。相形之下，似乎這個習俗已經遭到某一種顛覆，至少對巫師的敬畏在其中淡泊了許多，反而還增添了戲謔性。

　　但另外一方面，老人的那一戶中，媳婦床邊還懸掛著「花橋」，是當地娶媳的一種風俗，意味著王母娘娘會送子女來。這個花橋的形式與書中所記載的一模一樣。在訪談過程中，某次在碎石路的水溝旁，遇到一位婦女背負病童在「叫魂」，溝旁放著一碗飯，也與書中記載的頗爲類似。這裡可以推論出一個理論假設，即愈是與生老病死或傳宗接代有關的習俗，就愈受到重視。前述的三月三活動，在布依族與苗族都稱爲「過大年」，恰恰就是祭祖活動。對布依族來說，另一個一樣重要的傳統節日是六月六，其重點原本也是祭祖。後來因爲惠水縣政府的大力帶動，不論是三月三或六月六，都成爲當地村民主要的大規模民俗慶典，藉由民俗與觀光的結合，相互帶動，則既有的民俗活動愈辦愈有規模。（黃義仁，2002：140-1）連帶發展出來的內容，仍然不脫原本的祭祖，但更熱鬧的則是關於青年男女的聯誼，或是唱情歌、山歌，或是送給情人花轎與糯米

飯。1977年政府撥款，在董朗橋的傳統對歌場建立了大型的雙曲拱大橋，成為六月六最重要的民族歌場。

政策上如果對血緣差異不夠敏感，就可能釀起爭議。惠水縣某村為苗、漢雜居。在上一次村長選舉中選出了漢族，後來支部書記又是漢族，就已經引起不滿。村長在選擇架設發電機的位置上，果然較有利於漢族村民，於是苗族村民醞釀罷繳所分擔的經費，村長強收，於是鬧到不可開交。等到上級出面，才重新調配發電機的位置，暫時化解風波。照說人們在風俗文化上共享之處甚多，但語言仍然保有差異，引起忿忿不平的顯然不是語言的差異，而是語言差異所象徵的身分的不同，並且這個身分必須是不可以拋棄或轉移的。

儘管看起來很間接，但政府在血緣化的民族論述中扮演關鍵的角色，因為政府只對於有經濟開發意義的民俗活動有投資的興趣，尤其在經濟活動中不問具體的民族身分，只問效益。族的身分對中央政府而言並不重要，重要的是各族經濟都要一起發展。相對於此，布依族的價值，也就不在於布依族如何豐富了國家或中華民族的文化生活，而在於擁有布依身分的公民，如何貢獻給中華民族與國家的發展。布依學會整理了惠水布依族的歷史人物，一開始就是烈士，也列舉了大量的各級現職、退離幹部。這份整理工作耗時耗力，之所以勉力進行，看起來固然是以歌頌中華民族與祖國的偉大為前提，但值得讀者關心的則是，被認可的基礎不在民族文化，而在民族血緣，否

則縣裡每個幹部都應該同樣獲得認可，然而學會有興趣的當然只及於具備布依身分的人：

> 在歷史的長河中，惠水布依族人民以自己的聰明才智和辛勤勞動及無私奉獻的精神，同全縣各族人民一道，爲發展祖國的經濟和文化，爲加強各民族的團結，保衛祖國，建設祖國，推進社會進步做出了積極的貢獻！爲著自己民族的生存和發展，千百年來，湧現了許許多多的優秀兒女……（惠水縣布依學會，2001：331）

中華民族作爲血緣民族

不論是圍繞在生老病死、婚喪嫁娶和傳宗接代有關的文化活動，或政府在計畫生育、考試加分與設立民族學校及民族班方面的優惠，雖然都沒有刻意觸及血緣民族的論述，然而出發點卻不得不是血緣論述。國家政策起著主要的作用，因爲國家定義的民族身分，及其伴隨著的優惠政策，使得民族身分一旦確定，就不可改變。雖然說1956年以前，政府派遣大量學者在民族識別過程中，參考了許多生活文化上的證據，來判定民族身分，但從判定之後就不可更動的實踐中看來，文化充其量被認爲是識別方式，而不是某民族之所以爲某民族的原因。至於民族發生的原因，即使沒有明白說出來，當然被認爲是人爲不

可撼動的自然血緣了。假如布依族是融入到中華民族血液中的一分子，至少在文化上應當分享中華民族的一些特色，不然這個血緣的想像無以為繼，很快失去意義，或失去記憶。假如布依族本身是有意義的民族身分，則必然應當有其與其他民族尤其是漢族不同的自己的血緣源頭，故布依族民也會同時關心識別布依身分的文化特色何在。假如布依找不到答案，國家可以用法律固定他們的身分，幫助他們免於失去識別不安。好在惠水沒有這種不安，因為豐富的文化活動容許在地民族能夠意識到自己足以與中華民族區辨之處。本章辯稱，這些區辨其實不可能充分，因為並不特屬於哪個族，故所謂文化特色，只是識別血緣用的。

　　並不是說共享的血緣源頭真的存在，而是說，共享的文化活動，協助鞏固了關於血緣共享的想像。這個思路，一樣可以用來理解中華民族。通論的中華民族文化說，將血緣的想像在華夏民族或中華民族構成過程中的功能降低了。中原文化、王道文化、天下文化的道統與正統觀，其維繫與鞏固民族想像的作用固然不可小看，但假如各民族沒有關於混血的傳說，後世的中原人民未必接受得了異族與自己已然一體，這不論在北魏、元朝與滿清皆是如此。發展至今，主流的民族論述既仰賴關於少數民族各有源頭的血緣想像，也仰賴中華民族混血融合的血緣想像。共享的文化信仰作為識別，可以證明血緣民族的存在，沒有了識別，處在民族身分中的人常會焦慮不安，這是

　　爲什麼儘管黃帝與炎帝不信奉儒家文化，但炎黃子孫都必須要被說成是儒家文化子民的內幕。

自我凝視的深層：桂林
民族民俗館

民族身分的本質化

　　少數民族作為一個概念，需要不斷地被提起、被使用來指
涉特定具體的人、物、地，否則就會成為一個失去意義的空洞
概念。研究少數民族的文獻一再地指出，少數民族的民族疆界
不是固定的，而是流動的，任何關於民族身分的界定，都會因
為無法明確處理定義不了的、遊走於疆界內外的人群，而在歷
史發展中被迫調整。（Harrell, 1996）中國的少數民族也不例
外，在官方定義的五十五個少數民族定義中，鮮有不受挑戰
的，這些挑戰帶來兩種震撼，其一是標示了民族概念與定義的
不可得，因而使那些以民族認同來自我界定的人，遭到了存在
形式與存在意義上的質疑。其二是對於由民族組成的國家造成
基礎流失的疑懼，疆界之內民族界線的流動或模糊，可能形成

民族範圍與定義的重組，不但使原本的統治秩序動搖，也使統治得以發生的疆界失去規範國家行爲的正當性。

所以，統治者在實際政治運作中總是對少數民族政治敏感萬分，其問題不在於民族成員不承認自己的民族，相反的，往往是民族成員與統治階層共同在維護著少數民族的民族身分不可流動，故當實踐上民族成員跨越定義範圍，進出不同民族的身分時，才是使民族問題政治化的導火線，造成統治者與民族成員在界定民族身分時出現競爭，與民族成員感覺身分受到質疑、貶抑，從而產生逆反心理。於是，一方面民族認同取得了不可超越的本質地位；二方面本質的落實或實踐缺乏一致性；三方面鞏固本質性的手段因人而異。如何從事民族認同的政治，就成爲主權政府揮之不去的永久課題。

既然民族問題的討論與政策制訂，都與民族身分本質化的不可落實有關，則本質化的論述風格是如何爲大家接受的，就成爲一個值得探索的問題。本質化論述仰賴人們所習以爲常的若干概念爲前提，人們在這些概念出現時，因爲早已耳熟能詳，就不會去思索這些概念所指涉的，其實在生活範圍中往往缺乏明確的對象。比如人們常討論某個少數民族的民族特色，而比較不會去追問民族特色作爲一個概念是不是有無法具體指涉的困擾。日常有關民族特色的閒談，早就使得民族的存在已經不可質疑，且這個民族存在的意義，還必須倒掛某種關於特色的刻板印象之下。更嚴重的是，人們關於少數民族應該具有

什麼樣的特色，早已有了一些先入為主的想法，所以不再詢問
特色是什麼的問題，而去問更具體的像服裝、山歌、神祉、節
慶的特色是什麼，就好像少數民族所代表的意義一定可以在這
些項目中獲得呈現。久而久之，定義少數民族疆界的東西，就
變成是這些共通項目上與眾不同的所謂特色，使民族有沒有疆
界可言的根本質疑，深藏在不可問的層次。

　　在探討民族本質化的現象時，不可避免要觸及國家所扮演
的角色。但一般在觀光活動中，國家是不會現身其中的。然
而，如前所述，倘若沒有主權國家出現在先，民族本質化的論
述沒有必要性，因為民族界線的移動，甚或民族疆界的跨越，
對於資源分配與生活方式所帶來的挑戰，都是以個體微觀層面
為主的，而不必非是以國民效忠的觀點，來看待民族之間的接
觸互動。故觀光活動如果產生了將民族本質化的效果時，國家
難免是在有形無形中支持這些活動。這是政治學與人類學或與
民族學在分析角度上的重大分野，政治學關心國家的介入，或
以國家為名義的行為在對觀光活動介入時，要如何隱藏介入，
使得觀光活動看起來只是民間性質的刻板印象。

　　本章將討論一般在民族地區的觀光活動中，如何強化了上
述這個利用民族特色來迴避民族身分遭到本質化的現象。過去
已經有許多民族研究都提到觀光活動中充滿了虛構，對少數民
族的民族性造成很大的重塑。（Oakes, 1998）本章將很具體地
探討民族地區觀光活動如何產生政治效果，使民族的本質化益

加難以質疑。所採用的文本，主要是桂林市的民族民俗館所設計用以招徠觀光客用的節目。

關於少數民族原始性的論述

　　桂林地區是中國大陸著名的觀光地區，台灣觀光客行經桂林的尤其頻繁。桂林著稱的是山光水色，奇石嶙峋，但因爲位在廣西壯族自治區之內，境內聚居的少數民族自治單位頗多，比較常提到的除了壯族之外，就是苗族、侗族、瑤族，因此在風景點總是安排了各式各樣散發民族風情的活動。許多當地的餐廳中，侍者均著民族服裝，故在觀光客行程安排中，民族風情與號稱甲天下的桂林山水一直是並重的。這個基本的背景就已經暗示了，民族的存在與天然山水之間有某種雖未明言，但卻強烈獲得暗示的共通性，使民族也變成是好像一個「天然」的現象。民俗館裡的表演，正是在這樣一個關於「天然」的印象中開展，對於民族本質化的論述給予堅強的支持。

　　與「天然」最接近的就是少數民族的體能，將體能與少數民族特色相結合，是世界各地常見的作風，（Sangeren, 1988）在桂林也不例外。在一項瑤族風情「上刀山，下火海」的表演中，有一位年輕袒胸的青年男子，攀上高約二十米的長竿，竿上滿布尖刀，他足踩尖刀登至最高處，攀登前還以一物試尖刀，將之切成兩半。另一年輕女子則攀至竿之高約十米處，倒

懸於竿上，以腿勾刀，第三人則在竿底轉動長竿，只見兩人一高一低掛於刀尖之上作三百六十度的旋轉，接著又調換位置，男下女上再來一次。上過刀山後又以火燙泛紅金屬置於地上一長管中，共約三片，分開放置，男、女兩位表演者分別採過，先將腳放於鐵片之間空處，再移至鐵片上來回移動數下後踩至兩鐵片間之空處連續數次，度過鐵管。

　　另外一項兼具體能與技巧的活動是夾竹舞，表演者力邀觀眾一起同樂，依節拍採過夾竹時之空檔，節拍不順或速度過慢時就會遭竹棍夾住。夾竹舞幾乎在所有民族地區的觀光活動中都有，所以實在難稱之為任何民族的特色活動，但夾竹舞卻是民族表演活動中必備的節目，可見夾竹舞與少數民族是一個整體印象的不同部分，而不是特定少數民族的活動，則夾竹舞就不是為了觀賞某個少數民族而設計的。既然是為了所有少數民族而設計的，那麼觀賞夾竹舞的就是想像中那個不屬於少數民族的漢族了。夾竹舞對身體協調性的要求，就變成是在探測漢族身體協調的能力。沒有任何一個玩夾竹舞的少數民族需要被測試，一旦所有少數民族都以夾竹舞來娛樂嘉賓，就代表少數民族的身體協調性與漢族有本質上的差異。

　　另一個廣邀觀眾參與的活動是拔河，而且連續舉行三次。拔河乃是一項最能表現力的活動，參與的觀眾十分眾多，拔河過程中邀約叱喝聲與鑼鼓助興，都讓觀眾充分釋放自己的體能，包括男女老少都一齊貼近在繩的旁邊，不相識的陌生人之

間發生激烈的肉體碰撞與摩擦，而他們與對方的人都沒有任何肉體接觸。拔河活動完了之後就是山歌起舞，同樣是類似於其他各民族觀光地區，桂林民俗館也是號召了大量興奮的觀眾手牽手，圍成圈，忽前忽後，一起跳躍笑鬧，不熟悉節拍的人們常撞在一起，但非常歡樂，類似台灣民間流行的土風舞，只不過音樂的節拍快，動作大，不時要求用以腳踱地來表現威武。

　　在少數民族演員自己進行的表演中，也有各種方式來表演體能的特性。一項表演將兩人結合，男的立於地上，女的則以各種方式攀在男的身上。兩人的舞蹈動作迅速有力，女子在空中擺盪迴旋，因此必須與男子大力的擁抱或緊握。相對於所有其他的遊戲或舞蹈中，男、女演員身體上大量與緊密的接觸，肌肉力量的展現，與聲響的製造，無不展現出力與美的結合。尤其是聲響配樂，節奏迅捷，拍子明快，刺激舞蹈者與觀眾在聆聽時的震撼，加深了對於肢體、體能、動作的誇張性強調。這些節目並不能說明桂林的民族觀光有特殊之處，相反地，就像許多人在其他地方所經歷的一樣，這些節目不因為桂林的民族組成與其他地區有所不同，就有不一樣的內容，證明前述所謂「民族」是比個別少數民族是更為重要根本的論述基礎。

　　在民俗館表演廳有各種大規模的舞蹈表演，其中一項值得提出的觀察是，即在服裝上有大量的裸露。女性舞者在絕大多數的情況裡都是裸肩的，男性舞者則是裸胸。舞衣的設計通常還裸露身體的其他部分，其中以女性舞者的小腹最為普遍。這

些肌膚的暴露散發著一種對束縛的解放，以及一種與大自然直接接觸的欲望。此一欲望又表現成歡樂的表情，幾乎每一位舞者都持久保持著微笑，甚至近乎大笑，笑臉乃是表演的重要內容，對快樂如此高度的重視，說明舞者要解放於塵俗煩擾的訊息。唯一笑臉的例外，是由四位男性舞者男扮女裝的天鵝湖的演出，他們表情嚴肅，刻意以反串、不苟言笑、跌倒、笨拙來吸引觀眾發噱，這種表演剛好凸顯出裸露與笑臉是編舞者與服裝設計者有意識的安排，所以才會在反串的鬧舞中，設計完全相反的保守與嚴肅印象。

另外一個涉及體能與肉體的是飲酒。飲酒是少數民族給予外界的一個根深蒂固的印象。在舞蹈表演中，飲酒的場景經常出現。其中一個娶妻過門的故事中，新娘家中的少女們紛紛對準新郎灌酒，直到新郎爛醉後，輪流裝扮成新娘戲弄他，但不論是誰來裝扮，新郎都不醒，直到眞的新娘出現，新郎就一躍而起，娶妻而歸。在這個故事中，飲酒與男女嬉戲是聯繫在一起的，飲酒且是理所當然的，酒量好則是一個受推崇的社會價值。更重要的似乎是，酒量還代表了膽量，有酒方敢娶妻歸。酒帶來了奔放，使婚姻的起步充滿解放，而不是束縛的氣氛。

用肉體、體能來影射解放，接近自然，成爲典型關於少數民族的論述風格。（Diamond, 1988）在中國古典的小說中，最可與之比擬的是《水滸傳》，因爲絕大多數的水滸英雄是酒肉之徒，（Hsia, 1968: 88-89）而水滸之地乃是化外之地。少數民

族與水滸傳、丐幫雖然都不同，但他們其實並不是無組織、無文化的烏合之眾，像水滸傳的英雄中不少出自官家，也深諳君臣之義，而丐幫更是組織嚴密。然而，這些文學家筆下的文化現象，卻矛盾地與化外之民、化外之地的論述並存。在少數民族的觀光活動中，化外、自然、原始的印象，也是與其他複雜的文化、宗教並存，即表演的設計者一方面感覺少數民族有其文化的特色，另一方面又有一種非文化的天然性，這兩者顯然散發完全不同的信息。

解決這個矛盾的方法之一，是把少數民族的文化特色，放進某個關於民族風情的想像中，所以就把像少數民族的音樂與服飾進行誇張地改造。音樂的聲量大，竟變成一個特點，表演時民族樂器所吹奏出的曲調，從來不能反映這些樂器的美妙，而只是應景地創造特殊風情的感覺。在服裝的設計上，重視鮮豔的光彩，這些光彩比實際生活中的服裝明亮得多。於是，雖然裸露與精心編縫的服裝看似表達了相反的意義，前者是原始，後者是文化，但將衣服大量的鮮豔化，再配合特殊樂器的喧鬧，則文化又被放進了一個以「聲」、「色」為主的形象之中，因此與裸露所反映的原始性之間，又取得了在文化範疇中的鞏固，就好像少數民族多采多姿的服裝特色，與原始性、自然性是相通的。（Easter Yao, 1989）

看起來，這些觀光活動中的體能特色是無關乎政治的，然而，正是這個非政治的姿態，具有最深厚的政治作用。將少數

民族的界定看來是天然化、原始化的作風，無異使少數民族的界定看來是非政治化的事。可是，這種非政治化恰恰是一種政治化，因為非政治化的觀光活動，讓少數民族的存在，歸諸到一個自然界的源頭，不能被直接質疑。的確，少數民族的疆界早就由國家派專家決定過了，絕對不能容許再定義，因此呈現少數民族形象的觀光活動，也不被容許來涉及民族定義的問題。於是，觀光活動中各個少數民族的民族特色大量趨同。因為只有在漢族印象裡共通的少數民族特色，才能免於國家的介入，否則，一旦少數民族也可以自己來表現各族的民族特色的話，國家對於民族的定義將失去論述上具有指導性的地位。

用看似無關政治的觀光表演語言，來呈現少數民族，是一種把少數民族本質化的政治。觀光表演活動所不能觸及的方面，是政治決定的，所以民俗館不會去碰觸文化認同的問題，它只能在籠統的對所有少數民族的刻板印象中，找尋表演的題材與靈感。這樣一來，少數民族就侷限在其原始性的論述中，他們只能是快樂的，生活實踐中的掙扎、抗爭、失落都必須遺忘，關於人生挫折的故事只能由漢族的人來表現。像民俗館就用梁山伯與祝英台來代表漢族的故事。人們難免要問，少數民族生活中沒有梁祝遭遇的封建壓迫嗎？將少數民族定位在非政治的論述裡，顯然是一種更深層的政治。

關於原始與奔放的刻板印象，因而是一個本質化的論述機制，並不因文化、制度的發展而減弱其重要性，甚至在關於文

明獲得的所謂發展之後，原始性的奔放依然摻雜其中。這裡最明顯的，就是少數民族婚嫁的表演。本書第五章報告湘西自治州吉首市下轄鳳凰縣的觀光活動時，就曾經指出，愛情故事是民族風情中極為普遍的一種表演項目，千篇一律地敘說在組成家庭之前的男歡女愛，以及成家之後一轉而成傳宗接代的情節，這類流程所隱喻的，乃是少數民族為一個血緣概念，因此民族疆界的認定是自然生成的，則國家在其中所扮演的催生、識別、鞏固角色，就成為視而不見的現象。桂林民俗館安排的歌舞劇，如所預期地也重複了這個血緣化的少數民族觀。

第一個節目就是大規模的男女青年舞者相擁共舞，跳躍旋轉的歡樂場面，配合一旁高亢的情歌與激動人心的節拍，確實娛樂十足。前述的迎娶灌酒節目中，婚前女方家族派出多位年輕未婚女子調戲準新郎的場面，尤其可以有效地將觀眾的視野，轉離於深藏在背後的主權國家體制。這裡沒有梁祝情節中的勾心鬥角與哀淒，顯得男歡女愛在漢族文化中是多麼地罕見，竟可引起後人天搖地動的想像，剛好反證得出一個暗含的印象，即漢族早已脫離了原始性，或漢族文化並非血緣為核心的概念？將梁祝的故事與民族風情節目搭配演出，似乎是桂林民俗館的重要發明，具體而微地傳達了少數民族刻板印象中的原始性期待，這個期待不因為社會制度的演化而消逝。

除了用肉體來表達原始性與奔放之外，另外一個擠得水泄不通的表演節目是鬥雞。參加鬥雞的一共有四隻，他們被關在

四個籠子裡，分別編號，再由觀眾下注看哪一隻會贏，先由一號與二號比賽，一號獲勝；接著四號擊敗三號，再擊敗一號奪魁。鬥雞的方式是由兩隻雞對放在平台上，看哪一隻能把對方先逼下平台，過程中觀眾叫好，主持人也激勵觀眾要鼓譟。在決賽中還發生一號與四號纏鬥的事，觀眾果然大呼精彩。在鬥雞中，觀眾的情緒不亞於平台上的雞。情緒緊繃，主持人也把雞擬人化，稱雞為選手。照他的介紹，每年過春節的時候，各村各寨都要挑出一個最好的選手來參與鬥雞，因此有將人的肢體衝動投射到雞身上的作用。

鬥雞是不是真是少數民族的活動呢？從漢族觀眾的興奮與投入來看，很難相信這只是少數民族的特色。但是主持人在用麥克風大聲介紹時卻明白指出：「鬥雞比賽是我們漓江少數民族的特色，沒有參觀過，就有等於沒來過的遺憾。」他用了一個高度政治化的語言來談鬥雞，說要獲勝的話，這些鬥雞「第一是比經驗，第二是比戰術」。這個評語又把雞擬人化，而且帶入了政治語言，讓少數民族的界定中無意間出現了關於戰術與鬥爭並列的論述。這個論述與前述最大不同之處，就是把一個完全非政治化的體能問題，從一個有關腦力思維的所謂戰術角度表達，則非政治化與政治化之間的分野，在無形中被跨越了，這個危險性必須加以處理，而「團結」正是桂林民俗館另一個主要論述，可以用來處理非政治語言滲入政治語言的危機。

民族論述中的團結問題

在充滿了想像的奔放世界中，主權國家要如何進行規範與管理，才能使得獲得解放的原始性格，納入一個社會秩序體制之中呢？我們從一些圖片中可以略窺其端倪。最常見的圖片，是五十五個少數民族與漢族的共同現身，伴隨的是各族的服裝、解放軍裝、國旗、山河。在桂林民俗表演中，也多次出現多個少數民族同時出現的場景。值得追問的是，誰把這麼多散居的少數民族聚集在一起的呢？是因爲他們都到城市裡來謀生，所以就共同生活在一起了嗎？即使如此，仍然可以進一步追問，共同進入城市發展的少數民族，會在什麼樣的場合出現在同一個場景中，讓攝影師或畫師捕捉到這樣一個畫面呢？答案當然是，根本不曾存在這樣一個場合。

將印象中自然生成的各個少數民族聚集在一起的，不是一個自然生成的過程，而是一個想像的過程。想像這個場景的人所處的位置，也不是從已經在刻板印象中建構完成的任何一個少數民族的立場出發的，所以是爲了從一個外於民族的位置，將這些民族形象與邊界進行鞏固的活動。顯然有這樣需要的，正是握有國家名器的統治者。共同現身的意義因而在其營造團結共榮的作用，使得原本在生活上不相往來，或分開有所往來的少數民族社群，變成了一個共同生活的整體，在河山與國旗

之間，成為主權疆界之內的平等的人民，區隔了邊境民族與境
外民族之間，因為更為密切的交流所形成的，相對而言更自然
的共同文化圈，使這個文化圈對主權疆界的顛覆性，失去在論
述上被表達的機制。

　　類似的作法在其他國家也不罕見。以美國為例，中、小學
教科書出現的圖片中，常夾雜不同少數族裔兒童共同現身的照
片。在一些著名的幼兒錄影帶中，除了盎格魯薩克森裔的小主
角之外，多半還包括了西班牙裔、非洲裔與亞裔的小孩。遊戲
過程中偶爾會出現一、兩句簡單的希伯來語，算是對猶太裔族
群的認同。❶不過，美國的情形不同於中國之處，恰恰在於這
些不同族裔的兒童的確是去美國生活在一個社區之中，畢竟美
國是一個高度都市化的社會，人口流動極為頻繁，所以一個學
區中有多個族裔並存是司空見慣的事，則不同族裔的共同出
現，就不能算是憑空捏造的。但也不能不注意到，每逢大選期
間，候選人勢必也會安排不同族裔的領袖們與自己共同現身，
這就又不能與主權國家所搭建的藩籬分開來看了。

　　既然在中國，所有少數民族並列出現的情況在生活中極為
罕見，因此在這一類圖片的背景安排上，就不能以遊樂場或球
場等生活中的場景來搭配，就只能用大山大河或萬里長城，然
而這些在圖片中無以名之的大山大河是不是五十六個民族所共

----

❶最著名的是Gymboree和Barney兩個電視節目。

享的生活體驗，令人不無懷疑之處。尤其如果還加上萬里長城的話，更複雜的文化與政治涵義恐怕就不能避免。這個背景安排的尷尬，使得國旗的出現變得幾乎是絕對必要的，用國旗來聯繫五十六個民族當然足以散發平等與共生的精神，但卻又自我揭露出這五十六族的組成、動員與現身，並不是自然的，而是人為的安排。所以團結在一起的少數民族，只能說是「被」團結在一起。

桂林民俗節目中一項廣邀觀眾參與的活動，是三人綁足共行。先是由表演人員在台上歌舞演出，由於動作熟練，觀眾幾乎感覺不到他們每三人六腳共用一塊將腳相連的板子，演出者行走迅速，載歌載舞。接著受邀上台的大批觀眾，自己在節拍之中試著與另兩人綁足而行，有的人尚未起步就已跌倒，有的人略走數步才跌倒，更有的組失去了鞋子而引起在座觀眾哄堂大笑，少數能夠順利前行的，步履維艱，頗為遲緩吃力。綁足的活動原是壯族早年訓練士兵同步一伐的紀律用的，但由觀眾參與，便不再是某個單一的少數民族自我團結，則綁足表演的意義就不是一個民族自己內部的成員，而是面對所有人的一項遊戲活動。綁足行動的訣竅，當然是三人之間要配合，如同一體，其間所象徵的對團結的號召不言可喻。

號召團結的最高潮為節目的壓軸，即所有表演節目中的最後一項，乃由代表五十六個民族的舞者一批接著一批的登場，每一批大約十名左右，各自代表十個民族，但來回之中目不暇

給，觀眾很難掌握哪一個人穿的是哪一族的服裝。因此，到底每一個族是如何被代表的，在這個歡樂一堂的超大型歌舞項目中，完全看不出來。但是，這麼一個象徵民族團結的節目，本來就無意要凸顯各族的特色，相反地，是代表各族的舞者的整齊劃一的共同動作，才是表演所散發的主要訊息。民族團結的意義在此得到一種有窒息作用的實踐，那就是必須以失去民族特色爲其條件。與前面所有的表演相比較就可以感覺到，所謂民族風情，只是國家爲維護少數民族之間區隔所鼓勵的表演活動而已。

在這個大團結的活動中，有一首高亢明亮的伴奏曲，歌者反覆歌頌的一段歌詞，機械式地強調中華民族的團結，來回演唱的歌詞中，不斷出現的兩句話是，五十六個民族五十六枝花，五十六個兄弟姊妹是一家。把民族說成是花，顯然與民族風情表演中所最突出的服裝特色有關，而關於兄弟姊妹的論述，則把血緣關係讀進了組成中華民族的各族之間。血緣的流通可能確實是漢族與中華民族的歷史形成經驗，但又會與各族本身自己的血緣想像相牴觸，因爲各族之所以爲各族，照其他節目所透露的，正是一個血緣相連的信仰。在論述上的解決之道便是替各族找到一個共同的祖先，而這個祖先不是血緣的，一言一蔽之，就是國家，如此既維持了各族自己的血緣傳承，又爲他們成爲兄弟姊妹，找到了一個共同的家。歌者最後高唱，這五十六個民族來「愛我中華，建設我們的國家」。

可以相與比擬的，是過去美國黑人民權領袖傑西・傑克森曾在1984年競選美國民主黨總統候選人的時候，所提出的一個叫做彩虹聯盟的概念。所謂彩虹，就是膚色的比喻，則聯盟意味著各種膚色的人共同團結在美國公民社會這個大熔爐之內。由於彩虹之間顏色各異，但相接處卻又難分界線，確實是很有創意的一個類比。桂林民俗館的壓軸團結劇中也採用了相似的設計，在最後展示的五條色帶，分別是粉紅、綠、紅、藍、黃，在五十六個舞者簇擁之下，托起象徵中央之花的一位舞者，作為大完結。眾所周知，中央之花者，中華也。國家在此所代表的民族整合雄心，昭然若揭。

台灣少數民族與中國國家論述

另外值得一提的是，桂林的民族表演中，還有關於台灣少數民族的表演。除了在桂林附近所居住的少數民族之外，包括苗、傜、侗、壯四族，表演活動並沒有加入居住在其他地區的民族風情，卻特地加入了台灣的少數民族。這部分原因當然是來自台灣的觀光客眾多，但也不無統戰的巧思在其中，因為論地理上的距離，或甚至語言上與觀念上的距離，東北的朝族似乎更是廣西的民族成員需要表達團結的對象。顯然這些距離並不是最主要的考量，起碼在效果上來看的話，拉近政治上的距離才是更接近表演節目設計者的考量。所以雖然台灣距離廣西

比蒙古或朝鮮更近，卻因為兩岸政治上的統一遙遙無期，而理所當然地成為要團結的對象。如果節目時間緊湊，只能容納其一的話，台灣顯然比蒙、朝更為貼切。這個貼切與否的標準所在，無關乎民族，而是關乎政治性的國家，但這個標準本身，絕不會在表演節目中透露出來。

　　個別的表演者對台灣未必具有政治意圖，但經濟意圖卻甚為明顯，即要吸引台灣遊客來消費桂林的民族風情。比如在靈渠風景區，穿著民族服裝的小販向台灣遊客開價一斤香蕉三塊半，但大陸遊客則是一塊半；在陽朔，賣桃的民族婦女向台灣遊客索價一斤新台幣一百元，但對大陸遊客則只索價一斤人民幣二塊五，價格差距剛好是十倍。與桂林民俗館的民族婦女合影價格，台灣遊客是十塊錢，大陸民眾一次只要五塊錢。生活中的表演者為的是自己，舞台上的表演者則也必須同時要為國家才行。

　　關於台灣的民族風情表演內容，與其他表演在道具、服裝、舞姿、人數上均不盡相同，這自然十分合理，但其中有一些共通的訊息則不可忽略，即對體能的強調以及年輕男女舞者相互之間奔放的情感流露。在這項表演中的體能暗示超過任何其他節目，男性舞者手持木製舞具，在舞台的地板上敲出巨大的聲響，舞者赤足用力地多次踩踏地板，表現出勇士出征前的豪氣，給予觀眾一種重量的感受。但女舞者一出場，整個聲響立時轉變，則表現成溫柔婉約的氣氛。換言之，雖然台灣的民

族風情在外觀上不全相同,但對於少數民族整體所構建的刻板印象,仍然在此可以適用,而且透過男女舞者迥異的演出獲得強化。

更重要的不是民族風情的相異或原始體能特質的共通,而是「台灣」兩個字的重要性,強過於「民族」兩個字,這可以從旁白者的敘說中聽出來。根據旁白者的介紹,台灣的阿里山是少數民族居住的地方。的確,阿里山世居的鄒族至今仍然在山區中生活,而且阿里山也是大陸民眾所最熟悉的台灣觀光風景點。不過,旁白者所介紹的舞蹈節目,據稱是阿美族的節目,這可能與大陸觀眾較常聽過就是阿美族有關。然而,將阿美族放在阿里山的背景中來表演,卻似乎是一個甚不妥當地安排,起碼在阿美族或鄒族的觀點來說,有失去位置的問題。可見,這個表演節目的舞者雖然確曾精心排練,但他們的舞蹈意義卻不能從舞蹈的本身來詮釋,因為需要納入「台灣」這個概念的重要性,遠大過於「民族」的重要性,故反映的是國家的立場。

民族論述作為非政治的政治

咸信觀光活動無關乎政治,則民族地區的觀光活動,自亦應當無關乎民族政治。然而,正是在非政治化的語言之中,政治上的訊息是最深層而有力的。(Kung, 2000)政治成為非政

治的前提，先有了政治上關於民族的種種論述，再在這些論述之下設計觀光活動，當消費者在欣賞這些觀光活動的時候，就逐步地對於隱藏的前提益加地習以爲常起來，等到將來有一天違反這些前提的其他主張被提出來的時候，人們可能輕易地就會接受國家主權者對這些主張的批判壓制。所以，觀光活動中對於民族的各種隱藏論述成爲國家動員人民的一種潛在的教化工程。換言之，沒有非政治的觀光，只有非政治的觀眾，觀眾愈是察覺不到政治的存在，就愈是放鬆警戒，也就愈容易接受教化，使得民族本質化的想像，無孔不入地侵入腦海中。

桂林民俗村的表演內容與設計，並沒有超越其他類似表演活動的基本範疇，只是這些活動的觀賞設施更舒適，更先進，更適合中、外觀光客共同欣賞。旁白的每一段話，果然都用中、英文雙語播出，說明了與國際觀光水準已然接軌的純熟技術與現代管理。可是，隱藏的訊息卻沒有太大的變化，觀眾所消費的，依然是血緣化的少數民族觀，原始風味的男歡女愛，觀眾被迫用著漢族所自我設定的外在眼光觀賞。既然漢族本身是不可定義的，則用一個國家來保證漢族的超然地位也成爲一種論述上難以抗拒的策略。這個國家所型塑的中華民族，超越了，也凝固了少數民族。達不到這個效果的民族風情觀光，國家不會鼓勵。

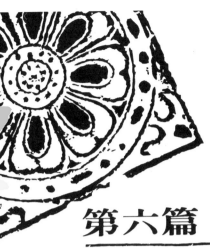

第六篇
多身分的跨界民族

第十一章　心向北京的越南人：廣西京族三島

少數民族對國家的回應

　　文化研究的重要意義，是承認研究者與研究對象之間不可切割的關係。文化研究議程上的課題，不必從一個特定的理論脈絡出發，也不必回應既有的主流論述，從而避免研究者自己居於普遍位置的假定，像主流社會科學家那樣由上而下，由外而內地界定、解析、規定研究對象的存在狀態與行動法則。因此，研究者的首要工作便不是根據理論的需要，而是根據自己的需要，來選擇所要面對的社群。研究者在實際的生活之中，面對所選擇的社群，透過互動，感受研究對象藉以自我呈現的種種蛛絲馬跡，並嘗試模擬研究對象的需要。當前政治學研究者所面臨的重大困境，就是如何處理國家角色的模糊與紛雜，如今這個政治學者所習以為常的研究基礎，不再能理所當然地

繼續存在於人們某種看似共識的意義中。文化研究對政治學的
啓示是，主流研究者繼續以國家爲前提的研究設計，無異是在
拯救國家，而不是像他們自己以爲的，只是在研究國家。相對
於此，文化研究者試圖從國家所作用的對象社群中，學習模擬
國家意義的變遷。

國家作用的根本對象是國界。研究國界的文獻近十年在國
際關係中逐漸興起，（Der Derian, & Shapiro, 1989; Shapiro &
Alker, 1996; Weber, 1995; Shih, 2003; Lapid & Kratochwil, 1997）
研究者主要的對象社群，是被假定處在緊臨國界之外的某個敵
國，蓋以國家爲名義採取行動的領導人，透過與敵國的區隔，
不斷讓國家的概念重複地呈現，以鞏固國家作爲國民的主要身
分內涵，以及國家體制的正當性。所謂緊臨，指的同時是地理
上的緊臨與意識上的緊臨，愈是緊臨，便愈需要加以區隔，以
防混淆。然而，相對於一批文化研究者進入國際關係文獻解構
國界，緊臨國界之內的跨界民族，始終沒有在國家研究的文獻
中出現。研究少數民族的文獻，其中有少數涉及國家者，大體
對於國家統治階層爲了自己的緣故，經由建構少數民族身分的
種種行徑，來謀取不是出自少數民族自身需要的發展路徑，十
分批評。（Harrell, 1995; Duara, 1995; Gladney, 1991）這雖然
揭露了國家的存在不具備本質性，但卻又因爲不針對國家，只
針對跨界民族，故無法超越關於國家的論述，以致於批評固然
尖銳，卻反而幾乎證實了國家的無法抗拒。（Mackerras, 1994;

Hansen, 1999; Postiglione, 1999）倘若如此，國內疆界意識無所不在，那麼讓政治學家股慄不已的國家意識變遷，又發生在哪裡呢？

要回答這個問題，就不能僅止於研究少數民族如何被國家建構，而同時也必須從被建構成少數民族的社群向國家看，一旦國家成為被建構的社群的回應對象，就不再只是理所當然的研究前提。當所謂少數民族有意識或無意識地掌握到這個可以對國家指指點點的身分策略後，他們因應當前國家流動變遷的能力就超過國家領導人與政治學者，可以進出於有形或無形的疆界，造成政治學研究基礎的動搖。從所謂少數民族身分向國家看的研究正在受到注意，（Schein, 2000; Shih, 2002; Bulag, 1998）不過從跨界民族向國家看的尚不多見，開展跨界民族對特定國家的回應，有助於政治學者重新理解國家的意義。

至今跨界民族對國家所持的態度是一個謎。因為文獻中只有國家如何制定對於跨界民族的政策，而沒有跨界民族如何開展自己面對國家的策略。跨界民族對於國家採取的是效忠、逢迎、利用、迴避、抗拒或兼而有之的態度，可以醞釀出各種截然不同的國家意義。文化研究重視的是身分策略，在此將焦點移至跨界少數民族與國家之間的相互構成，也就同時是在將研究國家的政治學者與跨界民族，視為參與同一套論述的同僚，因此驅策著政治學者在自己所互動頻繁的國家中，擇定跨界民族做為研究對象，閱讀並模擬跨界民族敘說國家時的論述位

置，從而理解國家的意義可能發生如何變遷，超越由國家立場
觀看少數民族的研究習慣。

　　本章在進入研究對象社群之前，不選取任何帶有具體理論
假設的研究設計，只規定研究對象具備跨界的性質。研究的出
發點在於回應政治學面臨的研究單位流失問題，故關心的是研
究對象如何以各種方式直接或間接地呈現國家，而不是在國家
名義之下的他們如何被建構。對研究對象訪談文本的解讀，是
站在研究對象具有能動性的前提上，而不是站在他們遭到國家
論述封鎖的前提上。研究地點是中國與越南邊境的東興鎮，中
國屬於刻板印象裡國家論述最具優勢的國家，這種優勢有沒有
被動搖的可能，關係到政治學研究前提能否鞏固的問題，也就
涉及國家存在形態如何發生流變的問題。本章先簡述中國跨界
民族的多樣性，以朝鮮族的國家論述作為之後京族的國家論述
的比較對象。前者受國家論述的影響大，但因為居於中、韓之
間，形成常見的雙趨認同；後者則開展出更多利用國家的某種
策略空間，是本次研究學習的重點。

中國的跨界民族

　　跨界民族是當今世界各地集體衝突的主要來源之一，因為
民族身分意識的形成，往往不是依循主權國家之疆界，而自有
其血緣、歷史、社會與文化因素。（Wilson & Donnan, 1998;

Scherrer, 2003; Wimmer, 2002）當然，也不能排除主權國家作為世界舞台上劃分統治疆域的主流論述，可以促進民族國家這種以疆界為區隔人我分際的基礎，從而改造、建立或混淆由於其它因素而發生的身分意識。（Albert, Jacobson & Lapid, 2001；Anderson, 1991）中國邊境也有許多跨界民族之存在，其中具有立即衝突潛能而備受注目的，推南疆的維吾爾族不作第二想，明確具有雙重身分意識：（蔣兆勇，2004.3.9）需要處理但並無明顯衝突性的例子，可以東北沿邊的朝鮮族為例。[1]至於比較不受注意，但屬於跨界民族毫無疑義，且不曾產生任何有待國家介入管理的身分意識者，可以用中越邊境的京族（或越族）為典型，同屬中、越邊境的瑤族（大板瑤、花頭瑤）同樣可以作為比較之例，京族就是本章以下的主題。透過不同跨界民族面對國家時的不同回應，說明國家除了是行動基礎外，也同時是一個被對待的對象，而京族所採的回應策略，至今未曾在文獻中出現過，對於瞭解國家地位的相對化，頗具啟發。

　　京族居於廣西壯族自治區東興縣江平鎮的沿海三島，分別屬於巫頭、山心、澫尾三個村，與越南的主要民族在歷史、文化、語言上，是屬於同一個民族。京族成員作為中華民族的少

------

[1]見http://news.xinhuanet.com/newscenter/2002-01/17/content_242520.htm，發言人就韓來華調查朝鮮族公民情況等問題回答，新華網（2002-01-17 17:45:21）。

數民族，具有明確的身分意識，但與朝鮮族明顯差異之處在於，對於因跨界而出現的雙重身分之間，不存在任何需要刻意加以管理的矛盾感，即使在中越戰爭期間，戰爭充其量是一種干擾，不曾觸動雙重身分所可能帶來的尷尬。這種處理雙重身分的能力，似乎與京族成員具備了能在適當場合進入適當身分的習慣有關，故民族身分與國家公民身分適用的場合、話題、對象向來有區隔，維繫民族身分與國家公民身分的手段也互不重疊。同樣的情形，出現在鄰山的瑤族兩個支系。

　　但在討論京族的策略之前，用以比較的東北朝鮮族國家意識值得略述，這是近年日益受到重視的另一個中國沿邊民族，而朝鮮族的身分意識爲媒體更加關注的原因，與改革開放以來跨界交流增加有關，也與全球化促成朝族與韓國的往來有關，更與高句麗王朝遺跡在中國境內發現引起文化遺產誰屬的情緒反應有關。（呂一，2004）朝族身分意識明確是自始即如此的事，朝族成員始終對朝鮮半島局勢保持高度關心，隨著朝鮮半島形勢的起伏，朝族作爲中華民族少數民族的某種特殊性也凸顯出來，因爲中華民族之內另有母國意識的其它少數民族不多，因此成爲中央民族政策必須特殊處理的一個對象。事實上，朝族在維繫朝族身分意識方面，也高度投入，來自母國的關懷與協助日多。近年北朝鮮女子嫁入朝鮮族男子家中，以及朝鮮族女子嫁入南韓男子家中甚爲頻繁。❷另外街坊流行一種猜測，指出一旦韓國統一之後，東北朝族將成爲與韓國進一步

統一的對象，這種說法當然極爲政治敏感。❸

　　國家民族政策對於朝族身分意識的維持，採取了積極扶持的一種辯證思維。國家的正面介入，使得朝族身分與中華民族身分（或中國國家公民身分）之間，形成一種互補關係，而非競爭關係。東北朝族學校教學是使用朝語、朝文，國家在這方面進行投資，不論是朝文教材或朝文報紙均給予補貼，中文只是作爲一門課程在修。❹參加高考的朝族學生以朝文應考，進入大專比例極高，是高校中教師比例最高的少數民族。如此一來，朝族與主流社會之融合非常成功，即使在基層仍然發生朝、漢之間的個別衝突，朝族菁英作爲國家上層文化的一分子則融入十分成功。不過，不論是從生活經驗或菁英的發展上看，似乎都要求人們必須有意識地來處理雙重身分之間偶有的不一致。

....

❷見http://www1-yj.jl.cninfo.net/ybxx/wbzc/zjhwyh/xxfb/xxfb38.htm，延邊朝鮮族自治州發展計畫委員會社會處，〈關於延邊朝鮮族人口負增長問題的調查報告〉（2001.12.17）。近年北朝鮮男子跨借予朝族女子通婚漸多，而朝族女子中教育程度較高者赴南朝鮮通婚者亦多，在人口構成上的這種變化，使得朝族的平均教育水平開始下滑。

❸見http://www.9999cn.com/display.php?fid=PGLT&id=2436339，作者關，〈六十年代中國和朝鮮翻臉內幕〉（2004-06-26）；http://bbs.people.com.cn/bbs/ReadFile?whichfile=1314&typeid=82，愛你一萬年，〈我所接觸的朝鮮人和韓國人──誰都想要我們的東北〉（2004.2.12）。

❹見延邊朝鮮族自治州朝鮮教育條例第二十條規定：「朝鮮學校應當用規範的朝鮮語言文字授課；職業技術學校、技工學校和中等專業學校除了以朝鮮語言文字作為教學用語之外，還可以用漢語文授課。」

　　朝鮮族幹部與老師之中，對於朝鮮族與中華民族作爲邊界
上兩個主要分裂的民族，是有意識地表達了體會之情。[5]所謂
分裂，指的是國家的分裂與一個民族分隸兩塊主權疆域的狀
態。這樣的感受是很特殊的，尤其是對於中華民族的分裂，朝
族人更多是從韓國的分裂經驗來體會，而不是像一般的漢民
族，是從對中華民族的分裂經驗，來體會朝鮮族的分裂。這個
差異，就使得朝族與中華民族兩個身分之間的差異，無法輕易
地加以迴避。相對於此，一般中國人對朝鮮半島局勢之關切，
則是以一個外人的角度，尤其是利害的角度去觀察，而不像朝
族是有深厚的情感摻雜其間。換言之，朝族人深刻地陷在韓國
半島上朝鮮民族的命運中，使得他們同時作爲中華民族一分子
的現象，必須在認知上加以說明，以具體將法律與經濟生活的
領域，與歷史與文化意識有所區分。

　　這種區分總是人爲而不自然的，因爲在法律與經濟生活
中，朝族是因應中國的國家動員機制在實踐自己中國公民身
分，而其歷史與文化意識，又是在因應韓國國家機制的精神動
員。朝族的兩種身分都因國家介入而取得或維繫，因此在認知
上就處在同一個範疇之內，不像國內一般少數民族，常得以在
國家機制不涉入的宗教、宗族領域內，實踐民族身分相關的活

．．

[5] 一位朝鮮族教師對台灣訪客所表達的同情之意，與金大中對復旦大學聽眾所
表達的如出一轍（金大中，1994.11.19）。

動，其中以回族最爲普遍且知名。但跨界民族往往沒有這樣的際遇，他們的身分引起國界兩邊國家的注意，因而隨著國界的僵固，不得不隨時被提醒自己具有雙重身分，所以只要這兩國關係生變，他們就會面臨效忠度質疑難以被信任。在不同領域裡輪流滿足兩種身分，是緩和身分衝突最容易的辦法。

京族人作爲國家公民

　　與朝族人相比，當代京族三島的居民顯然並沒有對自己雙重身分之間可能存在的矛盾，有任何感到不安，或必須在論述上加以處理之必要，這種身分上的安定感，即使面臨重大政治事件的衝擊，似乎也未曾動搖，這包括1979年的中越邊境戰爭，與之後來自越南的大批因應排華而出現的逃亡潮，逃亡的人群並不限於漢族，還包括同屬越南民族但曾世居中國的越南人，或其它少數民族如瑤族等。不但京族沒有在這樣的政治事件中，將自己的身分定位捲入，就是同屬邊境民族的大板瑤與花頭瑤，也同樣不曾發生身分意識上的動搖。京族屬於東興的轄區，隔著北侖河則是越南的芒街。固然在東興的街道上，家家懸掛著中國國旗，如此相對應於越南芒街也是家家掛越南國旗，可是這種邊境居民的自發愛國意識，並未在京族三島上看到，京族似乎是一個生活在國家之外的民族，但實則又不盡然。

　　京族之所以稱爲京族，原因並不明確，但根據傳說，這個名稱卻體現人民似乎甚爲歡迎國家的介入。蓋京族原屬越南主要民族的同一族，在邊境劃界時劃歸中國，至中共建國重新劃分少數民族時，當地人民盛傳，周恩來以越族人民心向北京，建議稱爲京族，謂此爲京族之名稱正式決定之由來。唯查京族自稱爲kinh，係早在1956年官方劃分民族之前甚久，kinh以當地方言（即白話）讀之則爲「京」音，本可有其依據之所在，但刻意訴諸中央大員之賜贈，實不無附會，足見京族人對於國家公民身分確實有所需要。

　　京族人數約一萬六千人，其中約一萬二千人居住於京族三島，是屬於十萬人以下的特小民族，三島居民世代討海爲生，國家民委挹注大量資源開發，築河堤將海水攔住，填海造田，將京族三島改造成爲半島，另外撥款建路，京族生活水準大幅提昇。京族老人回憶，過去，族人在購物時若表明京族身分，當時計畫經濟時代的商家往往願意特別優惠，並自動給予更多貨品，以示扶助之意。近年經濟發展後，反而漢族女子嫁入京族家庭的日多。受訪的漢、壯族的上級幹部相信，這些來在國家的協助，是促成京族人進入現代化、擺脫落後與歧視的主要原因。

　　改革開放後，京族的生活發生變化，家家小洋房，主要是能夠將海上商品販售所致，過去京族人外出打工，如今則有外人至三島打工，他們靠抓沙蟲、捕魷魚及養殖其他魚蝦食品而

脫貧。京族三島同時發展旅遊業，廣西北海著名旅遊勝地號稱
銀灘，而名稱更高一層次的金灘就在滿尾。另外隔北侖河與越
南芒街相對，在越方開發賭場經營後，東興也成為中國觀光客
過渡往賭場的必經通道。目前越方又再開發賭馬，對於東興的
建設一方面給予間接的刺激，但另一方面也帶來競爭的壓力，
眼見北侖河對岸的樓房在1992年之後迅速建成，街景逐步超越
東興，東興政府中的一位京族官員，多次在訪談中表達所感受
的壓力。然而，在京族三島的生活圈中，隨著經濟的開發與流
通，的確大量增加了越南人至京族打工，以及京族人至越南打
工的機會。事實上，東興教育局長表示，正在籌思如何自幼一
路強化京族人的越文讀寫能力，以因應經濟開發的重要。

　　可見，國家對經濟生活的介入，除了是將市場制度合法化
之外，還同時涉入人力資源的投入。東興的鄰居憑祥市與越南
簽約，將憑祥職校的學生送到越南習語文一年，畢業後在人力
市場上非常搶手。東興則試圖依樣效法建立交換計畫，以對越
南前來東興的留學生施以一年漢語教育，交換京族學生赴越留
學一年接受越文教育，畢竟對日常在家便以越語溝通的京族人
而言，越文的學習相對容易，但是這個交流計畫尚未談成。至
於小學生習越文的推動，除了是一種長期栽培外，教育局也希
望藉此感染家長，使他們願意加入成人越語文教育，目的是讓
一般人能具有講價、開發票、簽約的能力。負責教育的局長本
人是漢人，但是他的配偶與兩個孩子都是京族人。

族國之間
—— 中國西南民族的身分策略

　　儘管京族與國家密不可分，可是在外來漢、壯人的眼裡看來，反而往往卻是京族人與越族人之間分不清楚。不但在觀光商店裡出售的，都是以越南風味為號召的商品與食品，而且分不清中國京族與越族。赴越南打工表演的京族姑娘，每遇中國觀光客以為她們是越南人而用越語向她們示好，心中便感到有趣。在一位京族打工女子的描述中，自己明明是中國人，卻被中國人當成是越南人，她說：「我們自己民族把我們跟越南看一起」，「就算我們開口講中國話，他們也以為我們是越南人。」另一方面，她又分析說：「我們中國主要是漢族，越南主要是京族。」儼然她作為京族的身分絲毫不影響她界定自己作為中國人。其實這位打工女子的情況並不特殊，多數京族在芒街打工的人，還是在下班後返回中國境內。以她們對京族與越族文化之熟稔，對於融入越南京族並無困難，卻能不對自己的中國身分產生任何動搖，並評論對岸「生活習慣不一樣，感覺有差別」，顯示跨界的活動動搖不到她的身分安定感，這在南疆維族與東北沿邊朝族均非如此。

　　東興街道與北侖河上，頻繁出現越南商人，他們有的正常通關，有的不通關。除了商人之外，親戚越界走訪在近年也非常普遍，幾乎家家戶戶都有越南親戚，且因為越南排華流落國外者，有近七萬為東興居民之親戚，經濟與家庭關係構成中、越邊境民族的跨界生活型態，但即使同屬越南主流民族，京族人民的中國公民身分不受影響。中越戰爭期間，參加戰爭翻譯

工作的大有人在，包括上述打工女子的父親，京族三島居民卻回憶，當時他們一點不緊張，據稱只有外地人才會緊張，而且，「沒有一發砲彈打到江平」，因為打仗不是他們的事。

　　綜上所述，在京族居民的生活中的中國身分，是有意識的，但是經由這個身分所動員的中越之間的國家戰爭，卻不能有效區隔京族與敵國越南的公民。京族身分的前提有兩個：一個是中國，沒有中國，就不必稱京族，只要稱越族即可；一個是越族，沒有越族，也不必稱京族，融入漢族即可。中國不需要靠京族來維繫，所以京族與越族的區隔就不成問題；但京族日益漢化，如何維繫與越族的關係，才是京族在中國國家之下保持安定身分的重點。

京族意識的維繫

　　雖然當前京族人表現得對國家的認同非常強，但是京族人的京族意識也非常強，在與越南主流民族同屬一族，又認同中國的狀態下，京族意識是如何維繫的呢？簡言之，訪談中所見的京族身分意識載體，可歸納為三方面：哈亭祭神、獨弦琴與白鷺保育。京族的哈亭文化深入民間，三島各有哈亭。哈亭文化是神話傳奇與祖先意識的結合，節慶原來都在六月初，與越南同一時間，但因為六月農忙，就求神祈禱徵得神仙同意而挪後，目前巫頭是八月初一，山心是八月初九，澫尾是六月初

九。節慶時首先爲迎神，神爲鎮海大王，相傳制服蜈蚣精，故今天三島島形呈蜈蚣狀游向海岸，故以巫頭命名近岸之第一島；迎神的目的也是感謝神仙賜雨。接著祭祖，由香公長老主持，推族中德高望重者，擲筊決定次序，家家戶戶都拜祖先、祖牌，讀祭文，另有哈妹唱歌祝福與感恩，最後家族團員聚餐，在外面經商打工的都會回鄉。

京族傳統意識很濃，澫尾村委會前幾棵大樹，皆逾百年，每棵均有立碑；村中人家家皆有祖宗牌位；哈亭中所列對聯，充滿傳承意識，比如「千載美靈扶鄉內，萬古神通保村中」與「前末周年香火移奉接，往來萬代煙霧秋上祭」；團結意識，比如「千里赴匯獻捐款，萬眾一心建哈亭」；國家意識，比如「古塞南邦成源例山河置永固，今朝中國敬念存社稷智惟豐」，或「海島慶安傳世香花酬後德，邊隅叩庇蔭萬年歌舞答鴻恩」；與感恩意識，如「聖德巍巍扶鄉內，神恩濯濯佑民安」或「聖垂宏深集五福於同鄉，神恩廣大衍三多歸各戶」。哈亭文化節慶雖與越南相通，祖先也與越南相通，但採用的論述也包括京漢團結，與島上各民族團結等中國特色；另一方面，則也強調京族本族之團結、五穀豐收，這是與越族相同的部分。同時，女子不入哈亭，象徵父系傳承；且依照一位人類學家的觀察，越人從娼女子在哈節觀禮時遭驅趕，要遠離哈亭，不能入內，嫁來女子仍得以就近觀禮，象徵一種假藉女子身體及父系一妻制來區隔京、越的隱喻。（張兆和，2004）

　　第二個重要的京族身分載體，是京族獨有的獨弦琴樂藝。獨弦琴號稱弦樂之母，唐朝即有，在越南流傳較廣，其曲調憂傷，與越南民族的音樂風格很接近。京族歌曲則主要是情歌，並帶有淡淡鄉愁，至於傳統曲子則與越南一樣。哈亭節慶的音樂主要是獨弦琴，沒有獨弦琴伴奏則失去哈節風味。由於京族漢化程度日深，剩下的就是哈節，獨弦琴在其中扮演重要作用。此次田野調查，分別求見到老、中、青三代樂師。琴家解釋獨弦琴曲的內容包括非常傳統的古詩、富有哲理的人生故事、含教育意義的愛情敘事與風俗習慣的描述。但由於年輕人不再學唱，使得在哈節唱歌的哈妹出現斷層危機，目前擔當重任已經都是五、六十歲的婦女。學校教育已經注意到這個危機，村黨支部與校方都在鼓勵女學生學習。相形之下，彈奏獨弦琴的京族人就更少了。目前推廣或修習獨弦琴的琴師，無一不是在傳承文化的心願下，投入獨弦琴的開展與學習。

　　最資深的京族琴師已經學琴三十五年，他在十三歲開始時共有五人，全是出於愛好，不希望任之失傳，可是之後只有他一個人成功。他的學琴沒有學院基礎，最早是源於幫助師父的師父擦琴，基本上靠著零星的自學，可是即使外行人聽來，也得為他琴音中的深厚的韻味打動幾分。另一位當選京族之花的中生代女琴師，一度在考上民族大學後因為校方沒有教授獨弦琴的老師而改習聲樂，俟畢業之後才又加強自學，延承傳統。訪談中也造訪一位出道不久開啤酒店的年輕女琴師，她是在參

加表演隊招考演員錄取後改學獨弦琴的，曾經在越南演出，目前則開啤酒屋爲觀光客彈奏。不過，她的願望是存到足夠錢以後，再去深造，目前也處於自學，自稱缺乏學理基礎。

資深的老琴師指出，將獨弦琴完全用來作商業之用與謀生賺錢的，幾乎沒有，即令啤酒屋的女琴師也都自感學識不足，而有深造傳承的心願。他們或多或少都在開班授徒，其中有音樂隊裡的成員，希望多一種樂器技能，有助於職場上的競爭力，但這些學員仍以京族爲主。至於年輕的學童，絕大部分是因爲家長有心傳承文化，將孩子在課餘送來學琴。年輕的女琴師聽說過去獨弦琴只傳男，不傳女，不過目前有興趣學習的主要是女學生。由於獨弦琴的學習正在形成風氣，過去一度嚴重的斷層危機正在得到舒緩。老琴師還認養了一位殘疾女兒，悉心教導她彈琴。中生代的京族之花則爲推廣獨弦琴，組了一個四十人的樂團，利用兩週時間教會一首臨時曲，在防城十週年時表演了一次。但在年輕女琴師聽來，卻有些質疑，認爲這些人擠在一起擺擺樣子，如何傳承？

老琴師本人經商成功，因此自力推廣獨弦琴，越南人來京島打工，聽到獨弦琴就興起想回家的感覺。過去老琴師在自家頂樓裝設了高音喇叭，只要有空他就透過喇叭演奏，主要是利用飯後，當時全島每天傍晚都聽得到他的琴聲，他更重要的目的是要將琴聲傳到海上給京族的漁民聽。這個高音喇叭，因爲颱風而遭毀損，老琴師計畫不久之後要再裝上更好的設備。他

為客人表演的曲子，是「越南中國」，最後的結尾引起在座地
方幹部共同引吭高歌——「胡志明、毛澤東……，胡志明、毛
澤東……」。他表示京族人民熱愛毛主席，事實上，一位出面
接待的統戰部京族領導就坦承，他自己把毛澤東看成神。而老
琴師所學的第一首曲子，就是表達愛戴毛主席的《東方紅》。
至於京族之花，則是家學淵源，母親是文工團員，也是啓蒙老
師，父親則是京族史學與文學家。她雖已成名，仍想將來進一
步學作京曲。

　　京族意識除了依附在文化活動之外，也逐漸向生活的領域
擴散，並形成一種在地意識，表現成保育觀念的萌生，形成當
前在地京族身分意識的第三個面向。在京族三島有候鳥長年定
期前來，停留大約半年，每逢三月降臨，八月產卵，九月飛
離。一位當地老人為了保護這些白鷺，建立了「萬鶴山保育
區」，實則海邊這塊棲身地並無山陵可言，但名之為萬鶴似不
為過。訪客可在當地人引領之下，通過層層海邊草林小道，赫
然呈現萬鶴齊飛，或一片片佇立於樹群之上的奇景，但若再深
入，便遭遇老人所僱工建立的鐵絲網隔離障礙。障礙其實並不
牢靠，容易破壞穿透，故當為提醒性質，而非防止破壞的設
施。經電視台報導，老人得稱為白鶴老人，當地村民的生活圍
繞著保育區開展，不再容許外人入侵。外人入侵實則有其困
難，因為草林繁茂，若非本地人極易迷失。

　　這種保育意識過去並不存在，領航的幹部回憶幼時見到白

鶴，由於數量之多，伸手便可抓到一隻。如今，颱風所傷及墜地之小鷺，老人必然悉心照料餵食，抱著每一隻都要救的態度進行保育。老人的保育意識中也反映了一定程度的在地意識或身分意識，因爲他全力付出的動機，在於他視白鶴爲吉祥物，保護白鶴就是在保護鄉里。一位東興統戰部的主任見證說，他每次見到白鶴都有好運，比如前次前來見白鶴，他回去考試就過關，同時立刻寫文章與詩投稿報紙歌頌白鶴。白鶴的神話化與保育意識的結合，與許多民族地區身分意識萌發於社區生態意識的經驗雷同。如今，有幹部開始反省早年他們感恩戴德的築堤開田，似乎對生態破壞過大，因此近年特別重視有「生物界活化石」之稱的紅樹林，蓋京島紅樹林頗多，對未來身分論述的開展，或將有所啓發。值得反省的是，築堤開田是國家拿來當成重大功績在宣傳的德業，依舊是介紹京族三島文宣中不可或缺的內容，甚至也是每到一站，新結識的接待幹部最初用來介紹三島的通用開場白，現在卻因爲保育意識的勃興，而成爲可以檢討的經歷，無異就同時把國家當成了可檢討的間接對象。

雖然京族身分意識的維持，不能脫離中國的國家體制，因此哈亭節慶同時也需要強調京漢團結，但是皆不是依附在國家體制之內，不以國家之統治爲目的，也不自國家動員機制內獲得動機，故不論是迎神祭祖，獨弦樂的傳承，與在地保育意識的勃興，自有其國家之外的動力。同樣重要的是京族口語的流

傳，透過家庭內部的使用而生生不息，三島京族人無不操京語
（即越語），而在漢、壯族之間則多流行當地方言──白話，這
種種京族身分意識均非任何當地其它少數民族所能分享，而唯
有越南民族可以分享，但是被稱為京族的中國越南民族，卻沒
有產生對越南國家的認同，如果加上中越邊境頻繁的跨界活
動，不論是占據生活重要部分的邊境經貿，或偶一為之的探親
遊訪，這種對越南國家迴避的態度是值得說明的。

國家作為身分策略

　　早在京族正式劃分之前，京、漢關係恐怕未必如官方史料
所記載的那般和諧。中法戰爭期間，是史載最早的京、漢關係
惡化源頭，相傳京族與法軍同謀，以致戰後京族備受歧視，從
而有改穿漢服，改說漢語，藉以偽裝漢族的做法，並建構京族
英雄與漢族劉永福並肩作戰抗法的光榮事蹟。[6]不過今天，這
個故事在京族三島當地似乎並非廣為流傳。接續的故事，是京
族將領杜國強參與60年代的越戰，他的後代則參與79年的中法
戰爭。（張兆和，2004）另外，在尚未填海造田的年代裡，京

----

[6]張兆和對此有所描述。他所依據的史料出自嚴學宭，〈防城越族情況調查〉
（南寧：廣西民族出版社，1987）；阮大榮等，〈廣西京族社會歷史調查〉
（南寧：廣西民族出版社，1987）。

族三島背靠十萬大山，耕作面積有限，為爭地而釀成民族之間的糾紛，村落械鬥時有所聞，故曾思賴界碑來確定村界，但界碑不易保存。漢族砍伐樹林以擴張耕地，而樹林是京族屏障海風之依賴；京族漁穫賣給漢族，通商爭執不斷；京族窮困，淪為漢族佃農，身分上成為下等階級；兩族兒童各至村中寺廟就學，不入對方寺廟。這些民族不睦的過去，在填海築堤造田與國家修路之後，似乎一去不復返了。❼

1979年的懲越戰爭照說是一個具有關鍵意義的事件，在中越戰爭的壓力之下，邊境貿易減少，即使在早期計畫經濟時期，廣東的走私仍都通過邊境貿易，但戰爭卻足以改變跨界活動。不過，這種改變並非代表跨界民族身分對公民身分的臣服，只是在事實上無法從事跨界活動，故在有可能情況下，邊境交易將斷未斷，一時之間受到影響最大而幾乎完全終止的，是探親活動。京族在中越戰爭中支持自己國家的立場是絕對堅定的，然而愛國心未必涉及跨界民族對自己族人的認同，京族人沒有因為戰爭而對自己的民族身分感到不安。他們不支持越南這個國家，但繼續認同越南民族，這不得不與越南這個國家對他們缺乏吸引力有關。

越南的國家機制缺乏吸引力，在於與中國相較，中國人向來視越南為小國，京族人身為中國的公民，站在大國國民的位

❼同上註。

置看待越南人，是合情合理的身分抉擇。自漢朝一度征服安
南，立扶波將軍馬援碑，將越人踩於腳下，中國的歷史書便宣
傳越文化來自中國。京族人感到自己已然高於越人，從而更優
先認同自己是中國人，並開始會擔心芒街的發展超越東興，使
得他們中國公民的身分受到競爭，這種防衛態度其實是對京族
身分的一種加持。無論如何，今天帶有中國公民身分的京族身
分，成為一種較高的越族身分。如此一來，中越之間發生戰
爭，京族人在支持作戰方面非常積極，他們所怪罪的當然是越
南政府，因為他們的文化血緣均同於越族，故不會將戰爭發生
的責任，歸在越族身上，而會歸在越南政府身上，也就不足為
奇。中越戰爭因畢竟是一種潛在但鉅大的身分危機，威脅著揭
穿京族身分的跨界性質，恐怕使京族人重新淪為被自己視為落
後的越南身分中去。故對中國效忠，對越南作戰，反而是一種
維繫與越族關係的迂迴手段。

　　京族人自己身分意識的提升，不願意與越族相混淆，乃是
仰賴國家民委與區民委不斷挹注資源，使京族三島洋房遍在，
從而在生活上高於芒街越族。相對於此，越南的經濟發展與收
入水平不及京族，要京族對越南國家認同，缺乏充分物質上的
誘因。可是文化上的淵源在越南，甚至哈節的大神都要從越南
請來，所以又不能否定越族文化是京族身分的重要內涵。長期
以來，中、越關係是處於友好狀態，美國發動越戰期間，中國
對越南全力支持。70年代兩國形勢丕變後，不能說對京族完全

沒有產生壓力，這就像一個轉學的運動員在爾後競賽中遭遇自己母校的隊伍那樣尷尬。不過這種壓力並非無法處理，在不認同越南政府而認同越南民族與文化的態度下，京族人將中越戰爭的公民身分意義加以封鎖在戰場上，使京族身分與越南國家的關係，在戰場上固然區隔，但出了戰場又能銜接。

有一個跡象間接說明中越戰爭帶來的壓力，即胡志明在東興生活中的形象無所不在——作為觀光商店中郵票上的圖示，成為旅館玄關中巨幅的相片，與進入獨弦琴家自選表演第一首曲子的大合唱結局詞。胡志明時代是中越關係的黃金期，對胡志明的懷舊反映出對中越戰爭的疏離，以及勾銷這一段戰爭歷史，讓90年代中越關係上接50年代的意圖。更說明了為什麼中越戰爭帶來的不便，以及因而對自己京族／越族身分的間接凸顯，成了京族人身分安定意識潛在的威脅，從而對越南政府產生厭惡，則越南政府所代表的越南國家，要如何成為京族人值得認同的對象呢？79年之後，大規模的排華，與稍早75年越南統一之後出現的華人難民潮，也足以讓京族對越南產生政治認同的障礙。京族的統戰部領導轉述對越南充滿譏諷的描述，即「請他吃飯不說你好，打他一頓，反而就說你好。」一講到戰爭或越南政府，幹部們聚在一起訴說刻板印象，好像與自己的身分無關。

同時，越南政府對越南人過境，或中國人過境，不論合法、非法，表現的比中國人管制越南入境嚴格許多，而跨境的

越南人未必支持自己政府，或基於便宜考量，他們有時也表達
對越南政府的不滿。在京族人眼裡，說到越南人有時與自己是
同一類的人，但有時他們又好像是經濟與道德上落後的人；一
會兒說打仗沒有影響，又隔一會兒承認打仗有影響；一面批評
越南經濟落後，另一方面又擔心被超越。一位幹部眼看芒街的
跑馬場開始興建，緊張地判斷將來越南政府還要在芒街建紅燈
區，於是想建議政府禁止人民前往遊樂。不過整體來講，這些
表現在外的心理防衛機制，反映出京族在文化上與越族的不可
區隔，從而只有靠在公民身分上的區隔，來維持所謂中國京族
公民的身分。

　　如此這般以一種面對越南的姿態，訴說越南的方式，如前
所述早在中法戰爭結束後，為了逃避漢族歧視，京族入漢服、
操漢語的歷史教訓中，就曾經發生。現在有了國家身分作為奧
援，京族人理所當然可以自視為非越南人。因為民族身分受到
歧視而要迴避的例子很多，廣西金秀瑤族自治縣的一位瑤族幹
部就對訪談者否認今天還有人說自己是瑤族，一位湘西土家族
自治州民族小學校長也對訪談者否認今天還有人說會被嘲笑的
土家話，一位廣西宜州散居的水族幹部向訪談者解釋何以讓自
己的孩子選作漢族。[8]旁的民族感受歧視時，就藏在漢族身分

------

[8] 訪談過程中，這些說法在其他場合常有人反對，如一位瑤族經師就分析，說
是幹部們的自卑心理作祟。

中。相形之下，京族三島居民感受越南族身分被歧視時，則可以藏在京族身分中，不必成爲漢族。是國家的民族政策賦予他們一個既非越又非漢的身分。他們認同國家，就可以保留與漢民族的區隔，又避免成爲被歧視的越南人。這可以說是京族人對國家身分的創意運用，其動機遠遠超越國家的民族政策考量範圍。

大板瑤族的身分意識

與京族的情況相較，位於鄰鄉的大板瑤的身分意識，頗有足資比較之處。京族利用國家身分區隔越族，並盡力維繫越族文化的做法，在跨中越邊界的瑤族身分論述中也有所呈現。與本研究相關的兩次調查，分別在那垌鄉高林村與板八鄉大坑村進行。這兩村是廣西大板瑤主要居住之地，村中也有花頭瑤。兩個瑤族支系也屬於跨界民族，對高林村來說，越南大板瑤離邊境較遠，而大坑村則是跨界的大板瑤。這兩個村皆是貧困村，村中駐有市、縣、鄉三級派駐的工作組從事扶貧，主要從事造橋修路。兩村村民皆有親戚在越南，有的是文革時期過去的，有更早期在二十世紀中期過去的，移民主要看重越境之內田地比較多。一位大坑村幹部稱越境之內的瑤族爲兄弟，主要是因爲屬於同族，而非屬於具體的同宗，當時一批過去的大約有六、七十人之多。不過，以目前的經濟生活來看，廣西邊境

大板瑤的水平，已經超越了越境的瑤族。

　　兩村的跨界活動很平常，除了走訪親戚之外，經貿交流最為普遍，而且兩國錢幣在村民之間可以互通。大坑村各角落都有趕集，有在一、四、七，有在二、五、八，也有在三、六、九的，每回趕集，越南人民便翻山越嶺而來。如果是大宗貿易需要通關，但人民為了省下通關費，即使走山需要一、兩天，一樣會到。如果逢越南境內有趕集，大坑村民總是也會前往交易。工作組為了方便村民前往越南貿易，建了一條村中公路，一直連到邊界的越南境內公路，但不能接通，因為一接通就成為外事問題，且需要設關卡，這點事實上做不到，因此在兩路之間就留有距離。不過，農民等於只要在路邊卸貨後，再搬上另一條路上的車，便又可利用公路交通，可以說是在形式上保留了國界的象徵意義。

　　跨界活動另一個重要的項目是文化交流，越南瑤族電台，也有越語節目，大坑都能接收。另外，瑤族過節慶比賽對歌，越南族民也會趕來參加，大坑村民跨界探訪親友，當場就可以比賽對歌。高林的對歌比賽經常幾個村合起來辦，參加的不限於瑤族，漢族與壯族村民混住在一起，每次對歌比賽地點不固定，有時會請藝術團下來表演，其中唱歌或跳舞都有。對歌最主要的內容是情歌，唱時以當地方言白話為主，但若是花頭瑤，比較流行用瑤語來唱。不論是文化交流或經貿交流，沿邊巡邏的部隊通常不會過問。在外來工作組的描述裡：「他們民

族良善和藹」，在同文化與同語言的環境之中，當地村民會對
工作組的同仁自稱：「自己是越南人。」事實上，跨界聯姻的
情況日益增加。

　　在大坑村，近年一共有六個越南女子嫁過來，有兩個村中
女子嫁過去。嫁過來的女子從來不是正規地通關而來，全是走
山往返，因此在中國沒有戶口，而且也不報戶口，等每十年人
口普查的時候再報上去，自然就會發給護照，目前在法律上屬
於是黑戶。這個問題對村民完全不構成困擾，因為他們的生活
型態，原本就與國家互動有限，而且國家對於他們跨界聯姻抱
持開放態度。一般而言，越境移入比較容易，移去則受到越南
政府嚴格控管。但跨界聯姻在跨界民族之間已是非常普遍的作
法，像高林與大坑兩村之間，最主要的文化活動，也是婚宴。
跨界民族亦如此，既是同族，彼此介紹認識非常容易，又可避
免因同村聯姻而近親通婚的機率。文化活動之外的村中行政，
或與上級互動等國家最重視的事，反而並非村中長老所關切，
則由受過教育的年輕人出面擔任書記或村長，讓他們去面對國
家。

　　國家的事情在表面上似乎是不重要的，所以老人沒有興趣
介入。高林村的書記是高中畢業，年紀很輕，與老人之間有某
種分工，行政文書或動員宣傳之事由他負責，但是婚喪等村中
大事，則由老人決定，國家儼然是一個不相干的外來者，但又
是不得不面對與之互動的統治機制。這一點可以說是大板瑤與

京族在身分意識上最明顯的差異，後者的國家公民認同是極有意識的。中越戰爭期間，東興與芒街分別營造的國家意識，在大坑與高林的情況頗不相同。兩村村民回憶，戰爭期間，邊境貿易依舊繼續。不過，言談之間仍然不經意地透露出，大板瑤對於國家公民身分的運用有其彈性，並非眞正完全疏離。說到中越戰爭，與他們看似無關，卻又表現成中國比越南優越的感覺：

> 打仗時是部隊打，越南很囂張，砲彈打到這裡來，越南的瑤族也憤恨，怎麼要跟中國打？我們也是老祖宗從中國來，中國是老大哥。

幹部們接著怪罪越南巡邊隊伍吹毛求疵，比如在清河道的時候，要是一塊石頭掉落，越南兵立刻就會過來干涉，因爲既然是以河道爲中線，那掉落的石塊有可能改變河道，也就改變了中線。村民對於這種大驚小怪，用所謂中國是老大哥故不會與之計較的說法，來理解越南方面草木皆兵的心情。然而，正是因爲他們屬於中國的公民，他們才可能用這樣的態度面對越南。可見，即使大板瑤在經濟上與越南瑤族差異不若京族與越族之大，因此未必會產生一種先進對落後的區隔，然而只要有區隔的需要出現時，他們回歸到公民身分，仍是最便利的方法。這樣的跨界民族，當然不會有認同越南國家的需要發生。

國家的跨界民族與跨界民族的國家

　　京族與越南在生活水準上的差距，使得在身分上藉用國家取得某種區隔，成爲合情合理的身分策略。另一方面，京族與越南主流文化的高度互通，成爲京族在國家範疇之內維持某種獨特性，也有了穩定堅實的基礎。類似的情形也在大板瑤的例子看到，雖然大板瑤沒有與越境瑤族強調區隔的需要，但中越戰爭的爆發，畢竟是一個需要理解的現象，他們在中國是大哥的位置裡，很容易就處理了跨界民族面對兩國戰爭時的尷尬。不論是京族或大板瑤，他們都有各種社會文化活動，一方面與國家公民身分區隔，另一方面又與跨界民族的身分互爲強化，因而不會因爲在論述上經常訴諸自己的公民身分，就模糊了自己的民族身分。這個跨界與疆界並存於一身的身分意識，是其它陷入衝突危機的跨界民族值得研究的現象。

　　東北朝族在冷戰之前不成爲話題，因爲當時東西對峙壓過了地方性的身分意識。改革開放之後，北朝鮮的居民跨界求取經濟協助，並不會提供朝族充分誘因去反省自己的中國公民身分。但全球化以來，加上北京與漢城關係正常化，與南韓的交往則使朝族在韓國民族中的優越地位有所動搖。俟韓國統一問題列入議程，高句麗文化遺產爭議迭起，才使得朝族未來會如何看待或利用既有身分內涵中，關於中國公民身分的這一部

分，成為有意義的話題。京族與大板瑤的經驗顯示，國家公民身分可以是一項身分策略中的有關工具，不必然是限制少數民族從事跨界活動的桎梏。以中國國家正面介入朝族身分意識維繫這點看來，朝鮮跨界民族構成威脅的機會是不大的。

由於國家並不關心跨界民族如何使用國家，就不能體會用來區隔跨界民族與緊臨敵國的公民身分，未必達到國家所期待的區隔效果。則當國家間關係發生變動時，跨界民族的反應就未必在國家預期的範圍之內。由於國家領導人與政治學界沒有發展出由民族看國家的論述角度，以致於除了由上而下的動員與其他習以為常的團結論述之外，聽不到異議。國家擔心的是抗拒，政治學者亦然，則不從抗拒出發的在地身分意識，就聽不到。這樣敘事風格的貧乏，反而讓國家有所不安。較為敏感的政治學者察覺分析單位的鬆動，但如果不能站在國家以外的位置來面對國家，這種鬆動會帶來什麼具體變化，有什麼意義，將難以獲得呈現。而其中一個向來被國家當成對象的身分，而不知道這個身分也可以把國家當成對象的，就是跨界民族。跨界民族對國家不論是利用或逃避，都關係到政治學的命運。

第十二章　海內華人的祖先敘事：台灣與台僑

2003年之春，SARS的疫情肆虐廣東、山西、北京、香港、新加坡、多倫多、台北與高雄等城鄉地區。在台灣除了因為公共衛生體系應付乏力，領導統御與溝通協調失靈，醫護人員的信心與士氣受到嚴重打擊，從而引起社會上下的共同憂慮之外，同時促動了一個潛在已久案外案的爆發，質言之，就是台灣人與中國的關係是什麼。SARS疫情前後期，《自由時報》的社論就呼籲各界，要藉此機會擺脫中國的羈絆，確立台灣外於中國的地位。（見社論，2003.5.22；2003.5.25；2003.5.21；2003.5.26；2003.5.30）《自由論壇》的投書中，對於類似這樣的主張有許多熱烈的呼應。（曾道雄，2003.5.27：19；李筱峰，2003.5.26：19；張毅、林冠志，2003.5.24：19；言眞，2003.5.25：19）不過，由於《自由時報》向來對於兩岸關係的發展，抱持嚴屬的反對態度，因此會從SARS聯想到兩岸的定位，並不令讀者感到意外。將這個老問題提升到高潮的是《中

國時報》。

　　《中國時報》為了因應香港《蘋果日報》登陸台灣，在版面與編輯方針上力求調整，開闢了一個名家專欄，聘請在黨派與國家定位上立場迥異的知名作者，輪番撰稿，使得台灣獨立的主張，在該報力主兩岸統一的老報人余紀忠過世後，堂而皇之的成為援救《中國時報》銷路的工具。其中一位立場鮮明的學者陳芳明，藉著這個專欄旗幟鮮明地向中國叫陣，他在一篇題為「除了飛彈瘟疫，中國給我們什麼？」的評論中寫到：

> 台灣在退出聯合國以後，各種國際困境與危機的滋味都已嚐遍。在孤立的狀態下，台灣人仍然能夠以自己的力量創造政治奇蹟與經濟奇蹟。我們也相信，台灣社會絕對有信心能力來克服這次疫病的侵襲。我們更加相信，全民防疫運動所建立起來的團結意識，將可為未來的台灣打造出更為健全而健康的環境。請問，除了飛彈與瘟疫，中國還有什麼？（陳芳明，2003.5.11：4）

　　陳芳明的文章能幫《中國時報》拉到多少《自由時報》或《蘋果日報》的客戶有待考察，但可以確知，《中國時報》可能幫助《聯合報》穩住了客戶。因為在台灣主張統一的精神象徵許歷農將軍，顯然無法堅持讓《中國時報》刊登他反駁陳芳明的文章，轉而求助於《聯合報》。在《聯合報》的「民意論壇」中，許歷農先表明「主張國家統一」，認為「應該好好培

養兩岸血濃於水的同胞感情」，既然「兩岸同胞本是同根」，就「不要在兩岸之間彼此輕蔑製造敵意」。許歷農接著引述他的孫子來回答陳芳明：

> 中國有和我們台灣同胞同一祖先，同樣優秀的十三億人口，有比台灣大兩百六十六倍，將近一萬平方公尺的錦繡山河，有兩岸同胞共同祖先經營累積的五千年歷史文化，有兩千八百六十九億美金外匯存底，有每年排名世界第一的百分之八的高經濟成長率，有即將送人進入太空的高科技，還有……（許歷農，2003.5.14：15）

對於這樣的答覆，陳芳明感到不能接受，因為他關心的是「一個國家有沒有尊重人權，有沒有容許言論自由，有沒有民主生活方式，有沒有建立現代文明的政府。」，所以許歷農看到的對他而言，都不是關鍵的：

> ……使十億以上人口吃飽，當然是成就非凡。然而統治者這種觀念，是不折不扣的「養豬哲學」。中國人民並不是吃飽為滿足，他們要的是民主自由，要的是言論空間……。台灣擁有的，中國絕對沒有。我們擁有許多政黨，擁有言論自由。我們容許敗選者可以上電視罵人，容許台灣倒楣時資金大量外移，容許公開稱頌中國貶抑台灣，容許在野黨有捲土重來的機會。（陳芳明，

2003.5.15：15）

　　他們兩位對中國與台灣現狀的描述或讚揚，不但彼此很難說服對方，想必另外有很多人都不能同意他們，然而在他們的對話中，不僅僅只有關於事實的認定，還有各自出發點的迴異，在這一點上，他們根本沒有對話，也就使得他們對於事實認知的差距，失去共同的參考依據。簡言之，陳芳明是從國家體制切入，觀察兩岸的政治經濟現代化能否符合西方先進社會熟悉的標準，進而從一個類似外國的位置評論中國的對台政策。許歷農並不是在這一點上駁斥陳芳明對台灣人權、文明、自由等指標的評價有問題，而是另起爐灶，把焦點轉移到兩岸之間共享的祖先、血緣、歷史方面去。而陳芳明的再答覆，對於血緣的問題絲毫沒有碰觸，寧可堅守在西方的國家論述中。可以說，他們的辯論，是各說各話。

　　國家與祖先的結合，就成其為當代民族國家的濫觴；國家與祖先的分離，則是海外僑民的遭遇，亦即不居於祖先之國之人的遭遇。陳芳明與許歷農所沒有能盡情對話的部分，才是他們辯論的深層意涵所在。亦即在台灣人與中國大陸的關係定位上，到底是屬於一個民族國家內部的問題，還是中國人與海外僑民之間的問題？更具體的問，即台灣人是僑居在台灣的海外華人，還是一個海外華人視為祖國之所在？除了這兩種看法之外，當然還有人主張台灣漢人與南島民族已經混血，又雜有日

據時代留下的混血，新近更有大量南洋新娘下嫁台灣，所以台灣人已經不是漢人或華人。●

　　台灣人是華僑所認同的祖國人民，還是海外華僑的問題，影響到僑務政策、大陸政策與外交政策。●華僑與祖國的關係與規範爲何，既涉及台灣與大陸的關係，又涉及一般海外華人與台灣的關係。

李登輝開啓的華人論述

　　最早在台灣隱然以海外華人自況的政治領袖，當推李登輝。他在1990年就職演說中，曾表示要在六年內帶大家回大陸。（胡文輝，1990.5.8：1）這個說法與反攻大陸的立場未必牴觸，但之後的發展，也讓人理解到，這同一個說法，與台灣人作爲海外華人的立場也不牴觸。等到六年後的第二次就職演說，李登輝特別提到台灣已經走出了中國的專制、貧窮、封建與落後，（李登輝，1996.5.20：2）才比較更明確地聽出來，他不再把台灣視爲是「中國」這個概念範圍中的一環。他在第一任當中所提出的種種口號，至此才更顯得具有方向性，其中

....

● 見http://taup.yam.org.tw/announce/9911/docs/24html，莊萬壽，〈台灣文化困境與國民意識建構之芻議〉。

● 見http://www.future-china.org/csipf/activity/19990606/m9906_02.htm，朱浤源、夏誠華，〈華人‧中國人‧台灣人〉。

包括「兩千一百萬人生命共同體」、「立足台灣，胸懷大陸」、「經營大台灣，建立新中原」與「新台灣人」等，（李登輝，1997；1999；2000；1994）都可以用來作爲兩面陳述，一方面似乎不與過去台灣自我定位爲復興基地違背，另一方面又蘊含了往新的國家定位邁進的可能性。

李登輝的大陸政策論述，同時出現國家論術與祖先論述，但這兩種論述是分開的，不是相互構成的。李登輝所帶動的國家論述轉變，可說是海外華人意識在台灣的萌發。在他領導之下，中華民國的主權範圍與中國逐步脫鉤。最早的行動是透過修憲，停止對中國共產黨的戡亂，（洪金立，1990.5.24：2）因此而看出來，李登輝對台灣已經不採取「復興基地」的自我定位。根據復興基地的論述，台灣與大陸是內戰中誓不兩立的雙方，進行著有你無我的政治鬥爭。現在根據《國統綱領》，「台灣與大陸均是中國的領土」，但因爲終止了動員戡亂之內戰關係，台灣等於片面宣布中華民國政府所在之地，不代表中國。而台灣與大陸的關係，依照《國統綱領》，應當屬於對等的官方。且既無內戰，就應當「在國際間相互尊重，互不排斥」，所以雖然台灣是中國的領土，但不是中華人民共和國的一省，而是與中華人民共和國互不隸屬但卻對等的政治實體，將來果要統一，必須創造協商的有利條件。

在李登輝卸任後，曾在回憶到自己的思路時，特別強調「存在」對他施政的重要性，所謂存在是一切的基礎，指的就

是台灣在國際上能獨立於中國而存在。（李登輝，1997：126,
128, 282；1999：246）這裡最含混的一點，就是中國與中華人
民共和國的關係。雖然李登輝願意承認中華人民共和國統治大
陸，（李登輝，鄒景雯，2001：230）以便換取北京政府對台
灣地位的認可，但他始終在任內沒有直接推翻台灣是中國的領
土，從而維持住中國與中華人民共和國的區隔。因此，一方面
台灣是一個主權實體，位於中華人民共和國之外，另一方面又
屬於中國。做為主權體的一分子，台灣人對於中華人民共和國
而言，是海外華人，但對於中國而言，又不是。

　　假如中華人民共和國是華人的祖國，則台灣人便也應當以
中華人民共和國為祖國，只不過目前已經另外組成新國家。就
在這一點上，李登輝仍然防衛地很謹慎，從不把中華人民共和
國當成是華人的共同祖國。他將中國視為是地理的、歷史的與
文化的，但絕非政治的，因此台灣做為主權體的地位獲得保
護。在第一任職務將近尾聲之際，李登輝對國家統一委員會發
表講話，他主張，「我們歷來以維護及發揚固有文化為職志，
也主張以對話作為兩岸交流的基礎，提升共存共榮的民族情
感，培養相互珍惜的兄弟情懷」。這些談話說明了，李登輝將
台灣與大陸都看成中華文化的傳承之地。但是要在這個文化的
基礎上談統一，他則要求大陸先承認台灣的國際主權地位，因
為「炎黃子孫須先互示真誠，不再骨肉相殘」，才能「化干戈

族國之間
—— 中國西南民族的身分策略

爲玉帛」。❸

可是，一旦中國不是主權體，就當然不是海外華人祖國之
所在，則儘管台灣屬於文化中國，卻又不能歸屬於主權中國。
原本內戰狀態下，台灣仍可宣稱是海外華人的祖國，俟內戰終
止，台灣放棄中國代表權，就不能說自己是海外華人的唯一祖
國。這個問題在李登輝任期之初就曾經浮現過，當時是在籌備
國是會議，就有人主張縮小僑務的範圍，縮減僑務經費，首先
必須排除有雙重國籍者，如此僑務所指就侷限於從台灣甫出國
門幾年的台僑而已。海外華人向來認同中國爲祖國，過去親台
灣的，就認同中華民國。如今，外交部則明確定義中華民國領
土範圍爲台澎金馬，❹當中華民國自己說不能代表中國時，渴
求認同中國的親台僑民，爲維繫對中國的認同，就不得不將對
台灣的認同，延伸至對中華人民共和國，以確保自身認同想像
的完整性。不論從形象、實力、尊嚴的角度看，大陸作爲海外
華人認同的可欲性，大大超過台灣。於是海外華人認同的大規
模流動，配合大陸的改革開放所吸引到的回歸人潮，很自然的
中華人民共和過就成爲海外華人的共同祖國所在。台灣既不是
代表海外華人的祖國，又不屬於中華人民共和國，則只能自稱

....

❸對國家統一委員會講話（1995.4.8）。
❹見http://www.mofa.gov.tw/newmofa/taiwan/taiwan1.htm，外交部國情資料國情
說明。

成為中華人民共和國的海外了。

　　這種心態在原本政治立場可能迥異的人身上都看得到，關鍵在於人們是以海外華人自居。新近比較著名的兩個例子是章家敦與龍應台。章家敦僑居美國，對大陸的落後不遺餘力的揭露與批評，並認為中國遲早要崩潰，他對於台灣獨立寄予同情，奉勸台灣要慎防自己成為中國崩潰時的犧牲品。（羅嘉薇，楊湘鈞，2002：13）龍應台則是反對台灣獨立，但在她驚訝上海榮景之餘，批評這些榮景是集體利益犧牲下的表徵，她寧願不要這樣的進步與壯觀。（蔡惠萍，2002：13）與李登輝相比，他們三人代表分別日本、美國與德國的海外華人身分，即使在其他問題與風格上迥異於彼此，卻在面對中國時流露出類似的不安，即擔心被自己的中國身分所羈絆。❺

　　李登輝在第二任期間，除了強調自己經由全體台灣人民直接選舉產生，無異於通過公民投票形式，揭舉了台灣主權獨立於中華人民共和國之外。（李登輝、鄒景雯，2001：230）他又經由海峽交流基金會釋放兩岸是「分治的中國」提法，之後更明確提出著名的「特殊國與國關係」的定位，來規範大陸與

---

❺但之後，龍應台適應的最快，她先任職台北市文化局長，與上海大量接觸，她的文字觸動成千上萬的大陸讀者，卸任後，她又與德國夫婿離異，這時她重新浸淫在中國文化的氛圍中，但她沒有選擇進入大陸，近鄉情怯地暫居香港，並繼續撰文以台灣的民主來對照大陸，使得她益加接近大陸的步伐，不會模糊了她身在大陸之外的發言位置。

台灣的互動。雖然沒有成為國家正式文件，但執政的國民黨則通過決議，採納後者的表述。「國與國」的定位當然加速了海外華人認同的流失，也就突出了中華人民共和國作為海外華人祖國的地位。台灣內部的修憲工作持續開展，在李登輝卸任前夕，先後完成了凍結台灣省級政府、廢除國民大會等步驟，以從制度上確保台灣與大陸之間，不再具備有重疊之處。

李登輝的大陸政策論述因而是一種華僑主義的精緻表現，一方面表現出台灣人已然與世界文化融合，沒有停留在固有傳統中；二方面承認受中華文化的影響，也是廣義的中國人；三方面居於中國主權之外，另外歸化成其他主權體之成員；四方面認為自己已經超越祖國的文化，躋於先進之林；五方面願意幫助祖國發展，甚至曾設想六年內要回歸。既然沒有華僑會提倡自己所歸化之國家，要對中國主張獨立，因為沒有必要，故李登輝的華僑主義論述精華所在，就在於所有看似反對統一，追求獨立的政策，都不以台灣獨立名之，畢竟在他看來台灣已經獨立，名字叫中華名國。以致於在民族主義的立場上，沒有他明確違背的觀點，在台獨立場上，也沒有他明確推動的證據。是等到了他卸任之後，才益加主張用新國號來完成獨立建國。

海外華人作為自我定位的表面化，在2000年之後迅速的蔓延開來，當時以台灣獨立為根本信念的民進黨取得政權，將中華民國視為是台灣目前的名字，其範圍不及於大陸，其僑務政

策也以台灣僑民爲重點。當政府官員均在觀念上領導調整，直
接讓中華人民共和國等於中國，以便使台灣獨立的理念免於受
到文化中國的羈絆時，他們諸君之中，便沒有人敢於公開承認
自己是中國人，因爲他們自己都主張，在國際上，中國人指的
已經只能是中華人民共和國國民。❻加上台灣人與中華人民共
和國有共同祖先，故相對於中華人民共和國而言，就讓台灣人
確立了海外華人的位置。爲了確保自己不屬於中華人民共和
國，民進黨政府要員，乃至於總統，均開始以華人自況。他們
沒有進一步澄清的，是他們作爲華人，是不是就是海外華人。

國家導向的祖先論述

　　作爲一個獨立主權體，如何凝聚國民意識一直是李登輝以
降的領導人所關切。如果台灣人與大陸人的共同祖先意識太濃
郁，難免妨礙國家獨立之發展，因此如何在祖先意識上，能與
大陸人有所區隔，是台灣作爲華人國家定位的重要基礎。早先
在復興基地的自我定位下，祖先區隔不但不重要，反而是爲禁

....

❻沒有軍官或國防文職首長在回答自己是不是中國人的問題上，敢於直接回
　答，唐飛說自己是「中華民國的中國人」，湯曜明說是「中華民國國民」，伍
　世文說自己「祖籍廣東」，陳必照說「要看定義」。；〈台灣人？中國人？伍
　世文：我祖籍廣東陳必照：看定義再說〉，《聯合報》（2000.6.8）：2；另見
　李志德，〈湯曜明：違憲主張不會聽從〉（2000.6.2）；高凌雲，〈首度施政
　總質詢唐飛：有條件認同統一〉（2000.7.4）。

忌，作爲復興基地的正當性，恰恰在於繼承了中國的正統，如果在祖先的身分認同上與大陸分開了，就沒有在內戰中賴以號召人心，或建立自我尊嚴的歷史根據。早期國民黨領導階層曾反對以「我國」自居，以免國人把大陸當成外於中華民國的對象，就是擔心這種看待自己的方式，會摧毀中華民國的正統性。[7]如果中華民國不能是外於大陸的「我國」，自然也就不能在祖先意識上大作文章。一直到今天爲止，在僑務委員會的網站上，還保留著這樣的遺跡，使人對於兩岸人民共同的祖先意識，充滿著期盼，好像在今天仍然能發揮什麼道德作用。可能正是由於這樣的提醒無所不在，袪之不盡，才有了在祖先身分上必須建立新論述的必要。

祖先政策的演變，首先是在憲法層次表現出來。自80年代以來，原住民族的正名運動呼聲日高，以喚起民族意識。[8]在修憲過程中便將「原住民族」概念正式納入憲法文字——「國家肯定多元文化，並積極維護發展原住民族語言及文化」。但「原住民族」這個身分概念的的提出，並不見得有助於原住民族對中華民國的認同，反而可能強化其民族意識而質疑漢人統治的中華民國。不過原住民族的概念受到引用，卻是站在漢人

---

[7] 見沈昌煥在國民黨第十三屆中央常務委員會第四十三次會議之發言，見「與會同志發言速記錄」稿本（1989.6.14）。

[8] 見http://www..apc.gov.tw/01_message/02_history/history_25.asp，台灣原住民族運動回顧研討會通告。

的立場來理解的，畢竟原住民族的法律概念之下又有不同的民族認同，他們之間的區別為何，國家並不在意，相反的，卻極為敏感地區別更為細微的漢人之間的差異，並用政策分出三個族群。他們加上原住民族，就變成四族。四大族群的提法較早是來自葉菊蘭與林濁水，[9]這個名詞後來成為外交部對外網站介紹中華民國的第一頁，[10]儼然構成當前官方對台灣人的分類。2003年起，教育部表示未來將以立法與加強教育內容，來推行將國內四大族群語言，都列為國家語言的政策。

　　漢人的三個族群是閩南人、客家人與外省人，外省人後來又更名為新住民。新住民這個詞凸顯出原住民族概念的不可或缺，因為沒有原住民族在先的話，新住民就不能稱之為新住民。而新住民卻對於區隔兩岸之間的祖先意識，起了論述上的關鍵作用。這是為什麼即使原住民族四個字在民族分類上不倫不類，官方卻覺得使用起來的心應手。對有的原住民族成員來說，原住民族的身分定位代表了漢族中心主義的觀點，把差別大的部分抹煞，把差別小的部分擴大，只對漢人之間的政治立場差異敏感萬分，卻對於原住民九族，或十族，或十一族，或十四族之間的宗教、習俗、語言、生態視而不見。故或謂：

....

[9] 見http://www.peace.org.tw/ethonns/ethons_adage04htm，張茂桂，〈新台灣人之非論〉。
[10] 見http://www.gio.gov.tw/info/vot/01people/index.shtml，新聞局仍稱外省人，且列出十一原住民族。

> 「四大族群說」是黨派與政客不符事實的說法。如果漢人
> 可分成閩、客及外省人，那麼台灣原住民族是不是也更
> 應細分爲泰雅、魯凱、排灣……等。台灣原住民族完全
> 無法接受如此不科學及不尊重原住民族文化歷史的荒謬
> 說法！⑪

　　從個別原住民族的角度抗議是沒有意義的，因爲原住民族
對於漢人來說的意義，在於能區別出新住民，所以原住民族之
間的差異當然不重要。原住民族作爲憲法上的一個族群，恰恰
在於「原」這個字所隱含的祖先意識，凡是在漢人祖先來到台
灣之前的人，都是原住民族。對於漢人而言，他們自己祖先抵
台的時間點，已經能夠充分確認自己的身分。而最晚來的外省
人，就也可以用祖先來台的時間，特別區隔成一個族群。祖先
來台時間的早晚，一旦成爲最重要的祖先意識依據，則原本外
省人在大陸上的族群差異，不論是屬於滿蒙回藏苗瑤等等哪一
支，都變成一個族群。這是爲什麼外省人作爲一個族很奇怪，
不僅其內涵蓋了不同的種族，甚至還跨界限讓廣東客家人與台
灣客家人分屬兩族，讓福建閩南與台灣閩南分屬兩族。而新住
民這個身分概念卻沒有這樣的缺點，甚至非常準確地點出了爲
什麼外省人屬於同一族，即他們祖先抵台的時間相接近。由於

----

⑪見http://www.ching-tide.org.tw/history/knowtwpaper/abo.htm，莫那能，〈我們
　不是番，我們是台灣的主人〉，《認識台灣歷史教科書參考文件》。

新住民作爲族群識別的作用很重要，其所根據的原住民族概念
就不可或缺了。

　　在原住民與新住民之間帶有普遍性涵義的就是本省人，他
們沒有被祖先來台的時間決定身分名稱，祖先來台的早晚，是
用來識別其他少數族群的。故本省雖人可以戲稱爲老住民，但
事實上沒有被這麼稱呼。[12]不過，他們祖先的經驗仍然獲得重
視，因此傳說中閩客械鬥的先民墾殖台灣史，就成爲區別閩南
族與客家族的理由。四大族群的祖先想像經由如此界定之後，
就都成爲有根源，並可回溯的所謂族群。原住民族與新住民回
溯起來，源頭紛雜流變不能一言以蔽之，但正因爲創意地採取
了祖先抵台時間爲分界，紛雜的源頭突然變成單一的了。民族
想像中最根本的就是祖先源頭，建構共同祖先乃是喚醒民族意
識的主要手段。台灣眷村文學被凸顯成一種典型，有效地鞏固
了眷村作爲小中國，（吳忻怡，1996）眷村居民作爲中國人的
共同歷史記憶，成爲台灣民族主義者筆下流散在台灣的中國
人。（施正鋒，2003：239-254）

　　但新住民論述的功能是巨大的，不僅僅是鎖住了外省人的
身分，同樣重要的，是把祖先根本還沒有來過台灣的其他中國
人，可以理所當然地視爲另一個與台灣不相干的族群。原住民
族成員抗議固抗議，他們這個集體身分的存在，遙遠卻強而有

....

[12]老台灣人之說不脛自走（何振忠，1998.12.16：3）。

力地支撐了台灣人成為有別於大陸的「四大族群」，因為正是這個看似符合世界潮流，無人敢於攖其鋒的原住民族論述，讓祖先抵台時間成為決定性的參考點，才能終於把全部大陸上的人，都定義成不同的族群。被尊重的原住民族換取了某種憲法地位，但整體而言，尚未擺脫漢人的政治論述工具地位。於是乎，即使外省人是華人，本省閩南與客家也都是華人，但他們都似乎具有在其他華人所在地區所不可能有的族群身分，更不大可能是任何身在祖國的人所可能具有的族群身分。如果在台灣仍然有人自視為中國人，或把台灣當成復興基地，便可以逕行稱之為中國人，但中國人不屬於四大族群，則這種人也就是自外於台灣人或台灣主體意識。

有幾種人的存在挑戰了四大族群背後的祖先意識。一是四大族群之間的通婚，使得祖先的區別日益模糊。大陸新娘的來台，等於在製造一個新新住民，因為她們將作為後世子孫自我區隔的另一代祖先。台灣人遷居大陸構成另一個挑戰，使得原本只有台灣才可能定義出來的三個漢人族群，都出現在大陸，成為大陸中國人概念之下的少數民族，甚至不再是少數民族，而是加入漢族。他們若真的大多數轉為漢族，將使得台灣的三大族群區隔失去顯著性，台灣作為一個單一的華人國家，也將失去一個獨特的祖先論述，與中華人民共和國分享了共同的祖先。主張台灣獨立建國的《自由時報》最不原諒移居大陸台商，（例見，社論，2001.10.7；2002.8.13；2002.6.20 ；

2002.6.17）。推動獨立建國最力的台灣團結聯盟最不擔心兩岸民間交往受到SARS疫情影響，此乃與他們關心台灣是否能產生有別於大陸的祖先意識，息息相關。[13]

僑務政策中的祖先論述

　　民進黨任命的第一任僑務委員長初使擬將工作重點放在台灣新僑，引起海外華僑大量的不滿，迫使得僑委會進行安撫。在第一夫人吳淑珍訪美期間，因為她對蔣宋美齡有言辭上的評論，以致於僑委會在僑社所舉辦之接待晚宴，竟空前地出現僑胞在隔街舉辦推崇宋美齡的盛大場面，十分尷尬。顯然僑委會夾在舊的復興基地論述與新的四大族群論述之間，不曉得自己應該作為哪些僑民的祖國。從國內政治趨勢看來，中國的僑民已經不能等同於台灣的僑民，認同中國的華人應當認同中華人民共和國，而非台灣。但另一方面，台北政府與海外華人有千絲萬縷的關係，至今仍有代表海外華人的民意代表身居廟堂之上。這種身分上的尷尬在於，台灣作為海外華人的祖國，不知道其所能代表的中華文化是什麼。在僑委會呈現自己的網站上，它游移在副相基地與四大族群兩種中華文化認同之間，不能決定方向。

僑委會設立了中華民國海外華人服務網，[14]在「中華文化」項下，有七個子目錄，全部屬於固有文化的範疇：古典小說、玉石文化、歷代服飾、中國文字、詩詞之美、中華節慶與二十四節氣。在二十四節氣之下，介紹了「中國農民所重視的二十四節氣，並說明節氣制定的由來，及瞭解節氣與農業、漁業、民族的關係。」另比如在中國文字項下，又區分為八個點選的目錄：中國文字的歷史與演變、簡體字的影響、中國文字的構造、中國文字的寫法、中國文字書寫工具、中國書法之美、中國文字對其他文化的影響、學習中文前途大好等。其中，不但在國內政治中極度被避諱的「中國」兩字不斷出現，並且都是正面積極的描述，而僑委會則儼然是面對海外華人的台灣中華文化代表。關於中國字的描述，遠追歷史，儼然以中國人姿態發言，甚至與外國人相對，完全不像在憲法政策上所出現的用來區隔古今內外的文字設計：

> 中國文字是世上最古老的文字之一，而且也是目前唯一仍在通行的古老文字。全世界至少有五分之一的人口，每天在使用這種文字，除了中國人之外，也有相當多外國人在學習中國文字。他們當中有些人，還是中國古代文字的專家呢！[15]

[14] 見http://www.ocac.gov.tw/。
[15] 見http://edu.ocac.gov.tw/culturechinese/vod01htm1/vod01_01.htm。

　　僑委會在中華文化項下還提供了故事篇，其中分爲六小類：中華民國的故事、清朝的故事、至聖先師孔子、孟子的故事、寓言故事、民間故事。將台灣的源頭隱然回溯到了春秋戰國時代，這在早年文化大革命的年代裡，成爲復興基地號召僑胞最有力的文化武器，但卻在今天的時空中顯得非常鮮明。尤其是孔子的故事，讓台灣文化有上承道統之意涵，愼終追遠的儒家道德，更是台灣民間重要的祭典指引。另外值得一提的是民俗篇，本篇更進一步將台灣文化與固有文化習俗聯繫在一起。根據民俗篇的內容，包括了各種各樣的傳統技藝：花燈、風箏、捏麵人、摺紙、皮影戲、歌仔戲、踢毽、扯鈴、香包、年畫、童玩、地方戲曲、跳繩、陀螺、篆刻、剪紙、中國結、國劇。不但所介紹的項目很有中國味，最重要的是，這些項目在台灣都有所維繫，有所呈現。華僑如果要找尋中國認同，在僑委會的網站上不乏充滿趣味的資訊。只是這個網站面對海外華人居多，面對國內政壇與民間的機會小，所以受到僑界與僑務既有脈絡的影響，就傾向提供一些可以滿足思鄉情懷的畫面。

　　另一方面，同樣在中華文化天地之下，也出現非常不像中國文化代表的資訊。在台灣篇的稀有植物項下，列舉的全都是台灣本身具有特色的植物。網頁先介紹了台灣的生長環境，接著就提供棋盤角樹、蓮葉桐、柿葉茶茱萸、台灣水韭、鵝鑾鼻大戟、水莞花、鐘萼木、艷紅子百合、八角蓮、紅樹林、一葉

蘭、蝴蝶蘭、毛柿、錫蘭七指蕨、蘭嶼羅漢松、蘭嶼冬青、木藍、濱斑鳩菊、台灣蘇鐵。在稀有動物篇也是台灣特色盎然，包括長鬃山羊、台灣黑熊、台灣水鹿、梅花鹿、台灣獼猴、台灣山羌、穿山甲、石虎、台溫雲豹、帝雉、雪山草蜥、蘭嶼角鴞、台灣山椒魚、高身鯉魚、櫻花鉤吻鮭等。在鄉土小吃項下有屏東萬巒豬腳、台南擔仔麵、台南棺材板、台南鼎邊趖、台南肉粽、嘉義雞肉飯、北斗肉圓、鹿港蚵仔煎、新竹貢丸、基隆天婦羅等。這些資訊足讓海外華人窺得祖國若干現狀，具有豐富的本土性，但另一方面又有改造祖國這個概念內涵的作用。有一點類似四大族群的建構，使台灣作為華人的祖國，與大陸作為華人的祖國區隔開來，將台灣中華文化的內涵，定位在具備台灣特色的物件或對象上。

　　這個華僑資訊站上最值得探討的，是其中有一項名為「華人風雲錄」的次級網頁。[16]這個網頁上的人物是怎麼選擇的固然有趣，但同樣值得注意的是他們到底是誰，茲抄錄名單如下：科技界是李遠哲、李政道、楊世緘、陳正興；藝文界是賴秀峰、趙文寧、張惠妹、柯淑玲、周潤發、李小龍；學術界是李鎮源；教育界是胡玉林、陳維昭；綜合類有張稚鎔、孫立人、星雲法師；體育界有王貞治、黎鋒英、傅稜婷、關穎珊、江治忠、廖俊豪；政商界有蘇美美、陳洪福、劉醇逸、陳五

----

[16]見http://www.ocac.net/newocac/famous/honor.asp。

福、殷琪、宗才怡。在這之中有成長於台灣的、大陸的、香港的、海外的，也有台灣的新住民與原住民；有過世的與在世的。不過，最重要的是，假如這些人之中有台灣的國民，網頁上列出台灣作為他們的「僑居地」。唯一的大陸來台人士是黎鋒英，但沒有目前居住在大陸的。如果台灣是僑居地，當然台灣本身也就屬於海外的範疇。但僑居地的定位畢竟引人側目，至少這是從華人祖國的角度看，才會得出僑居地這個對象。故曰陳維昭或故李鎮源是以台灣為僑居地，他們的祖國就只能是大陸或中華人民共和國了，而不能是歸類成僑居地的台灣了。

台灣的海內華人？

　　陳芳明告訴我們，台灣人不屬於中國這個國家，他說的中國，應當是政治中國，也就是中華人民共和國。許歷農告訴我們，台灣人與大陸人有共同祖先，他們居住的地方，應該都是海外華人所認同的祖國。從政府領導人到政府機構，儘管對於台灣人的身分都有想法，可是在行動上都受到祖先意識的牽制。以致於要獨立建國的人忙於營造新的祖先意識，就算台灣人是華人，台灣人的祖先也必須是與世界上其他地方華人的祖先，在歷史回溯時分開來源。可是，這些意識上的調整面臨一個現實的問題，亦即如何面對原本被視為海外華人的僑民，以及他們眼中仍是中華文化正統所在的復興基地。一言以蔽之，

台灣還是不是海外華人的祖國？對於認爲台灣人不是中國人的政府領導高層而言，被海外華人當成是中國人的政府，的確非常尷尬。這樣的態度已經讓許多僑胞轉移效忠，去認同他們原本在政治上疏離的北京政府。由於海外華人確實與台灣社會有著千絲萬縷的關係，不論是血緣關係、商業投資、旅遊探親、返國求學、科技合作等方面，台灣人與海外華人社會都是難以切割，假如台灣政府拋棄自己作爲華人祖國的定位，不但立刻在海外產生此消彼長的態勢，同樣重要的是，與海外華人圈緊密聯繫的台灣社會，一定同時被牽動，而在已經炙熱的兩岸交流之上，還會更加往大陸靠攏。思及於此，台北高層仍必須在一定程度上扮演祖國。（陶允正，2000）

海外華人的祖國是不是一定要是中國呢？這個問題在李登輝時代就已經提上議程。台灣作爲一個華人國家，儘管不屬於政治中國或中華人民共和國，不是一樣可以當海外華人的祖國嗎？台灣作爲華人因而與中國人作爲華人，以及海外華人作爲華人的意義不同。所謂海外華人，只能是指其僑居地不是華人國家，而是由其他種族所主導的主權國家，但其祖先則是來華人國家的那些海外僑民。陳芳明所關切的重點所在，則是現代國家體制。在以主權國家爲前提的分析中，中國人便是專指中華人民共和國的國民；至於華人國家介於兩者之間，即凡僑居地是以華人爲主要民族，且其祖先經追溯是來自於中國大陸者均屬之，但已經不以中國爲祖國。在這樣的條件下，台灣獨立

主張者眼中的台灣與新加坡，均可稱爲是華人國家。主張台灣
獨立甚爲積極的張旭成，早在上一世紀的80年代就提出新加坡
模式作爲兩岸關係的藍圖，（顏文閂，1979）就同樣是以主權
國家爲思考基礎，而不是以歷史文化爲依據。（見表12-1）

　　依照過去台灣所流行的論述，台灣人是中國人的正統，是
海外華人的祖國，這種定位，稱之爲復興基地，則台灣人不宜
以華人自居。但依照目前所流行的論述，台灣人是華人，但不
是海外華人，又不是中國人，可以是若干海外華人的祖國，自
己的祖先又另有所出之國，並非由中華人民共和國代表之中
國。基於此，台北政壇對台灣人的身分定位，可以稱之爲是海
內華人。

表12-1　台灣人之華人屬性

祖國意識的對象		自己是否爲海外華人祖國？	
		是	否
中國是否爲 自己祖國？	是	復興基地	海外華人
	否	海內華人	華人國家

| 結論 | 官學界研究中國少數
民族的知識視野 |

　　一般大陸政府官員與學術界同仁在研究少數民族時，有三個主要的角度，這三個角度反映了研究者三種習以為常的身分。第一個身分是國人最熟悉的，即透過現代化過程來理解少數民族處於歷史發展的哪一個階段，比如觀察當地的宗教習慣，衡量當地經濟發展到什麼程度，有沒有資本累積這種概念，經濟行為有無儲蓄性，儲蓄的目的是要投資或只是要規避天災風險。像大陸鄉下農民有的家裡藏米可以多到一百斤，因為小農們擔心會發生1959年到1962年的大饑荒，這時儲蓄的概念所指涉的，不是再投資，而是保命。但外來的觀察家便容易下結論，說這個少數民族存在於前現代化的階段，尚未發生儲蓄投資的意識。

　　通常人們不只研究一個社群存在於歷史的哪一個階段，更會進一步研究他們進入下一階段的條件是什麼，其中常被提及的問題包括：有沒有納入現代化的學校教育，族民生病時是去

抓草藥還是去現代化的醫院看診，人際交往時遵不遵守現代的時間觀念。以最後這點來說，山區少數民族的時間觀念與都市人的時間觀念顯有不同。時間觀念背後影射的是現代化都市發展的史觀，即以為時間是線性的，故2002年過完自然而然就是2003年，時間乃一步步往前走。相對於此，很多西南山區少數民族的時間觀則是循環的，某些社群中流行每七天有兩到三次的市集，大家每次市集時必能見到面，市集是很重要的時間參考依據。故有些當地人約會，不會以分鐘來約定，而以天為準。

有一次考察時，搭中型巴士赴另一地，途中司機忽然剎車、倒車，與對面車道經過的司機交換文件，原來他們約好碰到面時候要交換東西，司機表示，只要說了，我們就一定會碰到，就算這次碰不到，下次也會碰到。同一部車子開到半路停下來，也沒有站，司機下去喊人，果然一位農婦從巷道裡跑上來，原來是有人事先傳話講好了。對當地族民而言，時間不必是線性的，今天見不到，三天之後也會見到，每三天有一個循環，因此與外來的研究者不同，外來的人在做訪談的時候，時間非常寶貴，如果做一個訪談時，有人堅持要先請吃兩碗米粉，就擔心浪費了時間，殊不知吃米粉正是一種參與觀察的途徑。

從一個現代化的角度去研究西南民族，往往受制於關於傳統的想像，官員學者對少數民族的認識角度，預設了會看到他

們保留都市所已經失去的傳統，並相信自己從過去的傳統一步步過渡到現代化階段的經驗，能夠移植。他們還很好心的要幫當地人建學校，其中造希望小學最受注目，動員山區小孩子回學校來唸書，讓他們識字之後可以離開大山，或讀完大學後回到地方來教下一代的孩子，逐步發展。官員學者也喜歡對道路設施指指點點，有時對當地生產出來的農產品改種經濟作物提出建議，引進投資與理財的觀念。出發點幾乎脫離不了開發意識，幫助還在所謂傳統社會中掙扎的少數民族，過渡到現代化的階段，和自己一樣舒適的生活。

第二個角度是從國家來看少數民族，在國家的角度裡所關切的，通常就是政治體制安定，並能提昇其公民素質。對民族社群而言，具有民族身分的公民是否對國家很效忠，向來為國家所注意，因為邊疆少數民族通常被人懷疑效忠意識不足。一方面邊疆民族信奉的宗教不一樣，其中伊斯蘭教最容易招致懷疑，不過大陸官方對基督教也抱持著強烈的猜忌態度，過去基督教在國家嚴密的控制下成為愛國教會，家庭教會是非法的，如果公安發現就很嚴重，刑事上可以判罪。地方幹部言談之間透露出對基督教的一些印象，比如說要信奉基督教固然可以，但是要到教堂才可以做禮拜，不可以在家裡聚會傳教。他們理解的宗教自由，是人們有自由前往教堂裡做禮拜，如果在家裡傳教，算是拉人信教，就違反宗教自由。

從這裡可以看見，官方對宗教有很強大的抗拒，民族地方

的民族事務員會有時與宗教事務合併在一起。神父、阿訇、道士、和尚被規定必須去聽宗教部門官員宣講政策，宗教工作者每個月都要去聽，聽完之後才能在教堂或寺廟講經時，傳播國家政策給族民。考察過程中證實，阿訇在清眞寺講《可蘭經》之前，會先宣傳計畫生育政策、反毒品政策、反色情等等，如果阿拉反對毒品或色情，族民比較願意配合檢討現行社會的問題。但是現在年輕人都不到寺，往往四、五十歲以上的人才來，所以宣講政策效果有一定限制。國家面對少數民族，總是要看少數民族是否對國家的效忠，比對神祉的效忠更高，或是否先表態對國家效忠，才對自己的神祉效忠。

　　大陸官方的少數民族論述裡，開宗明義就是講少數民族政策要有助於團結，團結是對國家最重要的，公開場合聽到團結要給予瘋狂的鼓掌，觀光表演最後常是以中華民族的大團結當收尾。在儀式場合唯一的國家論述，就是團結一致，團結之後才容許講少數民族的文化特殊性。國家雖然說鼓勵民族去找尋其文化特殊性，但從不積極協助。除非當地少數民族自己有民族意識，才會想要去保存民族文化，擔心程度高的地方，幹部有一種挖掘意識，要把失去的文化特色找回來。「挖掘」這兩個字的意涵是，過去曾經存在一些能夠呈現本民族絕對特性的物件或傳說，因爲年久遺失，現在想要將之找到。挖掘的意識讓大家都相信，過去有這個特質存在，經由挖掘之後，族民就會找到具有代表性的各種活動。有的學者偏愛爲各族的血緣找

源頭，只要能找到源頭就表示對民族身分的尊重，而且一旦有了源頭，就可以對於文化與血緣融入中華民族有所釋懷。

其實，挖掘出來的到底是當代人想像出的，還是本質性的，根本說不準。比如在桂林民族文化宮表演瑤族搶花燈，貴州貴陽附近的苗族與廣西宜州的水族搶花燈，也是當地人各自述說的民族特色。宜州當地人說，因為設計這個活動的頭目是水族，所以就叫水族搶花燈。不論如何，每個民族都要挖掘其文化特色似乎理所當然，在多數的情形裡，國家未必會去幫助他們，除非民族特色的建構有助於觀光事業，這時國家也許撥款來啟動，否則國家就沒興趣了，只有當地少數知識分子所進行的挖掘，不具有物質利益的動機。

國家決策者所惦記的是，假如各個社群的人要和其他地方一樣發展，要撥放多少資源；假如各族人都能廣泛接收到國家政策，要如何調整語言政策，提供多少師資，是否進行雙語教學，或同意採取母語教學等。國家對少數民族的語言政策各有特色，像東北朝鮮族獲得國家採取特別寬容對待，從入學前一年到高中畢業都用朝鮮語，漢語只是一個課程，之後的高考都用朝鮮語。國家如此讓步是為了攏絡朝鮮族，使他們對國家效忠，承認自己是中華民族的少數民族。

國家也者，就是在領土疆域範圍之內的國民，都效忠國家之機制，包括西南民族在內的所有的公民都被個人化，每個人皆以公民身分來參加國家政治，所以集體的民族身分可以加以

尊重，或許有些官員們也的確在意識上覺得應當尊重，但絕不應該作為族民參與政治的動機，充其量那是獲得補助，使得個別族民們更好地融入國家公共生活的依據之一。所以國家一定要宣傳說，不管是哪個族，每個個別的公民都平等，都有平等的資格參與政治。國家最擔心的，是人們以民族身分設想自己，以集體分配來衡量國家的誠意，而不是以個別公民身分參與。所以，民族作為一個身分到底在文化上具有什麼特色，會不會隨著現代化而消失，國家並不特別憂慮，而希望各族自己去保護，這些民族復興活動再怎麼流行，都不允許影響到個別的族民參與國是，才能保證不同族的族民融於一爐。民族團結乃是民族政策的核心，這是第二種研究少數民族的角度。

第三種研究少數民族的角度，是新近最熱門的全球化角度。在十六大堅定地宣示全球化路線後，這種觀察角度將益加流行。前述不論是從現代化或國家看，兩種角度都強調趨同，且有線性史觀與歷史目的論隱藏其間。在現代化的角度裡，西南民族的不同在於他們都存活在傳統性之中，將來應當演變成同沿海或城市地區一般，而不問其族性。至於在國家的角度裡，不管西南民族有多大的宗教與語言差異，必須學習在參加公共事務和實踐公民身分這一方面，和所有其他人趨同。所以，這兩種角度雖然尊重每一個民族都是平等的，但對於民族身分的內容，或族民看待自己時所渴求的文化自尊，毫不敏感，就好像民族像個姓氏，只有血緣意義，沒有文化意義，或

即使有，也應當與時俱減。所以國家等於在尊重民族身分的口號當中，不知不覺地封鎖了進一步開展民族內涵所需要的心裡動能。

相對於此，在全球化角度裡看西南民族，則是希望保留少數民族與眾不同的地方特色，這種保留民族身分區隔的心態，讓搶花燈成為宜州水族一個自我識別的依據，同理，在浙江麗水的畬族，地方幹部在紅頭文件裡都在鼓吹挖掘特色，挖掘的過程比結果是什麼更重要，過程的持續維繫了民族的差異意識，保留了民族之間各有特色的想像。只有在每個少數民族一定可以相互區別的條件下，才有談論跨越疆界的意義。全球化作為一種跨越疆界的普世論述，需要先幫助且保留每個少數民族自己的特色，才有疆界可以被跨越。每個地方所謂的民族特色，一旦透過全球化語言翻譯成其他社群都能消費的東西，全球化的宣告就不證自明了。

民族學者尤其著迷於全球化論述下對地方特色的重視，以為那是民族文化復興的當代機緣，卻不瞭解地方特色是全球翻譯者存在的前提，進行翻譯的人取得了全球論述者的地位，被翻譯的人則居於地方差異的位置，所以地方特色所指的，是全球翻譯者所能看得懂，且翻譯得了的特色，因此難免有觀光心態在其中。是否翻譯得了，關鍵在於對所翻譯的現象有無消費的慾念，如果有，自有外人會來翻拍成民族風情的產品。此何以生態保育觀光風靡全球，在民族地區尤然。使得可以被影像

或文字所呈現的民族特色，比如物件、傳說都日益重要，而意義系統之類無法翻譯的民族文化，就在翻譯的過程中流失了。製造地方民族特色與消費特色，都是全球化的焦點。政府與當地民族領袖在有利可圖的前景中，很少質疑少數民族身分異化的效果。全球化論述對民族差異這種強大的想像力，促使他們與當地人士合力保留、建構當地的特色與習慣，成為一種反趨同論的論述。

當然，從國家、現代化、全球化三種角度強調會有所不同，主張現代化的人會認為，國家不應該一天到晚強調一統與團結，否則會危害地方少數民族的積極性，失去了利潤的誘因，過多教條將束縛族民在市場賺錢，或發展商品市場的積極性。站在國家的角度，太多地鼓吹差異或宣傳宗教特色，刻意的保持、製造少數民族與一般人的差異，將民族的奇風異俗設定在值得觀賞的消費對象中，雖然證明了民族身分的意義猶存，卻會使少數民族趨往和國家一統相反的意識去，可能有害少數民族效忠國家。全球化的觀點卻會批評國家把少數民族的特色抹煞掉，面對國家只關心西南各民族的趨同，所謂有全球視野的人便關心如何保留地區特色。全球化論述也會對現代化論述有些保留，後者太強調個人利益的誘因，沉迷於線性發展的一元史觀，使得少數民族特色在現代化過程中消弭，這對全人類而言很危險，總不能把全世界都變成一樣，既然有了全球化這樣強而有效的翻譯機制，保護差異比消弭差異更重要，全

球化論述者主張欣賞、體會、瞭解各種不一樣的對象，不強迫遵照其他地方的發展模式。

從知識論與本體論層次，全球化論述不會懷疑少數民族的存在。站在國家角度觀察西南民族的人，雖不容許少數民族身分消失，但也迴避民族身分的特殊內涵。採取現代化角度的人，則是站在歷史終點看那些還在掙扎的落後社群，如何往自己這個方向走來。

今天，民族團結、全球化與現代化共同構成了一個關於改革的論述。像北京官方所鼓勵的改革開放、市場經濟、基層民主，都是在這一個脈絡裡進行。事實上，改革開放的口號在1980年代中期流行之前，人們舉的旗幟是四個現代化。但大家今天都把改革開放回溯到1978年的三中全會，故在概念上，顯然也是把現代化與改革開放畫上等號。身在中國大陸的改革參與者，不論是主動或被動，是官員或民眾，受到流行論述的影響，大都相信中國的今天與文革時期，已然不同。不過，有多大程度這代表現代化呢？

在缺乏其他論述的情況下，所有的事件都必須透過改革的論述來理解。改革的前提是有舊的和新的兩種方向，舊的要淘汰，新的要接上。所以改革的政治，就是要決定誰是舊的、誰是新的。過去左派企圖將新的講成是帝國主義，以便顛覆、動搖改革的論述，後來經過三次交鋒與所謂的三次思想解放，這個抗拒失敗了，左派因而淪為被改革的舊的對象。其結果，人

們都加緊學習用改革的論述，好包裝他們想要追求的東西，這可能是爲什麼外界雖懷疑，抵制改革的力量無所不在，然而卻聽不到改革以外的聲音。我們的假設是，在完全接受改革論述之後，抵制改革的力量自己都不知道自己在抵制，因爲他們在公共領域裡，沒有表達與改革牴觸的論述空間。所以儘管人們意見不同，利益相左，但都認爲自己是站在改革的一邊。這有點像是文革之中，人人都是毛主席的追隨者，但人人與其他人都是潛在的敵人。

尤其是如果有人對於改革論述還不熟悉，或者，當他們不採用改革論述的時候，不會感到爲難或恐懼，這就成了國家幹部眼中的落後勢力。這些人的存在揭穿了改革與現代化，以及舊的動機與價值之間，兩者並不存在前者取代後者的必然關係。少數民族正是還不完全受到改革論述的制約的一種人，他們基本上是生活在公共領域之外的人。一方面，他們不必在公共領域裡自我表述；二方面他們沒有這種論述的能力；三方面，在他們的生活領域中各自擁有一些特殊的論述方式；四方面，他們多數沒有與主流論述抗拒的意圖。其次，在研究設計上必須注意到，研究者不容易與這些人進行無拘束的對話，因爲他們論述的方式與外來研究者不同。即使他們表現的對主流論述完全無知，也不能判斷是否將來他們的價值觀會向現代化方向線性發展。

如果是漢化程度相對深的少數民族，他們對於現代化論述

很熟悉，但他們認知上還保有某種其他論述，則他們有論述上的選擇空間。一來他們沒有抗拒意識，二來他們對自己的民族身分有明確認知，或知道、或相信、或假裝自己不同於漢族。這時候，他們在什麼時候會引用現代化論述，另外在什麼時候會引用民族論述，就可以判斷這兩個論述之間是什麼關係。現代化論述或改革論述重視生產效能、經濟誘因，與市場機制，故是個人取向的，民族論述重視傳統規範與情感歸屬，故是集體取向的。

　　本書旨在研究，當民族地區在現代化進程中，一旦被規範在區域自治的位置之後，是不是就能如主流社會科學理論所預期的，服膺於一個線性的、有歷史目的的、取代傳統的、趨同的一種文化發展經歷。作者對若干個官方認定的西南民族地區進行田野訪談，從訪談中整理出研究對象生活中所關心的問題、解決的方法，與對未來的期許為何。對訪談的解讀分成兩個部分，一個部分是研究對象因應國家現代化動員時採用的論述方式，另一個部分是不以國家為中心的生活論述方式。

　　兩個論述方式中所各自採用的推論、參考依據、自我形象等方面的內容與策略，則以文本分析方式進行歸納。之後接著分析這兩個不同的論述方式之間，有沒有不協調，如果有，是如何在論述上獲得處理或不處理；在兩個論述的內部是否存在不一致的內容或策略，這些不一致有助於或無助於處理對於國家動員帶來的文化變遷壓力。最後，再分析研究對象對於國家

的現代化動員所理解的意義，是否與國家上級幹部所認知的一致。訪談對象的敘事提供研究者一個基礎來判斷，少數民族在面臨國家的現代化動員時，用以因應的論述策略是有限的，可以歸類的，或是無限的，偶然的，情境的，故不能歸類的。

簡言之，為了促進發展與開放，西南少數族群求發展最快的方法，就是利用主流社會對於奇風異俗的想像來促進觀光旅遊。這並非表示少數民族文化是捏造的，但是為了滿足一般刻板印象，旅遊業通常將少數民族文化與自然、身體、性別解放以及落後聯想在一起。觀光客甚至必須不情願地配合少數民族的表演者，常使得此一刻板印象營造得非常成功，但若觀光客堅持不配合，當地的民族表演者甚至會覺得不受到尊重。故如第五章所發現，觀光客的配合是對民族刻板印象形成的重要因素。

西南民族的民族主義有兩個意涵：一個是觀光消費，另一為創造身分。觀光客主要來自漢族地區，當地的少數民族經由刻板印象的營造來與漢族區別。到了改革時期更要繼續靠觀光收入來鞏固與漢族的差異，並藉由收入來支持子女赴城市就學。這種收入導向的作風有時會引起老一輩的不安，以為民族身分可能因此而模糊，年輕的民族農民往返於沿岸城市打工賺錢，摧毀了老一輩熟悉的安定，不過打工的人不少仍然保留民族節慶的風俗，這類活動很少會讓城市居民有文化入侵的威脅。

　　在第十章分析的實際狀況裡，不論是家鄉的觀光業或城市的民族節慶，都不能決定民族身分的意義。因為觀光業總是在某種程度上強化了少數民族的落後印象，並因而在長期裡其實損害了民族自尊心。這種現象不是黨中央或民族幹部開發觀光業時所預知的，即使在民族關係融洽的地方，某種反漢族的情緒相當普遍地存在，通常這種反漢族的情緒既非政治性的，也無政治後果，恐怕反漢族情緒主要來自少數族群無法獲得清楚的身分，故並不是因為政府政策或與漢族的關係所造成的。

　　西南少數民族身分政治發展的方向甚為紛雜，顯然不符政府的期待，在這些認同政治的進行中，因為都缺乏「反抗」的形式，所以沒有引起政府或國外學者的注意。就第八章的四川涼山彝族的例子來說，當地方政府慣常責怪彝族的奴隸與封建積習，村民的回應是消極的疏離，表現在就學率的偏低。當然，當地人並非有意識地以疏離來抗拒政府，但是政府的教育政策的確使得彝族缺乏就學誘因，當政府一心想要把當地人從落後中拯救出來時，沒有察覺彝族以不就學來消極抵抗。這種抵抗政府聽不見，看不見，也感覺不到。於是，彝族落後的形象諷刺地保護彝族人避免成為另一批無身分的國家公民，也免於漢人的積極干涉。

　　另外一個有趣的例子是寧夏立通的回族發展。當愈來愈多的年輕人進入市場經濟，很少有人可以每天面向麥加方向禱告五次，或者是進行宗教教義所要求的齋戒，而且他們之中極少

人到清眞寺聽講經，這似乎意味宗教認同的消退。但是一項長期的研究卻顯示相反的結果。地方領導者說明，許多超過四十歲的人開始回到清眞寺；超過五十歲的人開始準備存錢去麥加朝聖，甚至許多超過六十歲的人都在準備朝聖。一旦去朝聖過，他們成爲最眞摯的信徒。政府當然不會覺得老信徒有什麼威脅，但假如是年輕人大量成爲信徒的話，國家豈能安然坐視？這幾乎就像當地人與政府之間有個默契一樣，四十歲前屬於國家，四十歲與五十歲之間是過渡期，六十歲則會歸返教民身分。

有時，中國西南民族的情況頗像前述主權中國邁向全球化那樣，相當刻意地貶損那些仍棧戀社會主義或地方傳統的人。當一般相信觀光業有助於少數民族脫貧致富時，觀光活動其實把對少數民族的評價，放到賺錢能力方面來觀察。這種角度只能進一步讓民族身分空洞化，因爲少數民族的身分不再是情感上的呼應，而是促進物質條件發展的工具。譬如從國際組織爭取基金，或向政府爭取賦稅減免、建菸廠賺錢的營業特許或受教育的名額保障等等。一旦如第四章所發現，少數民族身分與實用主義結合，這個身分的意義必然變遷，不但民族身分可用來抵抗改革，它也可以利用改革來提高經濟效益，這個兩面性使得西南民族身分一方面能化解改革帶來的自我異化，另一方面又免於與改革採取截然對立。

在全球化下替黨領導者護航的中國民族主義也發展出兩個

不同的方向：當黨領導人需要民族主義舒緩國家移民所引起的自我異化焦慮時，黨領導人在海內外都逐漸失去對民族主義的控制力。有幾個原因是導致黨在國內對民族主義失去控制力：首先，任何企圖以國家之名控制意識形態者，都可能引起全球社會關於極權統治的疑慮，而控制不住民族情緒也可能引起關於中國威脅的疑慮。徘徊之間，國家領導者無法制訂清晰的民族主義政策，更遑論壟斷民族主義的解釋權。其次，當人們仰賴民族主義而賺進大筆銀子後，民族主義似乎就沾染了改革致富的氣息，這時國家有何要介入的動機？再加上民族主義意義的日漸紛雜，可以減少政治民族主義的極端性，則用民族主義來紓解異化並支持進一步全球化就不會弄假成眞。最後，在新世代民族主義的符號更是變化多端，黨領導人很難替不再仰賴黨提供資訊的群眾詮釋所有這些民族主義符號的意涵。

參考書目

中文書目

文精（2001）。〈中國民族區域自製的歷史與經驗〉，輯於民族區域
　　自治國際學術研討會論文集。北京。

王希恩（2001）。〈全球化與中國民族區域自治〉。論文集。

王明珂（1997）。《華夏邊緣》。台北：允晨。

王建華（2001）。〈淺談民族幹部的自治權與民權〉。論文集。

王玲、魏開肇、王采梅（1991）。《黃河・黃土地・炎黃子孫》。北
　　京：中國書店。

史景遷著，溫洽溢、吳家恆譯（2002）。《雍正王朝之大義覺迷》。
　　台北：時報。

台灣原住民族運動回顧研討會通告，http://www..apc.gov.tw/01_mes-
　　sage/02_history/history_25.asp。

外交部。國情資料國情說明，http://www.mofa.gov.tw/newmofa/tai-
　　wan/taiwan1.htm。

石之瑜（1998a）。〈雲滇民族山區漢化問題初探〉。《中國大陸研
　　究》，41，9。

石之瑜（1998b）。〈兩岸民族地區經濟現代化中調適問題初探〉。《共黨問題研究》，24，5。

石之瑜（1999a）。〈關於一國民族語言政策之省思〉。《共黨問題研究》。

石之瑜（1999b）。〈「挖掘」民族特色──關於浙江麗水畬族民族意識的幾點考察〉。《共黨問題研究》，79。

石之瑜（1999c）。〈眞正的漢化──遼寧省北寧市大市鎮滿族意識之考察〉。《中共研究》，103-104。

石之瑜（2000）。〈二叉河羌寨搭宿札記──中國國家界限的微觀考察〉。《中國事務季刊》，1。

朱日耀、曹德本、孫曉春（1990）。《中國傳統政治文化的現代思考》。長春：吉林大學出版社。

朱浤源、夏誠華。〈華人‧中國人‧台灣人〉，http://www.future-china.org/csipf/activity/19990606/m9906_02.htm。

何振忠（1998.12.16）。〈愛心之旅座談 政治問題掛帥 連戰：我這個老台灣人將擁抱新台灣人〉。《聯合報》，3。

作者闕（2004.6.26）。〈六十年代中國和朝鮮翻臉內幕〉，http://www.9999cn.com/display.php?fid=PGLT&id=2436339。

余英時（1988）。〈國家觀念與民族意識〉，輯於余英時，《文化評論與中國情懷》。台北：允晨。

吳仕民（2001）。〈中國民族區域自治制度的功能〉。論文集。

吳仕民（主編）（1995）。《中國民族政策概覽》。北京：人民出版社。

吳忻怡（1996.1）。〈「多重現實」的建構：眷村，眷村人與眷村文學〉。國立台灣大學這會學研究所社會學組碩士論文。

吳頤平（1970）。《大中華民族與其文化之關係述略》。台南：聞道。

呂一（2004.7.5）。〈對待歷史不能削足適屨〉。《聯合早報》。

李志德（2000.6.2）。〈湯曜明：違憲主張不會聽從〉。《聯合報》，2。

李書磊（1999）。《村落中的「國家」──文化變遷中的鄉村學校》。杭州：浙江人民出版社。

李登輝（1994）。《寧靜革命》。台北：新政院新聞局。

李登輝（1995.4.8）。〈對國家統一委員會講話〉。

李登輝（1996.5.20）。〈第九任總統就職演說全文〉，《中國時報》，2。

李登輝（1997）。《台灣的主張》。台北：遠流。

李登輝（1999）。《經營大台灣》。台北：遠流。

李登輝（2000）。《亞洲的智略》。台北：遠流。

李登輝、鄒景雯（2001）。《李登輝執政告白實錄》。台北縣：INK。

李筱峰（2003.5.26）。〈誰在散佈「中國是台灣的一省」？〉。《自由時報》，19。

沈昌煥（1989.6.14.）。在國民黨第十三屆中央常務委員會第四十三次會議之發言，見「與會同志發言速記錄」稿本。

沈林等（2001）。《散雜居民族工作概論》。北京：民族出版社。

言真（2003.5.25）。〈全面台灣正名〉。《自由時報》，19。

阮大榮等（1987）。〈廣西京族社會歷史調查〉，輯於廣西壯族自治區編寫組（編），《廣西京族社會歷史調查》。南寧：廣西民族出版社。

周勇（2001）。〈探究中國「區域自治」和「民族自治」結合之路〉。論文集。

周星（1992）。《民族學新論》。西安：陝西人民出版社。

周傳斌（2001）。〈民族區域自治制度與社會和諧〉。論文集。

延邊朝鮮族自治州發展計畫委員會社會處（2001.12.17）。〈關於延邊朝鮮族人口負增長問題的調查報告〉，http://www1-yj.jl.cninfo.net/ybxx/wbzc/zjhwyh/xxfb/xxfb38.htm。

易謀遠（2000）。《彝族史要》。北京：社會科學文獻出版社。

果洪升（2001）。〈民族區域自治與中國少數民族的生存權與發展權〉。論文集。

社論（2001.10.7）。〈請注意梭羅教授對「中國熱」的當頭棒喝〉。《自由時報》，3。

社論（2002.6.17）。〈怪哉！朝野競相協助中國掏空台灣經濟？〉。《自由時報》，3。

社論（2002.6.20）。〈大膽開放會把中國的野心愈養愈大〉。《自由時報》，3。

社論（2002.8.13）。〈嚴防台灣經濟的慢性自殺行為〉。《自由時報》，3。

社論（2003.5.21）。〈台灣民主並不是疫情失去免疫力的癥結〉。《自由時報》，3。

社論（2003.5.22）。〈鐵腕執法並隔離中國才能徹底除疫〉。《自由時報》，3。

社論（2003.5.25）。〈後SARS朝野應徹底調整兩岸關係〉。《自由時報》，3。

社論（2003.5.26）。〈勿幫中國製造助台抗煞秀——國際社會應同

聲譴責中國〉。《自由時報》，3。

社論（2003.5.30）。〈中國步步進逼 朝野應停止內耗一致對外〉。
《自由時報》，3。

金大中（1994.11.19）。〈韓半島的統一和中國〉，
http://www.fda.fudan.edu.cn/fdahome/mrlt/24.htm。

金炳鎬（2001）。〈自治機關的建設與自治權的行使〉。論文集。

保定召（2001）。〈民族區域自治制度對民族文化的保護和發展〉。
論文集。

施正鋒（2003）。〈兩岸關係中的離散華人〉，輯於石之瑜（編），
《家國之間：開展兩岸關係的能動機緣》。台北：新台灣人文教
基金會，239-254。

洪金立（1990.5.24）。〈配合戡亂即將終止政策指示 內政部總動員
召開修法會議〉。《聯合報》，2。

洛桑尊珠（2001）。〈通向共通發展繁榮之路〉。論文集，154。

胡文輝（1990.5.8）。〈中共如果放棄一黨專政李登輝：國民黨隨時
可回大陸設立組織〉。《聯合報》，1。

迪知且（2000）。〈1999-2000學年度教育工作情況匯報及下學年教
育工作安排意見〉。油印本（9.7）。

索曉霞（2000）。《無形的鏈結：貴州少數民族文化的傳承與現代
化》。貴陽：貴州民族出版社。

馬麗華（1997）。《民族教育心理學》。昆明：雲南教育出版。

高丙中（1999）。〈中國文化的多樣性與足記文化共享〉，輯於馬
戎、周星（合編），《中華民族凝聚力形成與發展》。北京：北
京大學出版社，246-253。

高凌雲（2000.7.4）。〈首度施政總質詢 唐飛：有條件認同統一〉。

《聯合報》，1。

國家民族事務委員會（2001.6.23-24）。民族區域自治國際學術研討
　　會會議論文集。北京：國家民族事務委員會。

張力等人（合著）（1998）。《向貧困和愚昧宣戰》。南寧：廣西教
　　育出版社。

張北平（2001）。〈民族區域自治與扶貧開發〉。

張兆和。〈區域發展，國家意識與民間宗教：廣西一個越族設群的
　　個案研究〉。香港科技大學，稿本。

張茂桂。〈新台灣人之非論〉，
　　http://www.peace.org.tw/ethonns/ethons_adage04htm。

張毅、林冠志（2003.5.24）。〈看清中國的狠毒〉。《自由時報》，
　　19。

敖俊德（2001）。《中華人民共和國民族區域自治法釋疑》。北京：
　　民族出版社。

莫那能。〈我們不是番，我們是台灣的主人〉。《認識台灣歷史教
　　科書參考文件》，http://www.ching-tide.org.tw/history/knowtw-
　　paper/abo.htm。

莊萬壽。〈台灣文化困境與國民意識建構之芻議〉，
　　http://taup.yam.org.tw/announce/9911/docs/24htm1。

許歷農（2003.5.14）。〈中國還有什麼？台灣又有什麼？〉。《聯合
　　報》，15。

陳大絡（1979）。《中華民族融合歷程考述》。台北：國立編譯館中
　　華叢書編審委員會。

陳永齡（1989）。〈探索漢族民族學的研究的幾個問題〉，輯於袁少
　　芬、徐杰舜（合編），《漢民族研究》，1。南寧：廣西人民出

版社。

陳芳明（2003.5.11）。〈除了飛彈瘟疫，中國給我們什麼？〉。《中國時報》，4。

陳芳明（2003.5.15）。〈台灣當然還需努力〉。《聯合報》，15。

陳建樾（2001）。〈政府財政轉移支付及其在中國民族自治地方的實踐〉。論文集。

陶允正（2000.6.1）。〈張富美再為僑胞分級說致歉〉。《聯合報》，4。

惠水縣布依學會（編）（2001）。《惠水布依族》。貴陽：貴州民族出版社。

曾道雄（2003.5.27）。〈SARS與匪諜〉。《自由時報》，19。

費孝通（1989）。〈中華民族的多元一體格局〉。《北京大學學報》，4。

費孝通（1997）。〈簡述我的民族研究經歷和思考〉。《北京大學學報》，2。

貴州人民出版社編寫組（1984）。《布依族簡史》。貴陽：貴州人民出版社。

黃義仁（2002）。《布依族宗教信仰文化》。北京：中央民族大學出版社。

愛你一萬年（2004.2.12）。〈我所接觸的朝鮮人和韓國人——誰都想要我們的東北〉，http://bbs.people.com.cn/bbs/ReadFile?which-file=1314&typeid=82。

楊連福（2001）。〈淺談民族區域自治制度對本地經濟社會發展的保障作用〉。論文集。

劉小萌（1999）。〈中華民族在近代歷史中的形成〉，輯於馬戎、周

星（合編），《中華民族凝聚力形成與發展》。北京：北京大學
　　出版社。

劉登閣、周雲芳（合著）（2000）。《西學東漸與東學西漸》。北
　　京：中國社會科學出版社。

潘年英（1997）。《扶貧手記》。上海：上海文藝出版社。

蔣兆勇（2004.3.9）。〈民族與外交交織的新疆問題〉，
　　http://www.gmw.cn/03pindao/guancha/images/GMGC(M).gif。

蔡惠萍（2001.7.3）。〈龍應台返台：「這回是去刺探軍情」〉。《聯
　　合報》，13。

鄭雲濤、石東龍（2001）。〈承前啓後 繼往開來──熱烈慶祝龍勝
　　各族自治縣成立五十週年〉。《民族之聲》5，3-5。

龍勝縣委組織部（2001）。〈龍勝各族自治縣培養、選拔、使用少
　　數民族幹部成效顯著〉。《民族之聲》，5，7。

謝熱（2001）。〈關於做好新時期民族區域自治工作的幾點思考〉。
　　論文集。

顏文閂（1979.11.20）。〈一個普通餐會．一場政治對話〉。《聯合
　　報》，3。

羅嘉薇、楊湘鈞（2002.3.9）。〈章家敦：大陸危機來自政治惡
　　鬥〉。《聯合報》，13。

嚴學宭等（1987）。〈防城越族情況調查〉，輯於廣西壯族自治區編
　　寫組（編），《廣西京族社會歷史調查》。南寧：廣西民族出版
　　社。

蘇曉康、王魯湘（1988）。《河殤》。台北：風雲時代。

鐵木爾（2001）。〈中華人民共和國民族區域自治法修改的原因，
　　主要內容和重要意義〉。論文集。

英文書目

Albert, M. (2001). D. Jacobson and Y. Lapid (eds.), *Identities, Borders, Orders: Rethinking International Relations Theory*. University of Minnesota Press.

Anderson, B. (1991). *Imagined Communities: Reflections on the Origin and Spread of Nationalism*. New York : Verso.

Bhabha, H. K. (1993). "The World and the Home," *Social Text*, 31-32 (Summer), 141-1853.

Borjas, G. (1990). *Friends or Strangers*. New York: Basic Books.

Bulag, U. E. (1998). *Nationalism and Hybridity in Mongolia*. Oxford: Oxford University Press.

Campbell, D. (1998). *National Deconstruction: Violence, Identity and Justice in Bosnia*. Minneapolis: University of Minnesota Press.

Castles, S. & Davidson, A. (2000). *Citizenship and Migration*. London: Routledge.

Cheung, S. (1982). "Will China Go Capitalist?" *Hobart Paper 94*, The Institute of Economic Affairs. Norfolk: Thetford Press.

Coase, R. (1937). "The Nautre of the Firm," *Economica, 16*, 386-405.

Coase, R. (1988). *The Firm, the Market and the Law*. Chicago: Chicago University Press.

Cogo, M. (2001). "Peaceful Co-existence and Co-operation of Different Ethnic Groups," presented at International Workshop on Regional Autonomy of Ethnic Minorities, Dissertation Collection.

Collins, J. (1991). *Migrant Hands in a Distant Land*. Sydney: Pluto

Press.

Danspeckgruber, W. (2001). "The Model of Self-Governance and Regional Integration as an Instrument to Enhance Peace, Stability, and Prosperity," presented at International Workshop on Regional Autonomy of Ethnic Minorities, Dissertation Collection.

Der Derian, J. & M. J. Shapiro (eds.) (1989). *International/intertextual Relations: Postmodern Readings of World Politics*. Lexington, Mass.: Lexington Books.

Diamond, N. (1988). "The Miao and Poison," *Ethnology, 27*, 1, 1-25.

Dirlik, A. (1997). "The Postcolonial Aura: Third World Criticism in the Age of Global Capitlism," in A. McClintock, A. Mufti and E. Shohat (eds.), *Dangerous Liaisons: Gender, Nation and Postcolonial Perspectives*. Minneapolis: University of Minnesota Press, 501-528.

Fukuyama, F. (1992). *The End of History and the Last Man*. New York: Aron.

Gladney, D. (1991). *Muslim Chinese: Ethnic Nationalism in the People's Republic*. Cambridge: Council of East Asian Studies.

Greenfeld, L. (1992). *Nationalism: Five Roads to Modernity*. Cambridge: Harvard University Press, Introduction.

Grete, B. E. and Oskal, N. (2001). "Human Rights as Providing Limitations and Necessary Condition for Ethnic Regional Autonomy," presented at International Workshop on Regional Autonomy of Ethnic Minorities, Dissertation Collection.

Hansen, M. H. (1999). *Lessons in Being Chinese-Minority Education and Ethnic Identity in Southwest China*. Seattle & London: University of Washington Press.

Harrel, S. (1994). "Introduction,"in S. Harrell (ed.), *Cultural Encounters on China's Ethnic Frontiers*. Hong Kong: Hong Kong University Press.

Harrell, S. & Erzi, M. (1999). "Folk Theories of Success: Where Han Aren' t Always the Best," in G. A. Postiglione (ed.), *China's National Minority Education, Culture, Schooling, and Development*. New York: Falmer.

Harrell, S. (ed.) (1995). *Cultural Encounters on China's Ethnic Frontiers*. Seattle: University of Washington Press.

Heintze, Hans-Joachim (2001). "Autonomy in International Law," presented at International Workshop on Regional Autonomy of Ethnic Minorities, Dissertation Collection.

Honig, B. (1999). "Ruth, the Medeo ?migr?," in D. Campbell and M. J. Shapiro (eds.), *Moral Spaces*. Minneapolis: University of Minnesota Press, 184-210.

Hsia, C. T. (1968). *The Classic Chinese Novel*. New York: Columbia University Press.

Hunt, M. (1993). "Chinese Nationality and the Strong State: The Late Qing-Republican Crisis," in L. Dittmer and S. Kim (eds.), *China's Quest for National Identiy*. Ithaca: Cornell University Press, 62-79.

Jauregui, G. (2001). "Political Autonomy and Ethnic Conflict in Spain," presented at International Workshop on Regiona!

Autonomy of Ethnic Minorities, Dissertation Collection.

Kolb, D. (1986). *The Critique of Pure Modernity: Hegel, Heidegger and After*. Chicago: University of Chicago Press.

Krishna, S. (1993). "The Importance of Being Ironic," *Alternatives, 18*, 3, 385-417.

Kung, Wen-chi (2000). *Indigenous People and the Press*. Taipei: Hanlu Press

Kymlicka, W. (1995). *Multicultural Citizenship*. Oxford: Oxford University Press.

Lapid, Y. (1996). "Theorizing the 'national' in International Relations Theory," in F. Kratochwil and R. Mansfield (eds.), *International Organizations*. New York: HaperCollins, 20-31.

Lapid, Y. & Kratochwill, F. (eds.) (1996). *The Return of Culture and Identity in IR Theory*. Boulder: Lynne Rienner.

Leoppold, P. M. (2001). "Asymmetrical Devolution within the United Kingdom," presented at International Workshop on Regional Autonomy of Ethnic Minorities, Dissertation Collection.

Linklater, A. (2000). *International Relations: Critical Concepts in Political Science*. Boulder: Routledge.

Lyotard, J. F. (1984). *The Postmodern Condition: A Report of Knowledge*. Minneapolis: University of Minnesota Press.

Mackerras, C. (1994). *China's Minorities: Integration and Modernization in the Twentieth Century*. Hong Kong: Oxford University Press, Hong Kong.

Mearsheimer, J. (1992). "Disorder Restored," in G. Allison and G. F.

Treverton (eds.), *Rethinking America's Security*. New York: W. W. Norton, 213-237.

North, D. (1981). *Structure and Change in Economic History*. New York: Norton.

North, D. (1984). "Government and the Cost of Exchange in History," *Journal of Economic History*, 44, 225-264.

Oakes, T. (1998). *Tourism and Modernity in China*. London: Routledge.

Osaghae, E. E. (2001). "The State and Ethnic Autonomy in Nigeria," presented at International Workshop on Regional Autonomy of Ethnic Minorities, Dissertation Collection.

Postiglione, G. A. (ed.) (1999). *China's National Minority Education—Culture, Schooling, and Development*. New York & London: Falmer Press.

Prasenjit, D. (1995). *Rescuing History from the Nation: Questioning the Narratives of Modern China*. Chicago: Chicago University Press.

Pye, L. (1990). "China: Erratic State, Frustrated Society," *Foreign Affairs*, 69, 4, 56-74.

Rashiduzzaman, M. (2001). "Bangladeshi, CHT and Indian Northeast," presented at International Workshop on Regional Autonomy of Ethnic Minorities, Dissertation Collection.

Said, E. (1979). *Orientalism*. New York: Vintage Books.

Said, E. (1991). *Cultural Imperialism*. New York: Vintage Books, 311-312.

Sangeren, P. S. (1988). "History and Rhetoric of Legitimacy," *Comparative Studies in Society and History, 30*, 4, 674-697.

Schein, L. (2000). *Minority Rules: The Miao and the Feminine in China's Cultural Politics*. Durham: Duke University Press.

Scherrer, C. P. (2003). *Ethnicity, Nationalism, and Violence: Conflict Management, Human Rights, and Multilateral Regimes*. Burlington, VT: Ashgate.

Shapiro, M. J. & H. R. Alker (eds.) (1996). *Challenging Boundaries: Global Flows, Territorial Identities*. Minneapolis, Minn. : University of Minnesota Press.

Shapiro, M. J. (1999). "The Ethics of Encounter," in D. Campbell and M. J. Shapiro (eds.), *Moral Spaces*. Minneapolis: University of Minnesota Press.

Shih, C. (2002). *Negotiating Ethnicity in China: Citizenship as a Response to the State*. London: Routledge.

Shih, C. (2003). *Navigating Sovereignty: World Politics Lost in China*. London: Palgrave.

Shih, Chih-yu (2002a). *Negotiating Ethnicity in China: Citizenship as a Response to the State*. London: Routledge.

Shih, Chih-yu (2002b). "The Teleology of State in China's Regional Ethnic Autonomy," *Asian Ethnicity*, 3, 2.

Shih, Chih-yu (2002c). "Ethnic Economy of Citizenship in China," in M. Goldman and E. Parry (eds.), *Changing Meanings of Citizenship in Modern China*. Cambridge: Harvard University Press.

Spivak, G. C. (1988). "Can the Subaltern Speak?" in C. Nelson and L. Grossberg (eds.), *Marxism and Interpretation of Culture*. Urbana: University of Illinois Press, 217-313.

Tanaka, S. (1993). *Japan's Orient: Rendering Pasts into History*. Berkeley: University of California Press.

Weber, C. (1995). *Simulating Sovereignty: Intervention, the State, and Symbolic Exchange*. New York: Cambridge University Press.

Wendt, A. (1987). "The Agent-structure Problem in International Relations Theory," *International Organization, 41*, 335-372.

Wilson, T. M. & H. Donnan (eds.) (1998). *Border Identities: Nation and State at International Frontiers*. New York: Cambridge University Press.

Wimmer, A. (2002). *Nationalist Exclusion and Ethnic Conflict: Shadows of Modernity*. New York: Cambridge University Press.

Wolff, S. (2001). "Autonomy in Ethnically Plural Societies," presented at International Workshop on Regional Autonomy of Ethnic Minorities, Dissertation Collection.

Wu, Y. (1994). *Comparative Economic Transformation: Mainland China, Hungary, the Soviet Union and Taiwan*. Stanford: Stanford University Press.

Yao, E. (1989). "Is China the End of Hermeneutic? Or, Political and Cultural Usage of Non-Han Women in Mainland Chinese Films," *Discourse, 2*, 2, 115-136.

Zhou, M. (1997). "Segmented Assimilation," *International Migration Review, 31*, 4, 975-1008.

附錄　原漢之間：平埔族是血緣還是文化

As many scholars have correctly pointed out, China as a nation-state is an incomplete project.[1] One major issue that probably leads students to study about China is the question regarding its national identity. There is no concept or term in the Chinese language that clearly distinguishes 'national identity' from 'ethnic identity'. What many sees as a multi-ethnic nation, China today is still under the scrutiny of interested observers, those who hold the ambition to invent analytical frameworks that might resolve the Chinese national question. In the circle of social science, anthropologists are among the most active members involved with China's pursuit of nationhood. Some

----

[1] See for example, Lucian Pye, "China: Erratic State, Frustrated Society," *Foreign Affairs, 69*, 4 (1990): 56-74, Lowell Dittmer and Samuel Kim (eds.), *China's Quest for National Identity* (Ithaca: Cornell University Press, 1993); Edward Friedman, *National Identity and Democratic Prospects in Socialist China* (Armonk: M. E. Sharpe, 1995); Tani E. Barlow (ed.), *Formations of Colonial Modernity in East Asia* (Durham: Duke University Press, 1997); Chih-yu Shih, *Negotiating Ethnicity in China* (London: Routledge, 2002).

attempts to deconstruct the 'Chinese-ness' of China;[2] others choose to rewrite history of specific ethnicities;[3] still there are those who accept China as a meaningful national entity.[4] The Taiwan separatist movement, which has joined the agenda of Chinese nation building since the 1990s, has become the strongest challenge to Chinese nationalism since pro-independence Democratic Progressive Party took over the regime in Taiwan in 2000. For the first time, anthropologists have the opportunity to intervene in the process of Chinese nation building through participation in reconstructing Taiwanese ethnicity and nationhood. Here, however, the same indistinguishable relationship between ethnicity and nationhood troubles both the pro-independence leadership and its sympathizers abroad.

Pro-independence leaders in Taiwan deliberately redraw ethnic boundaries and rewrite their histories, in hopes of generating Taiwanese national

....

[2] From various perspectives, see Dru Gladney, *Muslim Chinese: Ethnic Nationalism in the People's Republic* (Cambridge: Harvard University Press, 1991); Uradyn E. Bulag, *Nationalism and Hybridity in Mongolia* (Oxford: Oxford University Press, 1998); Lisa Rofel, *Other Modernities: Gendered Yearnings in China after Socialism* (Berkeley: University of California Press, 1999).

[3] For some examples of specific history that reflects upon the meaning of being Chinese, see Ralph Litzinger, *Other Chinas: The Yao and the Politics of National Belonging* (Durham: Duke University Press, 2000); Louisa Schein, *Minority Rules: The Miao and the Feminine in China's Cultural Politics* (Durham: Duke University Press, 2000); Stevan Harrell (ed.), *Perspectives on the Yi of Southwest China* (Berkeley: University of California Press, 2001).

[4] For example, see Thomas Herberer, *China and Its National Minorities: Autonomy or Assimilation* (Armonk: Me. E. Sharpe, 1989); Colin Mackerras, *China's Minorities: Integration and Modernization in the Twentieth Century* (Hong Kong: Oxford University Press, 1994); Gerard A. Postiglione (ed.), *China's National Minority Education: Culture, Schooling, and Development* (New York: Falmer Press, 1999).

consciousness. Experienced anthropologists such as Benedict Anderson, Stevan Harrell, or Melissa Brown are aware of the political motivations behind the rewriting. Brown is particularly shrewd in her comparison between the use of aboriginal ethnicity in Taiwan's nation building and the use of indigenous ethnicity in China' nation building. She finds politics as well as social-cultural forces at work in determining particular community's identity. Accordingly, the timing of political intervention affects which of kinship/blood relationships and cultural assimilation is more pertinent to one's choice of self-representation. She holds that the Chinese mentality is to define sub-national ethnicity by kinship/blood (which is a product of inter-marriage), and the Chinese 'nationhood' by cultural assimilation. If the pro-independence government can define Taiwan-ness on the grounds of cultural assimilation rather than kinship/blood, it can legitimately argue with Beijing regarding the issue of a separate statehood. Brown feels it is unfortunate that pro-independence leaders nonetheless rely on kinship/blood as the criterion to revive the already unnoticeable Plain Aboriginal identities. While the policy rationale for its revival is to demonstrate that Taiwan and China do not share ethnicity, this strategy corresponds to the Chinese denial of the relevance of cultural assimilation as the criteria for identifying sub-national ethnicity. Consequently, the use of this method may ironically result in reducing the Taiwanese identity to a one of the Chinese sub-national ethnicity, thereby hindering the discourse of independence.

Although Brown clearly understands that both kinship and assimilation are aspects of the Chinese identity, she does not cover the issue of discursive linkage between kinship and culture. I argue that the claim of ethnicity and nationhood in the case of both China and Taiwan often relies on the claimed sharing of culture, a factor that in actuality serves as an indicator of the pre-sumed sharing of blood. It is the belief in shared blood/kinship, which is mostly a politically construction, that ultimately creates the sense of belonging. Brown correctly finds that the usefulness of culture as a criterion in judging individual ethnicity is not convincing. It is possible that sisters and brothers of a hybrid family may possess different ethnic identities. This is the case when one of the siblings chooses to identify him or herself by following one of their parents' ethnicity, and the other chooses a different one. Once the identity is determined, one does not change his or her ethnicity in the future, no matter how assimilated into the mainstream social and cultural values he or she may become.

From the perspectives of both mainstream literature and the Chinese officials, becoming a Chinese in China today is primarily a matter of assimilation. On the other hand, becoming a member of an ethnic group remains a matter of association by kinship.[5] Brown echoes these mainstream perspectives in her discussion of the identity of an ethnic (i.e. non-Han) Chinese. However, if we examine kinship discourses and assimilation discourses, as well as reading between lines of the mainstream literature, we may discover that the division of function between kinship and assimilation is not as distinct as Brown assumes. Take for example the notion of 'Hua-Xia', a term about cultural value and crucial to the Chinese identity. The term is pervasive in literatures that touch upon the topic of Chinese-ness. However, another equally, if not more, popular self-reference of Chinese writers is "the Children of Emperors Yan and Huang." This second term contains the implication that "Chinese" is at the same time about kinship. Accordingly, the Chinese is a hybrid nation with mix kinships, hence the nascent representation of Chinese as a group of people characterized by "multi-polar unity"

....

[5]For academic explanations of this culture bias in determining Chineseness, see Zhou Xing, *A New Thesis on the Studies of Nationality* (minzu xue xin lun) (Xian: Shanxi People's Press, 1992); Zhu Riyao, Cao Deben and Sun Xiaochuen, *Contemporary Reflections on China's Traditional Political Culture* (zhongguo chuantong zhengzhi wenhua de xiandai sikao) (Changchuen: Jilin University Press, 1990), p. 29; Yu Yingshi, *Cultural Reviews with Feelings for China* (wenhua pinlun yu zhongguo qinghuai) (Taipei: Yunchen, 1988); Chen Daluo, *A Review of the Process of Fusion of the Chinese Nation* (zhonghua minzu ronghe guocheng kaoshu) (Taipei: Review Committee of the National Institute of Compilation and Translation, 1979).

(duo yuan yiti) without pure blood.[6]

For a long time, the debate between the Westernization school and the Chinese culture school on the future of China reflects a deep concern about the meaning of Chinese-ness. For the Chinese culture school, westernization would destroy the Chinese identity. This school assumes that Chinese-ness is a matter of assimilation. Therefore, westernization connotes assimilation into non-Chinese-ness. In contrast, the Westernization school is obviously confident that Chinese-ness would not disappear even if China does become westernized. Apparently, their argument rests upon a kinship/blood premise.[7] The continuous alarm that the Chinese nation may perish under modernization testifies to the cultural awareness of a Chinese identity. Of course, the same force is also responsible for triggering countless campaigns of cultural renaissance for the past 100 years. In any case, we need further research to determine the discursive relationship between kinship and assimilation. Nevertheless, abundant examples seem to indicate that rather than assimilation, kinship is the foundation of nationhood as well as ethnicity. Let me take Buyi as an illustration.

The Society for Buyi Studies (one of the many similar ethnic societies elsewhere in China) painstakingly traces the Buyi history at two levels. At one level, the task is to demonstrate that Buyi are indigenous people who kept detailed historical records about their travel route to Guizhou.[8] These efforts serve to prove that there indeed is a component (or gene) in contemporary Buyi that belongs exclusively to Buyi. At the other level, the Society

---

[6] Fei Xiaotong, "The Multi-polar Structure of the Chinese Nation" (zhonghua minzu de duoyuan yiti geju), *Beijing University Journal, 4* (1989).

[7] See Liu Dengge and Zhou Yunfang, *The West Coming to the Orient and the Orient Moving toward the West* (xixue dong jian yu dong xue xi jian) (Beijing: Chinese Social Science Press, 2000), pp. 97-125.

[8] The Huishui County Society of Buyi, *The Buyi Nationality in Huishui* (huishui buyi zu) (Guiyang: Guizhou Nationality Press, 2001).

of Buyi Studies tells how the Buyi people and other ethnic groups mingle through intermarriage. This demonstrates how Buyi blood has contributed to Chinese multi-polar unity. Nonetheless, field interviews carried out at many mountain sites in China taught me how local people can effectively use common cultural features as a tool to denote their shared ethnicity. If one takes their words seriously, these local narratives actually belong to Brown's "long-route" (i.e. social-cultural) formation of identity. However, certain cultural features used to characterize the uniqueness of local ethnicity may not be as supportive as people believe. For example, from what I've witnessed during my field research, three different ethnic groups—Yao in Guilin, Shui in Yizhou and Miao in Guiyang— use the folk drama of "Mouting the Kinfe Mountain".[9] It became the Shui 'feature' in Yizhou, because it was first designed and directed by a Shui cadre. In other words, this constructed cultural feature is not really a 'feature'; rather, it is likely an indicator of kinship. People need some imagination of shared culture to distinguish in-group from out-groups, but the ultimate imagination lies in kinship. The losing of the belief in a shared culture among those sharing the same ethnicity might incur anxiety toward a broken kinship. Once the government begins sorting members of the local community into ethnic groups, this act of categorization inevitably sensitizes ethnic consciousness. Thereafter, the pressure to demonstrate that shared cultural traits from the ancestry still exists falls upon the shoulders of those carrying the identity.[10] In this case, long-route and backward assimilation into the local identity is instrumental to construction

....

[9] See various chapters in Chih-yu Shih, *Between Nationality and Nation: The Identity Strategy of Ethnic Minorities in China* (guozu zhi jian: zhongguo shaoshu minzu de shenfen celyue) (Taipei: Yang-chih, forthcoming).

[10] Called cultural self-awareness by Suo Xiaoxia, *Unnoticeable Linkage: Cultural Succession of National Minorities in Guizhou and Modernization* (guizhou shaoshu minzu wenhua de chuancheng yu xiandaihua) (Guiyang: Guizhou Nationality Press, 2000), pp. 187-200.

of a shared ancestry.

Concept encompassing shared cultural, social and religious values such as Hua-Xia, religions such as Islam and Daoism, all of them may serve a similar function to the Knife Mountain drama. Learning these values provide useful clues regarding who shares kinship in the neighborhood, no matter how remote the relationship might be. The Kinfe Mountain drama helps members of local ethnic groups distinguish themselves from other people living in the same neighborhood. Likewise, Chinese cultural values allegedly shared by all Chinese are no more than a clue to the scope of the Chinese kinship.[11] This is why commentators engrossed in the modern state system accuse contemporary China of imperialist mentality. They receive this impression from conventional semantic that assumes all overseas Chinese are still Chinese nationals, stressing that they live abroad 'only for the time being'.[12] According to Brown, Taiwan separatists commit the same kinship fallacy when trying to prove that Taiwan is by itself a distinctive nationality. The identity strategy of the pro-independence forces ironically leaves an opening for the Chinese government to continue expanding the Chinese kinship scope to include the Taiwan aboriginals: Intermarriage with the Han gives them such claim, being the same nationality that hosts the Chinese nation across the Straits.

---

[11] For examples of mentioning of this fundamental imagined kinship, see Liu Xiaomeng, "The Formation of the Chinese Nation in Modern History" (zhonghua minzu zai jindai lishi zhong xingcheng) in Ma Rong and Zhou Xing (eds.), *The Formation and Evolution of the Force of Fusion of the Chinese Nation* (zhonghua minzu ningju li xingcheng yu fazhan) (Beijing: Beijing University Press, 1999), pp. 116-119; Wu Yiping, *An Introductory Commentary on the Relationship between the Great Chinese Nation and Its Culture* (da zhonghua minzu yu qi wenhua zhi guanxi shu lyue) (Tainan: Daowen Press, 1970).

[12] Ross Terrill, *The New Chinese Empire: and What It Means for the United States* (New York: Basic Books, 2003).

In fact, the pro-independence government has effectively rewritten the history of ethnic relations in Taiwan. In less than a decade's time, Taiwanese has been separated by the Constitution into four ethnic groups. One major criterion used for classifying is the length of time since one's ancestor arrived in Taiwan. This criterion embraces Brown's short-route (i.e. kinship) strategy. However, it is long-route at the same time. On one hand, this top-down criterion strongly supported by the political regime groups all the aboriginal groups into one category, disregarding their obviously divergent traits and ancestries. On the other hand, mainlanders arriving after 1949 are seen as one group, separated from the mainstream society composed of the Hakka and the Hoklo. The fact that these mainlanders contain a wide variety of ethnic ancestries has been all but unnoticed. The government also promotes multi-culturalism and civic nationalism,[13] echoing Brown's preference for long-route assimilation. Brown, just like the pro-independence government, believes this could be achieved through democratization. The government relies on the short-route strategy in a peculiar way. It is the short-route construction of common ancestry that allows the government to separate mainlanders from the mainstream and group the mainlanders together into one, just like the aboriginal ethnicity. The short-route strategy that divides Taiwan into four fabricated ethnicities helps the government prove that emergence of a civic nation in Taiwan is a long-route assimilation, hence supporting separation from China.

....

[13] The most articulate Taiwan nationalist in this regard is Cheng-feng Shih. For an English example of his numerous writings, see "Nationalism and democratization —The case of Taiwan," *Gandhi Marg: Quarterly Journal of The Gandhi Peace Foundation*, 25, 1, 55-65. Also see the award-winning book by Jiang Yi-hua, Liberalism, *Nationalism and National Identity* (ziyouzhuyi, minzuzhuyi yu guojia rentong) (Taipei: Yang-chih, 1998); ironically, Qing dynasty similarly resorted to some kind of multi-culturalism, but this did not prevent the ethnic Man people from cultural assimilation eventually, see Jonathan Spence, *Treason by the Book* (London: Penguin, 2002).

Despite following Brown's advice, the pro-independence government nonetheless suffers from the dragging force of ancestor consciousness. Not only does a significant portion of the Hoklo and Hakka population follow the practice of Mainlanders in terms of identifying who they are through both Chinese cultural and kinship lenses, but the aboriginal population also become increasingly aware of their own distinctive ancestry. Even worse (in Brown's view) is that the pro-independence advocates themselves resort to short-route imagination by arguing that historical intermarriage between the Hoklo and the aboriginal has biologically excluded the Hoklo from the category of Han. Gene studies of this sort attract the attention of the separatists.[18]

Brown's problems are not about scholarship. First, she mistakenly believed that her scientific knowledge of identity formation could allow her to intervene in the process, and forgets that her own argument stressing that the cognition at force constrains options. Obviously, the cognition of both the Taiwanese government and the intellectuals have to do with the long-established ancestor consciousness under Confucianism. Ancestry, ethnicity, nationhood and even state are not yet discrete cognitive concepts. In summary, for the sake of cognitive expediency, the long route is the indicator of the short route. However, when Brown speaks of short-route or ancestry, at times she speaks as if they are something real and scientifically detectable. Under Confucianism, which has been prevalent in both China and Taiwan, both short-route and long-route assimilation are sheer constructions.

Second, Brown could benefit from an enhanced anthropological sensitivity toward the local meanings of election in Taiwan. She should avoid jumping into conclusion that a new democratic culture has been formed as a

....

[18]For example, see Jen-Yih Chu, "Allotypes of Immunoglobulin as a Marker for Migration: Taiwan as an Example," *Pediatric Research, 49*, 4, (2001): part 2, 112A; Lin M, Chu C. C., Lee H. L. et al, "Heterogeneity of Taiwan Indigenous Population: Possible Relation to Prehistoric Mongoloid Dispersals," *Tissue Antigen, 57*, 3 (2001): 192-199.

long-route process, which helps to separate Taiwan from China. Since Brown shows no difficulty in associating ballot casting with democracy elsewhere in the world, she should not be faulted for not being able to realize that this is not the case in Taiwan. This topic merits another book for someone of her intelligence.

國家圖書館出版品預行編目資料

族國之間──中國西南民族的身分策略 / 石
之瑜著.-- 初版.-- 臺北市：揚智文化，
2004〔民 93〕
面；　公分.--（知識政治與文化系列；
7）
ISBN　957-818-628-2（平裝）

1. 少數民族 － 中國 － 論文,講詞等

536.207　　　　　　　　　　93008297

族國之間──中國西南民族的身分策略　　知識政治與文化系列 7

著　　　者☞ 石之瑜
編輯委員☞ 石之瑜‧廖光生‧徐振國‧李英明‧黃瑞琪‧黃淑玲
　　　　　‧沈宗瑞‧歐陽新宜‧施正鋒‧方孝謙‧黃競涓‧江
　　　　　宜樺‧徐斯勤‧楊婉瑩
出 版 者☞ 揚智文化事業股份有限公司
發 行 人☞ 葉忠賢
總 編 輯☞ 林新倫
登 記 證☞ 局版北市業字第 1117 號
地　　　址☞ 台北市新生南路三段 88 號 5 樓之 6
電　　　話☞ （02）23660309
傳　　　真☞ （02）23660310
郵撥帳號☞ 19735365　　戶名：葉忠賢
法律顧問☞ 北辰著作權事務所　蕭雄淋律師
印　　　刷☞ 偉勵彩色印刷股份有限公司
初版一刷☞ 2004 年 12 月
I S B N ☞ 957-818-628-2
定　　　價☞ 新台幣 400 元
網　　　址☞ http://www.ycrc.com.tw
E-mail ☞ service@ycrc.com.tw